DESAFIOS DO SISTEMA FINANCEIRO NACIONAL

Preencha a **ficha de cadastro** no final deste livro
e receba gratuitamente informações
sobre os lançamentos e as promoções da Elsevier.

Consulte também nosso catálogo
completo, últimos lançamentos
e serviços exclusivos no site
www.elsevier.com.br

Alessandra Dodl e José Renato Barros
organizadores

Prefácio de Míriam Leitão

DESAFIOS DO SISTEMA FINANCEIRO NACIONAL
O que falta para colher os benefícios da estabilidade conquistada

ELSEVIER

CAMPUS

© 2011, Elsevier Editora Ltda.

Todos os direitos reservados e protegidos pela Lei nº 9.610, de 19/02/1998.

Nenhuma parte deste livro, sem autorização prévia por escrito da editora, poderá ser reproduzida ou transmitida sejam quais forem os meios empregados: eletrônicos, mecânicos, fotográficos, gravação ou quaisquer outros.

Copidesque: Cláudia Amorim
Revisão: Andréa Campos Bivar e Jussara Bivar
Editoração Eletrônica: Estúdio Castellani

Elsevier Editora Ltda.
Conhecimento sem Fronteiras
Rua Sete de Setembro, 111 – 16º andar
20050-006 – Centro – Rio de Janeiro – RJ – Brasil

Rua Quintana, 753 – 8º andar
04569-011 – Brooklin – São Paulo – SP – Brasil

Serviço de Atendimento ao Cliente
0800-0265340
sac@elsevier.com.br

ISBN 978-85-352-4516-5

Nota: Muito zelo e técnica foram empregados na edição desta obra. No entanto, podem ocorrer erros de digitação, impressão ou dúvida conceitual. Em qualquer das hipóteses, solicitamos a comunicação ao nosso Serviço de Atendimento ao Cliente, para que possamos esclarecer ou encaminhar a questão.

Nem a editora nem o autor assumem qualquer responsabilidade por eventuais danos ou perdas a pessoas ou bens, originados do uso desta publicação.

CIP-Brasil. Catalogação-na-fonte
Sindicato Nacional dos Editores de Livros, RJ

D484   Desafios do sistema financeiro nacional : o que falta para colher os benefícios da estabilidade conquistada / Alessandra Dodl e José Barros (orgs.). – Rio de Janeiro : Elsevier, 2011.

ISBN 978-85-352-4516-5

1. Instituições financeiras – Brasil. 2. Bancos – Brasil. 3. Desenvolvimento econômico. I. Dodl, Alessandra Von Borowski. II. Barros, José Renato Nunes. III. Título.

11-0452.   CDD: 332.10981
                                   CDU: 336.7(81)

Ao Leitor

O conteúdo deste livro expressa as opiniões e visões dos autores dos capítulos e não reflete o posicionamento ou a visão das instituições, nem de seus membros, com que os autores mantenham vínculo de qualquer natureza.

Os dados, informações e fatos mencionados ou utilizados neste livro relativos a instituições são de domínio público, disponibilizados em seus sites, ou outros meios de divulgação.

Os Autores

ALESSANDRA VON BOROWSKI DODL

Mestra em Desenvolvimento Econômico e bacharel em Ciências Econômicas pela Universidade Federal do Paraná (UFPR). Em 2009, foi gerente substituta do Projeto Inclusão Financeira do Banco Central do Brasil (BCB) e uma das organizadoras do livro *Perspectivas e Desafios para Inclusão Financeira no Brasil: visão de diferentes atores*, publicado pelo BCB. Foi *co-chair* do Brasil no subgrupo Acesso através da Inovação, do Grupo de Especialistas em Inclusão Financeira do G-20 (ATISG-FIEG), em 2010. Analista do BCB desde 1998, tendo atuado em diferentes departamentos.

ALEXANDRE DA SILVA RODRIGUES

Mestre em Engenharia de Produção, com ênfase em Estratégia, Gestão e Finanças Empresariais, pós-graduado em Engenharia Econômica e Financeira e bacharel em Administração pela Universidade Federal Fluminense (UFF). Inspetor de Fiscalização do Banco Central do Brasil desde 1998, com experiência em Conglomerados Bancários, Cooperativas de Crédito e Administradoras de Consórcios. Desde fevereiro de 2010, atua como supervisor de fiscalização do Departamento de Supervisão de Cooperativas e de Instituições Não Bancárias (Desuc).

ANTÔNIO JOSÉ DE PAULA NETO

Bacharel em Contabilidade pela Universidade Federal de Minas Gerais (UFMG) e mestre em Contabilidade e Administração Financeira pela Universidade de Lancaster, no Reino Unido. Trabalhou em bancos públicos e privados, especialmente no setor de análise de crédito. Desde 2000, é analista do Banco Central do Brasil, onde tem atuado nas áreas de privatização dos bancos estaduais, organização do sistema financeiro e inclusão financeira.

DÉLIO JOSÉ CORDEIRO GALVÃO

Engenheiro civil pela Universidade Gama Filho e mestre e doutorando em Economia pela Universidade Federal Fluminense (UFF). Possui trabalhos publicados em diferentes periódicos, revistas especializadas e anais de congressos. Atualmente é analista no Departamento de Organização do Sistema Financeiro do Banco Central do Brasil.

DENISE DIAS

Mestra em International Banking and Finance pela Birmingham Business School (Reino Unido), em Economia do Setor Financeiro pela Universidade de São Paulo (USP) e bacharel em Administração pela Universidade Federal de Minas Gerais. Analista licenciada do Banco Central do Brasil, atualmente é consultora independente especializada em Supervisão e Regulação Bancária Prudencial, trabalhando para o CGAP, o Banco Mundial, o Bankable Frontier Associates e a Agência de Cooperação Alemã (GIZ). Antes de se tornar consultora, em janeiro de 2011, foi gerente regional para a América Latina e o Caribe, no CGAP.

EDER FABRÍCIO SANTOS SOUZA

Trabalha no Banco Central do Brasil, no Departamento de Operações Bancárias e Sistema de Pagamentos, desde 2003. É mestre em Economia pela Universidade Federal de Minas Gerais (UFMG) e engenheiro eletrônico pelo Instituto Tecnológico de Aeronáutica (ITA).

GRACIANO SÁ

Engenheiro civil e mecânico-eletricista pela Universidade Federal do Rio Grande do Sul. Completou as disciplinas de Engenharia de Produção da Universidade de São Paulo. É mestre de Ciências e Doutor em Management pelo Instituto Tecnológico de Massachusetts. Foi professor universitário e profissional liberal em órgãos públicos e privados. Tem artigos publicados em periódicos, revistas e jornais e é autor de *O Valor das Empresas* (Documenta Histórica, 2006), um ensaio microeconômico sobre a influência dos ambientes político, econômico e financeiro na determinação do valor das empresas.

JOSÉ RENATO NUNES BARROS

Engenheiro (Fabricação Mecânica) pela Universidade Federal do Rio de Janeiro (UFRJ), com pós-graduação em Engenharia Econômica e Finanças pela Universidade Federal Fluminense (UFF). Foi gerente e consultor de empresas privadas e gestor de negócios de tecnologia da informação. Desde 2003, é analista do Banco Central do Brasil. Atualmente no Departamento de Organização do Sistema Financeiro, atua também na equipe do Projeto de Inclusão Financeira, tendo participado da elaboração do 1º Relatório de Inclusão Financeira do Brasil, publicado em novembro de 2010.

LIANA RIBEIRO-DOS-SANTOS

Doutoranda em Administração no IAG-PUC-Rio, sob o amparo do Programa de Pós-Graduação do Banco Central do Brasil (BCB), mestre em Administração pelo Instituto Coppead de Administração – UFRJ e bacharel em Matemática – Informática, pela UERJ. Inspetora do Departamento de Supervisão de Bancos e de Conglomerados Bancários e ex-integrante do Grupo de Trabalho de Educação Financeira, ambos no BCB.

MARCELO CURADO

Bacharel em Ciências Econômicas pela Universidade Estadual Paulista (UNESP); mestre em Desenvolvimento Econômico pela Universidade Federal do Paraná (UFPR) e doutor em Política Econômica pela Universidade Estadual de Campinas (UNICAMP). É professor associado do Departamento de Economia da UFPR desde 1999. Foi coordenador do Programa de Pós-Graduação em Desenvolvimento Econômico (PPGDE/UFPR) no biênio 2002-2003 e chefe do Departamento de Economia entre 2006 e 2007. Atualmente é vice-diretor do Setor de Ciências Sociais Aplicadas da UFPR e pesquisador do programa Cátedras para o Desenvolvimento, do Instituto de Pesquisa Econômica Aplicada (Ipea).

SIDNEY SOARES CHAVES

Bacharel em Ciências Econômicas pela Universidade Federal do Paraná (UFPR), mestre em Economia pela Universidade Federal de Santa Catarina (UFSC) e doutor em Economia pela Universidade Federal do Rio Grande do Sul (UFRGS). Atualmente é analista do Banco Central do Brasil, no Departamento de Organização do Sistema Financeiro, e integra a equipe do Projeto de Inclusão Financeira.

Prefácio

O sistema financeiro de um país é como o sistema circulatório do corpo humano, diz Antonio José Paula Neto, um dos autores deste livro. É o que irriga a economia. Pela circulação por todo o corpo, através de sua capilaridade, mantém viva a atividade econômica.

Conhecida essa importância vital, fica mais fácil entender a relevância do livro. Todos os ângulos do debate aqui proposto ganham mais força. Não se trata de discussão abstrata, técnica. A temática debatida é essencial para a economia como o bom funcionamento do sistema circulatório para o corpo humano. Mas, como alerta José Renato Nunes Barros, não é trivial entender todas as muitas implicações da busca de um bom sistema financeiro nacional; "é tarefa para ser vencida em etapas". Como peças de um quebra-cabeças, os capítulos vão preenchendo vazios até completar o panorama atual.

O que os autores se propõem é interessante também pelo momento exato em que o livro é publicado: agora que o país conquistou a estabilidade da moeda e já consolidou essa opção em governos diferentes, por onde deve ir o sistema financeiro nacional, para garantir outras conquistas, principalmente a da inclusão financeira, e se tornar a base do verdadeiro desenvolvimento econômico? O subtexto implícito é que a inclusão de cada vez mais brasileiros no sistema tem que ser a meta do desenvolvimento.

Seus autores são formados em economia, engenharia, administração ou contabilidade, na maioria funcionários do Banco Central, com visões nem sempre coincidentes em todos os pontos, mas com uma característica comum: eles, em geral, iniciaram suas atividades profissionais no período pós-estabilização. Os que são do Banco Central entraram na instituição depois do descontrole inflacionário que durou até o Plano Real em 1994. Por isso, seja o que for que analisem - o microcrédito ou a regulação, a eficiência do sistema ou o impacto das novas tecnologias de comunicação na oferta de serviços financeiros – eles têm sempre o olhar no futuro e uma saudável inquietação. A pergunta básica implícita em cada capítulo é: como avançar mais?

Por isso, num dos primeiros capítulos, Marcelo Curado avisa que a estabilização é condição indispensável ao desenvolvimento de um sistema financeiro de qualquer país e de forma clara e precisa explica por que. "É possível afirmar que há consenso entre os economistas e demais cientistas sociais sobre a impossibilidade de ter-se um efetivo processo de desenvolvimento na ausência da estabilidade de preços." Fazer esse ponto é fundamental num país que por tanto tempo flertou com a inflação, até que ela se transformou em pesadelo que minou nossas chances de desenvolvimento sustentado por longos anos. Pelo fato, no entanto, de estarem com os olhos no futuro, eles demonstram em cada capítulo que a estabilização não é suficiente para garantir um sistema financeiro saudável, líquido, sólido, inclusivo e que seja a plataforma do desenvolvimento econômico. O Brasil ainda convive com taxas de juros excessivamente altas na maioria das modalidades de crédito às pessoas e empresas. Ainda há atrasos impressionantes. "Para se ter a dimensão do atraso da norma legal de 1964 que ainda rege o SFN, no mundo globalizado de hoje, o capital estrangeiro para se instalar no mercado financeiro brasileiro precisa passar pela mesa do presidente da República", lembra José Renato Nunes Barros. O Banco Central do Brasil não tem autonomia legal e o artigo 192 da Constituição, que trata do SFN, não foi regulamentado, o que terá que acontecer livre de influências corporativistas e partidárias, alerta. Só isso já mostra que há um longo caminho a andar. A estabilidade é condição necessária, indispensável, mas não suficiente. A moeda estável é a base na qual se começa a construção da nova ordem que ainda está incompleta e talvez sempre esteja, porque é da natureza do processo o aperfeiçoamento constante.

Os autores fazem provocações interessantes, como a questão que está no capítulo escrito por Délio José Cordeiro Galvão e Alessandra von Borowski Dodl. Eles se perguntam se o país está no caminho certo em termos de regulação. O excesso de regulação pode proteger contra crises externas, mas ao mesmo tempo engessa e impede as inovações. E avisam: a resposta não está dada; essa é uma provocação aos reguladores.

Em várias análises fica claro que o país está no meio de transformações: aumentou muito o cooperativismo, explica Sidney Soares Chaves, mas ao mesmo tempo ele é uma fração pequena do total de créditos concedidos. Deu saltos recentes na relação crédito/PIB mas o financiamento ao microempreendedor ainda é baixo. Todos os municípios brasileiros têm agência bancária ou correspondentes bancários mostra Antonio José Paula Neto mas a exclusão financeira ainda é alta neste país continental, diverso e desigual. Teve avanços impressionantes na telefonia celular mas o sistema ainda não fez o melhor uso da tecnologia de comunicação na oferta de serviços financeiros. O sistema se ampliou, passou por uma forte reestruturação bancária, resistiu bem à última crise financeira internacional, mesmo assim está na metade inferior do *ranking* do Relatório de Desenvolvimento Financeiro do Fórum Econômico Mundial.

Para vencer o desafio da inclusão financeira é preciso olhar o que foi feito, como o conjunto de normas de 2002 que criou o Sistema de Pagamentos Brasileiro. Ao mesmo tempo é preciso ver o que foi estruturado, mas andou pouco como as Sociedades de Crédito ao Microempreendedor e à Empresa de Pequeno Porte. "Passados 12 anos de sua criação muito pouco se avançou na construção de um ambiente institucional propício para uma atuação mais eficiente", alertam os autores Alexandre da Silva Rodrigues e Alessandra von Borowski Dodl. O já feito e o por fazer estão em todos os capítulos porque, "cada vez se consolida mais o entendimento de que o acesso da população tradicionalmente excluída aos serviços financeiros é variável essencial para que seja alcançado um sistema financeiro desenvolvido".

Mas como expandir o sistema de pagamentos? O que há de ineficiência no mercado de cartões que se expandiu tanto, mas ainda tem barreiras como o custo? Como incluir a telefonia móvel como forma de pagamento? Como incluir a classe C e ter ganhos de escala que reduzam o custo das transações financeiras? Esse é o tema sobre o qual se debruça Eder Fabrício Santos Souza que conclui com entusiasmo: "A busca por eficiência nos pagamentos de varejo, com todo o seu potencial de ganhos sociais, inclusão financeira e bons negócios, tem sido um dos desafios mais interessantes enfrentados por reguladores e participantes do mercado."

E a outra ponta desse processo: a educação financeira? Essa é a questão do capítulo de Liana Ribeiro-dos-Santos. No Brasil a ampliação da oferta de alguns produtos financeiros como o crédito, através de instrumentos como o consignado, convive com a realidade de um país que pelo tormento inflacionário afastou até a classe média do crédito por tempo demais. Portanto é essencial valorizar essa etapa e os riscos de que as famílias assumam despesas para além da sua capacidade. A autora explica que essa não é apenas uma questão individual, mas macroeconômica. "Cidadãos financeiramente educados contribuem para a eficiência do sistema, promovendo o bem estar econômico geral."

A informação é fundamental para o bom funcionamento do SFN, explica Graciano Sá a partir da definição da fronteira entre a economia real e a financeira. O autor lembra vários episódios em que a falta de informação produziu prejuízos. Um deles, os fundos 157, uma aplicação em ações com incentivo fiscal criada em 1967. Inúmeros investidores "ficaram a ver navios após esquecerem-se de suas aplicações". Outro exemplo é uma taxação de 8% imposta pela lei do sequestro de ativos do Plano Collor sobre os saldos de ativos financeiros, ouro, ações e cadernetas. Se não fosse recolhido no tempo, a taxação subia para 20%. "Quem obedeceu a lei deu-se mal porque a devolução do sequestro nunca verificou quem foram os contribuintes faltosos." Essas duas incríveis histórias mostram como o arbítrio não é a melhor forma de organizar o sistema financeiro, e que a informação tem o papel fundamental de garantir a igualdade de direitos.

No capítulo final Alessandra von Borowski Dodl, Alexandre da Silva Rodrigues e Denise Dias analisam por dentro o *ranking* do desenvolvimento financeiro do Fórum Econômico Mundial e nos mostram onde avançamos e onde estamos muito mal. No indicador estabilidade financeira, o Brasil está no número 10 em 57 países analisados. Mas abrindo-se um dos subitens do indicador estamos em último lugar em "carga da regulação pública" e entre os três piores em "custos indiretos". Todo o detalhamento mostra que o sistema financeiro precisa ter metas de eficiência para bem realizar o seu papel de ser o sistema circulatório do organismo econômico nacional. Precisa ir identificando as obstruções e corrigindo os defeitos já identificados na comparação com outras economias. Só assim será possível o olhar amplo para nossas próprias possibilidades.

A contribuição do livro que o leitor tem em mãos é de ir mapeando esse caminho para o futuro de forma técnica e detalhista, mas sem perder o foco do que se quer ao final da trajetória: um sistema eficiente para ser mais inclusivo; que tire o melhor proveito dos avanços já conseguidos para remover outros obstáculos; que use tudo o que a tecnologia de comunicação já colocou à disposição da sociedade brasileira para que as instituições financeiras possam oferecer seus serviços ao maior número de brasileiros possível. O livro será de grande valia para quem queira entender tecnicamente esse assunto ao mesmo tempo difícil mas essencial para o bom funcionamento econômico. Essencial para estudantes e profissionais de diferentes áreas da economia, administração, contabilidade. Sua vantagem é olhar cada detalhe sem perder a visão de conjunto e o sentido de propósito da sociedade brasileira.

Miriam Leitão
Jornalista, colunista de economia de *O Globo*
e comentarista de Economia da Rede Globo e da rádio CBN

Sumário

CAPÍTULO 1
**Organização e desenvolvimento do Sistema
Financeiro Nacional**   1
José Renato Nunes Barros

CAPÍTULO 2
**Estabilidade de preços e desenvolvimento do sistema
financeiro: aspectos teóricos e a experiência brasileira**   25
Marcelo Curado

CAPÍTULO 3
**A regulação do sistema bancário brasileiro:
que caminho seguir?**   43
Délio José Cordeiro Galvão e Alessandra von Borowski Dodl

CAPÍTULO 4
**O cooperativismo de crédito no Brasil:
evolução e perspectivas**   69
Sidney Soares Chaves

CAPÍTULO 5
**Correspondentes e democratização do acesso ao sistema
financeiro: um novo olhar para ampliar essa conquista**   99
Antônio José de Paula Neto

CAPÍTULO 6
**Desafios para a inclusão financeira no Brasil: o caso das
sociedades de crédito ao microempreendedor
e da empresa de pequeno porte**   125
Alexandre da Silva Rodrigues e Alessandra von Borowski Dodl

CAPÍTULO 7
**A eficiência no Sistema de Pagamentos Brasileiro
e suas perspectivas** 155
Eder Fabrício Santos Souza

CAPÍTULO 8
Educação financeira: a eficiência na outra ponta 175
Liana Ribeiro-dos-Santos

CAPÍTULO 9
Informação e sistema financeiro 193
Graciano Sá

CAPÍTULO 10
**Inovação na coalizão de atores para o desenvolvimento
financeiro: ampliando redes de competências
em busca da eficiência** 217
*Alessandra von Borowski Dodl, Alexandre da Silva Rodrigues
e Denise Dias*

CAPÍTULO 1

Organização e desenvolvimento do Sistema Financeiro Nacional

JOSÉ RENATO NUNES BARROS

1. INTRODUÇÃO

O Sistema Financeiro Nacional (SFN) é um tema amplo por envolver aspectos que transpassam diversos de seus segmentos e exigir aprofundamento em questões específicas e complexas, tarefa a ser vencida em etapas.

Este livro trata, mais detidamente, das instituições financeiras e suas relações com os *stakeholders* do mercado. Preservou-se, contudo, a abordagem sistêmica para assegurar consistência conceitual quando da análise de qualquer dos segmentos e das relações entre eles.

Alguns capítulos, de natureza conceitual, têm aplicação a todos os segmentos do SFN, cabendo ao leitor explorar o melhor da contribuição para sua área de interesse.

Um outro ponto a destacar é que a literatura apresenta diferentes perspectivas para abordar a relação do **sistema financeiro** com o **crescimento econômico**. Os enfoques variam, desde o sentido da causalidade entre as variáveis, até o canal e o grau de influência entre essas.

Nos últimos anos, de forma crescente, tem sido evidenciada a importância do ambiente institucional para o desenvolvimento das instituições financeiras e do mercado de capitais. Entre os componentes desse ambiente estão regras, leis, normas, capacidade e celeridade no cumprimento desses dispositivos.

Sob a ótica da **organização social**, a formação histórica e o componente cultural de uma sociedade preponderam na definição dos parâmetros condutores das relações econômicas, conforme apresentado no Capítulo 9.

Corroborando a importância de fatores históricos e culturais na determinação da infraestrutura institucional, outros estudos investigam a relação dessas variáveis com o crescimento econômico, mas a partir da verificação empírica de bases de dados.

Sob essa ótica, o conceito de **desenvolvimento financeiro** também envolve diversas variáveis, qualitativas e quantitativas, indo além da relação direta entre volume e liquidez de ativos financeiros e geração de riqueza. Esse enfoque alicerça alguns capítulos deste livro, como o 6 e o 10.

Dessa forma, a simbiose existente entre sistema financeiro e crescimento econômico não se dá, de forma inquestionável, pela exclusiva via de expansão dos ativos financeiros, mas também pela eficiência dos canais de alocação de recursos, conveniência dos instrumentos, segurança jurídica, eficácia das normas, entre outras variáveis que sustentam as transações econômicas.

A contribuição de diferentes enfoques é destacar a relevância do **desenvolvimento financeiro,** que assume papel essencial nas discussões acadêmicas que perpassam temas relacionados com o desenvolvimento econômico, e entre *policymakers*.

Este livro, portanto, dedica-se a analisar os **caminhos** a serem percorridos para fomentar o desenvolvimento financeiro, sem estreitar ou excluir visões críticas. Por ser escrito a várias mãos, sua unicidade é construída por meio da diversidade de expressão, sem perda da coesão propositiva, que é a eminência de ações que promovam eficiência e inovação no sistema financeiro, em um contexto tecnológico propício e socioeconômico carente de avanços.

O cerne deste livro é compartilhado pelos autores que participam deste projeto e deste ideal, que é o desenvolvimento do Sistema Financeiro Nacional.

2. RAÍZES DOS SISTEMAS FINANCEIROS

Os Bancos Centrais (BCs), desde sua origem, quando os bancos descobriram a fórmula para multiplicar a moeda,[1] vêm experimentando mudanças em seu papel na economia das nações, em um processo de recorrentes avanços e recuos, sístoles e diástoles, com o nobre propósito de dar respostas a crises financeiras e aos desafios criados pela contínua evolução dos mercados financeiros para dar curso ao dinamismo econômico.

Na fase que precedeu a nova experiência institucional no controle da moeda, bancos públicos, precursores dos BCs, ocupavam-se, essencialmente, das questões de natureza física relacionadas com a moeda: sua integridade (peso, tipo e quantidade do material e origem), custódia, estocagem, suprimento e logística de circulação.

Hoje, a presença crescente da moeda digital e das transações eletrônicas nos sistemas financeiros, e fora dele, têm tomado a atenção de BCs em todo o mundo, quer pelo potencial de seu impacto, quer pela oportunidade que representam os novos entrantes da área de tecnologia da informação e telecomunicação para o desenvolvimento dos sistemas financeiros.

A recente pressão sobre o governo na Suécia por parcela representativa da sociedade para a substituição da moeda em espécie (coroa sueca) pela "coroa virtual", reportando razões de segurança e de sonegação fiscal[2] e a consulta pública lançada em outubro de 2010 pelo Tesouro Britânico (*HM Treasure*) (*Laying of regulations to implement the new E-Money Directive*) para a regulamentação do E-money, com previsão de ser incorporada à Lei do Reino Unido em abril de 2011, são movimentações ilustrativas.

O aprofundamento da compreensão sobre a dimensão monetária pelos protagonistas do mercado, pelo Estado e pela sociedade, induziu a expansão e a sofisticação de instrumentos financeiros de modo a deixar fluir as atividades

---

[1] O pioneirismo na prática de emprestar a terceiros valores de propriedade do público depositados em instituição financeira é atribuído a um banco público – Banco de Amsterdam –, sintomaticamente, para financiar o déficit fiscal do Estado-Empreendedor Holandês. John Kenneth Galbraith (1975), "Money: whence it came, where it went", Houghton Mifflin Co. Curiosamente, esse banco público foi fundado em 1609 para exercer uma função primária dos bancos centrais: disciplinar o quadro caótico de centenas de moedas de diferentes origens em circulação em território holandês, promovendo a unificação monetária.

[2] *O Globo* de 6 de junho de 2010, caderno "Economia", p. 38.

da economia real, demandante de crescente grau de eficiência no curso dos processos de sua industrialização, internacionalização e globalização.

Refletindo, principalmente, a diversidade sociocultural e as opções ideológico-políticas das sociedades, abordagens com maior ou menor grau de controle dos Estados Nacionais sobre os mercados financeiros foram sendo testadas, à medida que evoluía o amadurecimento institucional dos BCs, influenciando a forma como se consolidaram as características de seus distintos arranjos organizacionais, em particular, e dos sistemas financeiros, em seu conjunto.

As peculiaridades e experiências de cada momento na história de cada nação, especialmente quanto à atitude monetária dos governos frente a premências financeiras de eventos graves, como as guerras, a seu ímpeto empreendedor ou, ainda, aos déficits originados na orgia fiscal, também repercutiram nos formatos de organização e de atuação dos BCs.

Até que se chegasse aos modelos atuais de BCs, houve recorrentes e históricos embates, e experimentações alternadamente adotadas, principalmente nos séculos XIX e XX, acerca da abordagem mais apropriada ao mercado financeiro. Qual o grau de liberdade de atuação de particulares e qual a dose de ingerência nos negócios financeiros privados pelo Estado serviriam melhor ao interesse público e favoreceriam o desenvolvimento da economia nacional?

A fundação do Banco da Inglaterra, em 1694, reconhecido como o primeiro banco central a operar, foi um marco na tendência de afirmação do modelo de controle e regulação dos sistemas financeiros pelo Estado.[3] A criação, em 1913, do Sistema da Reserva Federal, o FED americano, viria consolidar a presença dessa característica nos modelos atuais de organização e gerenciamento de sistemas financeiros.

Os diferentes formatos que se instalaram, contudo, expressavam as preferências individuais das nações na gradação intervencionista do Estado na regulação, supervisão e até como empresário provedor de serviços financeiros.

Outro fundamento determinante para a eficácia de atuação dos BCs é o grau de independência com que operam sua missão institucional, relativamente à estrutura de governo.

---

[3] O Reino Unido adota o sistema tripartite, com distribuição das funções pelas instituições: HM Treasure (estrutura geral de regulação e moeda), Financial Services Autority (FSA – regulação e supervisão das instituições financeiras) e o Banco da Inglaterra – que adquiriu sua independência em 1997 (define taxa de juros, monitora mercado monetário, cuida da estabilidade financeira e é emprestador de última instância).

A independência é um atributo com ampla aceitação em sociedades democráticas, e implica uma blindagem da autoridade monetária à influência de políticas de governos que possam transferir os efeitos de sua desorganização fiscal para o âmbito da tarefa dos BCs de estabilização da moeda e do sistema financeiro, fundamento do desenvolvimento econômico sustentável de um país.

É preciso cuidar, no entanto, da preparação de ambiente institucional propício para que o benefício da redução do custo da estabilidade para a sociedade que a autonomia pode proporcionar não implique perda maior em outras igualmente primordiais ações e finalidades do Estado.

Do longo processo de evolução da estrutura institucional para a ação disciplinadora do Estado sobre os mercados financeiros das nações, compreendendo as atividades dos mercados monetário, de capitais, cambial e securitário, e as próprias fronteiras definidoras da abrangência daqueles sistemas, resultaram os atuais arranjos que combinam, sob variadas formas, de país para país, as funções dos BCs às de outras entidades públicas para exercer seu papel na economia.

A macroorganização das funções básicas dos BCs apresenta variações importantes na forma de implementar as ações de política monetária, de cunho macroeconômico, e aquelas de natureza microeconômica, como a supervisão e a regulação do sistema financeiro de um país. Basicamente, há arranjos nacionais em que a responsabilidade pela política monetária é apartada das funções de regulação e supervisão, constituindo-se entidades distintas, porém, interdependentes e articuladas jurídica e operacionalmente, e outros em que o BC centraliza aquelas funções, como se verifica no modelo brasileiro de Banco Central, desde sua criação, em 1964.

A consolidação da atividade financeira como uma concessão pública, tendo o Estado como definidor das regras do jogo que balizam as iniciativas das empresas no mercado, entretanto, trouxe consigo uma consequência que elucida o desafio para realização do potencial do espaço mercadológico dos sistemas financeiros: o caráter dual no "marketing" do negócio financeiro, isto é, exige o concurso dos dois atores da parceria compulsória, a Empresa e o Estado. Aqui reside a origem de grande parte das mais relevantes questões envolvendo o desempenho dos sistemas financeiros e sua efetividade econômica para a sociedade.

As ações estratégico-comerciais das empresas financeiras, assim, ficam a reboque do Estado Regulador, demandando a ação tempestiva e refletida dos órgãos reguladores de forma a não afetar negativamente sua performance e, consequentemente, a economia.

Como não há contratos, nos moldes de tantos outros serviços públicos cedidos à exploração da área privada, as iniciativas "dependuram-se" na qualidade do arcabouço legal e regulatório em cada país, o que confere ao empreendimento nesse mercado uma aura de certa magia, de aventura mesmo, em países que primam pela incongruência, instabilidade e anacronismo de seus desenhos regulatórios. É a "caneta" do poder público do momento, equivalente à espada de Dâmocles, nos mercados financeiros. Um quadro que potencialmente representa forte barreira ao capital, à inovação, à competência e à seriedade que estão do lado de fora e, simultaneamente, inibição, paralisia, atraso e ineficiência para quem está do lado de dentro.

Complexidade adicional verifica-se quando o Estado exerce, concomitantemente e de forma ambígua, o papel de "senhor" e "agente-empresário", concorrendo no mercado com seus "parceiros compulsórios e controlados".

Sincronizar, articular e compatibilizar a dinâmica e os interesses do mercado com a dinâmica e o interesse públicos para o funcionamento seguro, mas também eficiente e eficaz do sistema financeiro, não é empreitada trivial. Antes, é um enorme desafio a ser enfrentado, que requer dos BCs habilidades e competências bem distintas daquelas herdadas de suas origens, experiências e prioridades históricas de luta contra a inflação, crises bancárias e financeiras recorrentes, incorporadas a seu modo de pensar e atuar, e profundamente enraizadas em sua cultura organizacional.

A tarefa de agir no timing correto torna-se crítica para o bom desempenho dos sistemas financeiros diante do dinamismo de inovações, impulsionado pelas tecnologias da informação e de comunicação, que incidem diretamente no *core* do negócio financeiro e nos métodos de sua gestão pelas instituições de regulação e supervisão. Isso é essencial para um trabalho coordenado que vise maximizar o alcance de seus objetivos.

3. SISTEMA FINANCEIRO NACIONAL

Com a reforma instituída pela Lei nº 4.595, de 31 de dezembro de 1964, o SFN foi estruturado e seu funcionamento regulado, consagrando o modelo com ativa participação estatal não só em seu disciplinamento, mas, também, no provimento de serviços financeiros diretamente ao público, como agente empreendedor e indutor da economia brasileira.

Foram criados, por aquele diploma legal, o Conselho Monetário Nacional (CMN) e o Banco Central do Brasil (BCB), autarquia vinculada ao Ministério da Fazenda e principal órgão executor das orientações e decisões do CMN relacionadas com o funcionamento e a gestão do SFN.

No topo hierárquico do subsistema normativo do SFN estão os três conselhos nacionais (Conselho Monetário Nacional [CMN], Conselho Nacional de Seguros Privados [CNSP] e Conselho Nacional de Previdência Complementar [CNPC]), aos quais incumbe definir as políticas e diretrizes que regem o funcionamento e a gestão do SFN, cada qual em sua esfera de ação.

Integram o CMN o Ministro da Fazenda (presidente do Conselho), o Ministro do Planejamento, Gestão e Orçamento e o Presidente do BCB.

Também foram revistos o papel do Banco Nacional do Desenvolvimento Econômico e Social (BNDES), do Banco do Brasil, da Caixa Econômica Federal, na execução da política creditícia do governo federal, sob supervisão do CMN, e das instituições públicas e privadas que operam no setor financeiro. Para os mercados financeiro e de capitais, que detêm participação amplamente majoritária nos ativos que circulam no SFN, as diretrizes em políticas monetária e normativa são definidas na instância do CMN.

Ao Banco Central do Brasil cabem a formulação e a gestão da política monetária e assegurar a execução das políticas normativas e regulamentares pelas instituições financeiras, assim como o monitoramento geral do SFN.

A Comissão de Valores Mobiliários (CVM), autarquia federal vinculada ao Ministério da Fazenda, foi instituída pela Lei nº 6.385, de 7 de dezembro de 1976, com a responsabilidade de regulamentar, desenvolver, controlar e fiscalizar o mercado de valores mobiliários (mercado de capitais).

Complementando o subsistema normativo do SFN, há outras instituições que se incumbem do papel de execução da política regulatória e de fiscalização em segmentos específicos:

- Superintendência de Seguros Privados (Susep), autarquia federal vinculada ao Ministério da Fazenda, é o órgão responsável pelo controle e fiscalização dos mercados de seguro, previdência privada aberta, capitalização e resseguro, criada pelo Decreto-Lei nº 73, de 21 de novembro

de 1966, que também instituiu o Sistema Nacional de Seguros Privados, do qual fazem parte o CNSP e o IRB Brasil Resseguros S.A.
- Superintendência Nacional de Previdência Complementar (Previc), autarquia vinculada ao Ministério da Previdência Social, com atribuição de supervisionar e fiscalizar as entidades fechadas de previdência complementar, os fundos de pensão.

O SFN, como visto, está estruturado com base em princípios, conceitos, ideias, maturidade social e ambiente internacional de quase meio século atrás, de um momento em que vivíamos a ditadura militar.

A Constituição Federal de 1988, promulgada nos tempos iniciais da redemocratização do país, inscreveu com oportunidade, em seu artigo 192, a determinação de que o SFN, após décadas de funcionamento sob a égide do marco legal de 1964, fosse regulamentado por intermédio de leis complementares, a fim de se modernizar e dar respostas aos desafios de um novo ambiente social, de um mundo globalizado e das extraordinárias repercussões da tecnologia da informação e comunicação sobre o funcionamento dos mercados financeiros.

4. BANCO CENTRAL DO BRASIL

O modelo de organização normativa, que decorre, principalmente, da opção de abordagem ao mercado (*laissez-faire*, *market-failure* ou *market-enabling*), da abrangência das responsabilidades assumidas e do grau de independência de atuação institucional, é a base para definir missão, objetivos e planos de ação dos BCs, balizando seu potencial de incentivar o desenvolvimento dos sistemas financeiros, seu perfil de atuação e o modo como gerenciam os mercados financeiros.

Importa aqui observar que missões e objetivos de natureza macroeconômica (políticas monetária, cambial e de crédito) e aqueles decorrentes das funções de nível microeconômico (regulação e supervisão) podem estar sob comando único, ou distribuídos por dois ou mais órgãos, dependendo dos fatores determinantes em cada caso, conforme já comentado.

Em modelos que centralizam o universo das funções, no entanto, é preciso atentar para que prioridades entre distintos objetivos ou partes concorrentes da missão, no planejamento ou na execução, que disputem entre si recursos, atenção da alta administração e da própria organização, não resultem em tratamento privilegiado de uns que impeçam ou marginalizem a consecução de outros, pois, como complementares ou sinérgicos, o resultado final poderá ser insatisfatório ou até comprometedor.

Nos últimos anos, o Banco Central do Brasil tem atuado com a dita "autonomia operacional", espécie de "carta branca" na execução da política monetária, concedida por ato de vontade do Presidente da República, não derivando de prescrição constitucional ou legal, como ocorre, em geral, em países desenvolvidos.

Suas atribuições incluem tanto as de formulação e gestão da política monetária, como aquelas de regulação, supervisão e desenvolvimento do SFN, norteando suas ações nas políticas e diretrizes definidas pelo CMN, e assegurando-se de sua observação pelas instituições financeiras.

No processo de planejamento em 2010, o BCB definiu as orientações estratégicas para as ações da instituição no período de 2010 a 2014 (www.bcb.gov.br):

Missão: "Assegurar a estabilidade do poder de compra da moeda e um sistema financeiro sólido e eficiente."

Objetivos estratégicos

- Assegurar o cumprimento das metas de inflação estabelecidas pelo Conselho Monetário Nacional.
- Assegurar a solidez e o regular funcionamento do Sistema Financeiro Nacional.
- Promover a eficiência do Sistema Financeiro Nacional e a inclusão financeira da população.
- Assegurar o suprimento de numerário adequado às necessidades da sociedade.
- Aprimorar o marco regulatório para o cumprimento da missão institucional.
- Promover melhorias na comunicação e no relacionamento com os públicos interno e externo.
- Aprimorar a governança, a estrutura e gestão da instituição.
- Fortalecer a inserção internacional da instituição.

O enunciado das orientações, dessa forma, traduz o compromisso da instituição sobre o que perseguir e como atuar para cumprir seu papel, conforme as responsabilidades legal e constitucional que lhe são atribuídas.

Na missão do BCB há dois elementos constitutivos correspondentes a cada um dos grupos de suas funções primordiais e que, embora interdependentes, são distintos em natureza:

- "Assegurar a estabilidade do poder de compra da moeda", que está relacionada com a formulação e a gestão das políticas monetária e cambial para alcançar a estabilidade macroeconômica.
- "Assegurar um sistema financeiro sólido e eficiente", do qual derivam as ações visando o desenvolvimento do SFN, abrangendo suas atividades de organização, regulação e supervisão e de gestão do Sistema de Informações do BCB.

O primeiro componente da missão, que teve sua expressão atual definida em 1998, diz respeito ao processo de estabilização monetária, há muito amplamente aceita como pré-condição para o crescimento econômico e o desenvolvimento sustentável da economia.

Este tem sido o centro das preocupações do BCB desde sua criação, e missão exclusiva mesmo anteriormente à promulgação da Constituição Federal de 1988, refletindo a prioridade de combate à inflação descontrolada e persistente em nossa economia naqueles tempos.

Em 2001, o BCB ampliou sua missão, ao adicionar ao propósito da estabilização monetária, o de "estabilização do SFN", logo modificado para "solidez do SFN", em 2002: "assegurar a estabilidade do poder de compra da moeda e a solidez do SFN".

Mais uma vez, reagia-se, de forma reflexa, a um novo inimigo revelado com a estabilidade monetária (Plano Real) e pela globalização dos mercados financeiros: a sucessão de crises financeiras internacionais que desestabilizavam economias, especialmente aquelas assentadas sobre frágeis sistemas financeiros. Então, já não bastava defender a moeda nacional, era preciso tratar, também, do canal por onde ela corre, percebida a estreita relação de mútua dependência funcional.

Àquela altura, e algumas décadas antes em muitos países da América Latina, África e Ásia, especialmente, a emergência do drama da exclusão financeira da população de baixa renda, de empreendedores informais, micro e pequenos negócios, suscitava nova demanda da sociedade sobre os organismos internacionais, governos e BCs em todo mundo. A estabilidade monetária e a solidez financeira, apesar de fundamentais, pareciam não ser suficientes para que os sistemas financeiros fizessem seu trabalho com efetividade social.

Em 2007, no planejamento corporativo para o período 2007-2011, o BCB acrescentou à sua tarefa de "assegurar a *solidez do Sistema Financeiro Nacional*", a de "assegurar a *eficiência do Sistema Financeiro Nacional*", embora, já em 1988, figurasse no rol de seus objetivos estratégicos: "assegurar a estabilidade e o *aperfeiçoamento do SFN*".

Em 2007, ainda, o objetivo de "estimular a *concorrência* no SFN e o *acesso* crescente ao SFN" constava nas orientações estratégicas da instituição.

No atual ciclo, com horizonte em 2014, foi mantido o enunciado de 2007 para a missão institucional. Em seus objetivos estratégicos para os próximos anos, como citado anteriormente, o Banco Central, ao ampliar o propósito de *promover a eficiência do Sistema Financeiro Nacional*, adicionou o de *promover a inclusão financeira da população*.

A primeira parte da missão, estabilidade do valor da moeda, portanto, refere-se ao nível macroeconômico de atuação do BCB que, a partir de 1999, tem no sistema de metas de inflação e no regime de câmbio flutuante os pilares para seu cumprimento.

No tocante à estabilidade monetária conquistada, em um processo iniciado com o Plano Real, em 1994, há ainda um caminho a percorrer, pois, a estabilidade macroeconômica sustentável requer inflação estável, mas, também, baixa.

No Brasil, há estabilidade (baixa volatilidade) no nível geral de preços, porém em um patamar de variação ainda bem acima dos padrões aceitos internacionalmente, e sua manutenção cobra um alto preço à sociedade.

Há amplo consenso acerca da necessidade de maior contribuição da disciplina fiscal no processo de "desarme" da indexação remanescente na economia brasileira, representada, principalmente, pelos preços administrados (cerca 30% no Índice Nacional de Preços ao Consumidor Amplo (IPCA), em 2010), pelos critérios de remuneração da poupança e pela "memória" inflacionária induzida por contratos de profissionais liberais e prestadores de serviços.

Entretanto, essa extensa matéria, embora fundamental, não pertence a nosso escopo, sendo aqui abordada para delinear sua inter-relação com a temática central do livro. O alto custo de oportunidade para as instituições financeiras no Brasil, que representam os elevados e seguros rendimentos auferidos com os títulos públicos, dificulta ou inviabiliza as iniciativas pioneiras, de maior risco, inovadoras ou com longo prazo de maturidade.

O segundo componente da missão compreende dois atributos desejáveis para o SFN, associados ao nível microeconômico de atuação do BCB: **solidez** e **eficiência** do SFN.

A **eficiência,** como variável-chave na construção de um ambiente financeiro propício ao crescimento econômico sustentável e à inclusão financeira da população no país, somente ganhou destaque na missão institucional recentemente.

Entretanto, o que é eficiência nesse contexto? Em que medida e para quem ela importa? Onde ela se "esconde" nos sistemas financeiros? Como trazê-la para o funcionamento destes? Solidez e eficiência podem coexistir como objetivos? Existe solidez sem eficiência? Há um *trade-off* ou condição de equilíbrio entre esses dois atributos desejáveis para um sistema financeiro? O que eficiência tem a ver com competição em um sistema financeiro? Qual é a relação entre estabilidade, eficiência e competição nos mercados financeiros? A regulação do sistema financeiro deve buscar um equilíbrio (ou *trade-off*) entre competição, eficiência e estabilidade? Eficiência promove inclusão financeira? Ou é o inverso? Ou ambas? De que forma a regulamentação do sistema financeiro afeta sua eficiência?

São algumas das questões objeto de debate internacional por acadêmicos, *policymakers* e *stakeholders* do mercado financeiro, cujas respostas são sugeridas por alguns trabalhos acadêmicos citados neste e em outros capítulos.

5. A IDEIA DO DESENVOLVIMENTO DO SISTEMA FINANCEIRO, SEUS PILARES E SUA CONTRIBUIÇÃO AO CRESCIMENTO ECONÔMICO

Tem sido crescente a aceitação de que os mercados financeiros desempenham papel fundamental no crescimento econômico, na redução da pobreza e na estabilização financeira (ver Capítulo 3).

Essa compreensão tem respaldo em inúmeros estudos acadêmicos desenvolvidos, principalmente nas últimas duas décadas, que encontraram evidências empíricas da relação positiva entre o grau de desenvolvimento financeiro e o crescimento econômico.

Os estudos apontam que sistemas financeiros desenvolvidos promovem a ampliação do acesso ao capital externo (Demirgüç-Kunt e Maksimovic, 1998; Rajan e Zingales, 1998 *apud* Beck, 2006) e alocam com eficiência a poupança (Beck, Levine e Loayza, 2000 *apud* Beck, 2006), favorecendo, assim, o crescimento da economia.

Sistemas financeiros desenvolvidos permitem executar melhor o monitoramento dos investimentos e da governança corporativa e ajudam a diversificar e reduzir os riscos de liquidez e de intertemporalidade, característica dos contratos financeiros (Levine, 1997 e 2005 *apud* Beck, 2006). Sistemas financeiros desenvolvidos contribuem, também, para reduzir o impacto de choques externos na economia doméstica (Beck, Lundberg e Majnoni, 2006; Aghion, Banerjee e Manova, 2005; Raddatz, 2006 *apud* Beck, 2006).[4]

Países com sistemas financeiros mais desenvolvidos permitem aos pequenos negócios superar restrições financeiras e experimentam crescimento econômico mais rápido (Beck, Demirgüç-Kunt e Maksimovic, 2005; Beck, Demirgüç-Kunt, Laeven e Levine, 2004 *apud* Beck, 2006).

Sistemas financeiros desenvolvidos e inclusivos facilitam a transmissão da política monetária, reduzindo o custo social de sua aplicação pela maior abrangência e mais equilibrada distribuição de seus efeitos, fato ressaltado pelo novo presidente do Banco Central do Brasil, Alexandre Tombini, em seu discurso de posse, em 3 de janeiro de 2011.[5]

A regulamentação das atividades bancárias e financeiras visa promover também um sistema financeiro inclusivo, com duas implicações importantes.

A principal é de caráter geral, de cunho social, uma vez que a inclusão financeira contribui para a redução de desigualdades sociais e para o desenvolvimento econômico de qualquer país.

A segunda é específica, e está associada ao fato de que a inclusão financeira fortalece o principal canal de transmissão da política monetária,

---

[4] O conceito de sistemas financeiros desenvolvidos utilizado neste livro se baseia em "The Financial Development Report 2010", do Fórum Econômico Mundial.
[5] Disponível em http://www.bcb.gov.br/?MAISTEXTOS.

que é exatamente o sistema financeiro. Em uma sociedade plenamente incluída financeiramente, pequenas oscilações nas taxas de juros tendem a ter implicações maiores na expansão ou retração da demanda agregada, facilitando e reduzindo o custo do controle da inflação.

Sistemas financeiros eficientes facilitam as trocas, reduzem os custos de transação nas operações da economia real e alocam, de forma ótima, a poupança da sociedade, canalizando-a para os empreendimentos e projetos mais lucrativos.

O desenvolvimento do setor financeiro é determinante na balança comercial, dando aos países vantagens competitivas naqueles empreendimentos mais dependentes das finanças internacionais (Beck, 2002, 2003 *apud* Beck, 2006).

Os estudos indicam, ainda, que os países situados na faixa dos 20% com mais baixa renda são os que têm mais benefícios com o desenvolvimento financeiro: ao reduzir a desigualdade de renda e estimular o crescimento econômico, os mercados e instituições financeiras contribuem para a redução da pobreza (Beck, Demirgüç-Kunt e Levine, 2004, Honohan, 2004 *apud* Beck, 2006).

Outra evidência encontrada é que a estrutura de financiamento não importa para o desenvolvimento econômico; ou seja, é indiferente se efetivado via *market-based* ou *banking-based*. O que conta é a oferta dos serviços financeiros (Beck e Levine, 2002; Demirgüç-Kunt e Maksimovic, 2002; Levine, 2002 *apud* Beck, 2006). Contudo, quanto maior o grau de desenvolvimento financeiro de um país, maior a participação *market-based* em seu sistema financeiro, revelam os estudos.

Finalmente, os estudos indutivos apontam que um rápido crescimento do crédito desacompanhado da estabilidade macroeconômica, estruturas de informações (*bureaus* de crédito) e segurança jurídico-contratual efetivas podem levar a fragilidade e crises bancárias (Demirgüç-Kunt and Detragiache, 1999; Caprio and Klingebiel,1997 *apud* Beck, 2006).

Os resultados encontrados vêm incentivando *policymakers*, acadêmicos e *stakeholders* a trabalharem na construção de sistemas financeiros sólidos e eficientes. Quais seriam, então, as bases para o desenvolvimento de tais sistemas?

A primeira, e fundamental, é a estabilidade macroeconômica, amplamente reconhecida como pré-condição para a construção de sistemas financeiros com tais atributos. Inflação baixa e estável cria incentivos para o bom funcionamento dos mercados financeiros e de capitais.

Os determinantes para o desenvolvimento de sistemas financeiros serão tratados nos Capítulos 3, 6 e 10, no âmbito de seus temas específicos, e compreendem um conjunto de pilares que foram utilizados para estabelecer o Índice de Desenvolvimento Financeiro (IDF) de 57 países, pelo Fórum Econômico Mundial, em 2010, publicado em "The Financial Development Report 2010".

De acordo com o relatório, o Brasil está na 32ª posição do *ranking* geral.

A classificação em cada um dos sete diferentes pilares que compõem o IDF aponta os pontos fortes e as fragilidades do sistema financeiro brasileiro:

44º – ambiente institucional, que compreende leis, regulamentos e supervisão do setor financeiro, garantia de cumprimento de contrato e governança corporativa.

49º – ambiente de negócios, que inclui capital humano disponível, infraestrutura física e tecnológica e custo de fazer negócios no setor financeiro.

10º – estabilidade financeira, avaliada pelos riscos de crises bancária, monetária e da dívida soberana.

38º – serviços bancários, incluindo, de forma agregada, tamanho do setor bancário, lucratividade e custo operacional.

12º – serviços financeiros não bancários, compreendendo as instituições de intermediação na área de securitização e gestão de ativos, sendo avaliadas, no agregado, pelas operações relacionadas com as atividades de oferta pública inicial (*Initial Public Offering* – IPOs), fusões & aquisições e securitização.

34º – mercados financeiros, no agregado, tamanho e desempenho de instituições do mercado de ações, derivativos, câmbio e de títulos, públicos e privados.

27º – acesso financeiro, representado pela mensuração do acesso a capital (empréstimos e capital de risco) e a serviços financeiros, por diferentes canais de acesso, como bancos e instituições de microfinanças. Inclui também medidas de capilaridade do sistema financeiro, como agências, terminais de autoatendimento (*Automated Teller Machine* – ATMs) e de penetração bancária, avaliada pelo número de contas bancárias como proporção da população adulta.

A posição do país no *ranking* geral mostra-se incompatível com os anseios de se alçar os patamares mais elevados de crescimento econômico, sem ter de conviver com conhecidos efeitos colaterais do crescimento não sustentável.

Os indicadores individuais confirmam a conquista da estabilidade financeira, tanto quanto a necessidade de se avançar muito no marco legal geral do SFN, no modelo de ação regulatória e na criação das condições institucionais e no ambiente de negócios que estimulem o setor financeiro, especialmente o desenvolvimento das microfinanças, por serem direcionadas aos pequenos negócios e à população de baixa renda ou desassistida, tarefa crucial no processo de desenvolvimento sustentável da economia nacional.

O segmento das microfinanças no Brasil, que compõe o quesito Acesso Financeiro do relatório, foi radiografado na edição 2010 do "Global microscope on the microfinance business environment" (Microscope), publicação anual da revista *The Economist*,[6] que retrata o estágio de desenvolvimento desse segmento do setor financeiro em países de média e baixa renda *per capita*.

"Microscope 2010" é resultado de pesquisa sobre o ambiente de negócios, expresso por um índice, para o segmento das microfinanças em 54 países da África, Ásia, América Latina e Caribe e Leste Europeu, onde se concentram as nações com importante grau de exclusão financeira da população.

O índice possibilita a comparação em três categorias: estrutura regulatória, desenvolvimento institucional e clima para investimento em microfinanças, assim construídas:

Estrutura regulatória
1) Regulação das operações de microcrédito
2) Constituição e operação das Instituições de Microfinanças (IMFs) reguladas e supervisionadas
3) Constituição e operação de IMFs não reguladas
4) Capacidade regulatória e de supervisão

Ambiente para investimento
1) Estabilidade política
2) Estabilidade do mercado de capitais

---

[6] Publicação com participação do *Banco Interamericano de Desenvolvimento* (BID), da Corporação Andina de Fomento (CAF), do International Finance Corporation (IFC) e do governo da Holanda.

3) Sistema judiciário
4) Padrões contábeis para microfinanças
5) Padrões de governança para microfinanças
6) Transparência das IMFs

Desenvolvimento institucional
1) Elenco ou grau de diversificação de produtos oferecidos pelas IMFs
2) *Bureau* de crédito para microfinanças
3) Nível de competição no setor de microfinanças

No *ranking* geral, da "qualidade" do ambiente de negócio para o desenvolvimento das microfinanças, o Brasil ficou na 26ª posição.

Nas três categorias, a posição revela as áreas que colocam o país na posição mediana do *ranking* geral:

26ª posição no quesito "estrutura regulatória"
6ª posição no fator "clima para investimento" em microfinanças
23ª posição em "desenvolvimento institucional"

Como o leitor poderá verificar nos capítulos sobre o cooperativismo de crédito (Capítulo 4) e as Sociedades de Crédito à Microempresa e à Empresa de Pequeno Porte (SCMEPPs) (Capítulo 6), a indústria das microfinanças no Brasil segue "patinando". Não se desenvolve, carente de instrumentos gerenciais básicos, como informações confiáveis sobre as operações de microcrédito realizadas pelas diferentes instituições financeiras e de *bureau* de crédito que, mitigando riscos, viabilizem o amplo acesso ao crédito pelo público-alvo desse segmento financeiro, apesar das iniciativas recentes do BCB no âmbito de seu objetivo estratégico de inclusão financeira da população, e de esforços de outras instituições governamentais e entidades do mercado.

A compreensão sobre os efeitos positivos de sistemas financeiros desenvolvidos na promoção do crescimento econômico, seja pela via da acumulação de capital fixo, como as evidências empíricas sugerem, seja, de forma indireta, via "organização social", aumentando a Produtividade Total dos Fatores (PTF), ou ainda, o melhor dos mundos, por ambas as formas, torna ocioso o embate acadêmico, pois ambas as variáveis incidem direta e positivamente na função de produção da economia.

Conduzidos ao entendimento primário[7] da relação do desenvolvimento financeiro com o crescimento econômico, devemos passar, então, ao estágio da ação.

Os bancos centrais, especialmente os que respondem pelas funções de política monetária, simultaneamente às de regulação e supervisão, como ocorre no modelo brasileiro, têm diante de si a oportunidade e o desafio de colocar em marcha novos conceitos e uma visão contemporânea de seu papel na economia que contribuam mais diretamente com o crescimento econômico pelo caminho da eficiência, eficácia e efetividade dos sistemas financeiros, o que poderá se traduzir em ainda maior estabilidade e solidez em seu funcionamento.

Entretanto, o porte dessa tarefa tem a dimensão equivalente a da profundidade das raízes fincadas ao longo de décadas no marco legal, nos arranjos institucionais, no marco regulatório e nos modelos de organização, gestão e formação dos recursos humanos dos sistemas financeiros e dos BCs.

No caso brasileiro, trata-se, agora, de trabalhar com o pensamento dominante e passar à ação efetiva para levar adiante as mudanças que delinearão um novo SFN, principalmente as de ordem legal, institucional e regulatória.

6. CONSTRUÇÃO DE UM NOVO SFN: QUESTÕES-CHAVE

Marco legal, regulação e ambiente institucional

A missão de assegurar um sistema financeiro eficiente, além de sólido e estável, requer habilidades e competências diferenciadas, que impõem um novo olhar sobre a forma de organizar, regular e gerenciar o SFN.

As medidas para desenvolver o SFN se iniciam pela revisão do seu arranjo jurídico-institucional.

O encaminhamento de alguns de seus aspectos cruciais está nas mãos da área política, especificamente, do Congresso Nacional e do Poder Executivo,

---

[7] Levine (2003), em "More on Finance and Growth: More Finance, More Growth?", atribuiu ao Prêmio Nobel Merton Miller (Miller, Merton H. "Financial Markets and Economic Growth". *Journal of Applied Corporate Finance*, outono de 1998, *11*(3), pp. 8-14), a observação: "Que os mercados financeiros contribuem para o crescimento econômico é uma proposição demasiadamente óbvia para uma discussão séria" (tradução livre do autor).

como patrocinador e parte ativamente interessada, como é o caso do artigo 192 da Constituição Federal de 1988, que estabelece a regulamentação por leis complementares do SFN para redefinir sua estrutura e seu funcionamento geral, revogando a anacrônica Lei nº 4.595/64, de 31 de dezembro de 1964:

> "O sistema financeiro nacional, estruturado de forma a promover o desenvolvimento equilibrado do país e a servir aos interesses da coletividade, em todas as partes que o compõem, abrangendo as cooperativas de crédito, *será regulado por leis complementares* que disporão, inclusive, sobre a participação do capital estrangeiro nas instituições que o integram."

A regulamentação do art. 192 da Constituição Federal, em um processo isento de influências corporativistas e partidárias, torna-se imperativa para reorganizar e modernizar o marco legal do SFN, a fim de criar um ambiente favorável ao empreendimento financeiro e às inovações, além de minimizar os custos de observância e dar a agilidade e o desembaraço à ação regulatória, compatíveis com a dinâmica e a velocidade das mudanças no SFN pelo rápido avanço da tecnologia da informação e comunicação.

Para se ter a dimensão do atraso da norma legal de 1964 que ainda rege o SFN, no mundo globalizado de hoje, o capital estrangeiro, para se instalar no mercado financeiro brasileiro, precisa passar pela mesa do Presidente da República.

Um modelo de regulação e supervisão avançado permite evitar superposições ou "terras de ninguém" que dificultem ou impeçam as iniciativas do mercado e o avanço da tecnologia sobre os mercados financeiros, propiciando a inclusão financeira da população por meio da eficiência do SFN. Também permitirá melhor e maior articulação dos agentes do Estado para fazer frente à complexidade do mundo globalizado, com instituições financeiras atuando em múltiplos segmentos de mercados e espaços geográficos do sistema financeiro internacional.

O aperfeiçoamento da ação regulatória, que em grande medida não prescinde da modernização do marco legal do sistema financeiro, pode dar sua contribuição ao facilitar as iniciativas inovadoras, se antecipando aos movimentos de mercado e ao avanço da tecnologia para estabelecer incentivos e limites no timing adequado.

Experiências recentes do uso da telefonia móvel para prover serviços financeiros à população no Quênia e nas Filipinas são exemplos do potencial da tecnologia para, em curto espaço de tempo, possibilitar o equacionamento de graves e históricos problemas das sociedades.

A iniciativa, há mais de dez anos,[8] do Tesouro Britânico em regulamentar o E-money, com o intuito principal de atrair a inteligência e o espírito inovador do mundo da tecnologia da informação e da comunicação para dentro do sistema financeiro inglês, como forma de elevar sua eficiência pela competição e pela contestabilidade ao mercado financeiro tradicional, é referência de postura regulatória contemporânea e de visão larga.

Os padrões de boas práticas regulatórias para a inclusão financeira definidos no âmbito do G-20,[9] que estão alinhados com os da iniciativa britânica, representam, antes de tudo, uma visão mais ampla sobre um novo estilo de participação dos Estados Nacionais em seus sistemas financeiros. Portanto, aqueles são *princípios referenciais de aplicação universal* aos mercados financeiros, não tendo o monopólio de serviram restritamente aos projetos de inclusão financeira no mundo.

Organização e gestão

Conceituar a eficiência do SFN, no âmbito da missão institucional, e definir uma estrutura adequada para sua promoção e gerenciamento são importantes para que a tarefa seja claramente atribuída e perseguida de forma articulada, e não dispersa, entre os componentes organizacionais.

Assim como o Sistema de Metas de Inflação é instrumento de gerenciamento objetivo da política monetária, para a missão de assegurar a estabilidade do valor da moeda, a gestão da eficiência do SFN, dada sua relevância para o cumprimento integral da missão institucional, deveria ser exercida

---

[8] Em outubro de 2010, o Tesouro Britânico lançou nova consulta pública porque a norma anterior do E-money não obteve êxito em um de seus objetivos estratégicos de atrair as empresas de tecnologia da informação e telecomunicação (telefonia celular e empresas de informática para o negócio de "gestão" de E-money), apesar dos incentivos e da eliminação de barreiras à entrada de pequenas e médias empresas nesse mercado. Na nova Consulta Pública, reduziram-se ainda mais as barreiras de entrada e promoveram-se outros ajustes na norma.
[9] Innovative Financial Inclusion (ATISG-FIEG/G20, maio/2010).

em moldes semelhantes, como ocorre em alguns países que definem objetivos, quantitativos e qualitativos, para alguns parâmetros representativos da eficiência do sistema financeiro, conforme conceito prévia e formalmente estabelecido.

Dado e informação

A informação está no *core business* financeiro. A essência da tarefa institucional dos BCs é indissociável de sua habilidade em gerenciamento de informações. Teorias sobre a intermediação financeira colocam-na na gênese do negócio, ao atribuir à assimetria de informação a razão de seu surgimento. Balanços, riscos e expectativas são pura informação e estão no cerne dos sistemas financeiros. O que é a moeda senão informação?

Há um entendimento amplo sobre o valor da boa e oportuna informação nos mercados financeiros. O que não há, de forma generalizada, é o tratamento do tema na dimensão que ele representa para os sistemas financeiros.

Quase todos os estudos acadêmicos e relatórios de organismos internacionais citados neste livro fazem ressalvas sobre a falta ou a precariedade conceitual de dados, que limitam sua potencialidade e dificultam ou impedem a obtenção de maior confiabilidade dos resultados verificados.

Dado não é informação. Situação típica, quando não se trata adequadamente a questão, é a sensação de que "há muitos dados... mas pouca informação." "Os sistemas não se falam..." e declarações do gênero. São sintomas de que os sistemas de informação de interesse corporativo estão sendo cuidados de forma estanque, em iniciativas departamentais isoladas.

Cada vez mais para os empreendimentos em qualquer área, tirar partido do poder da informação é decisivo. Para os BCs e *stakeholders* de sistemas financeiros é simplesmente vital. Está no cerne do negócio.

É preciso fazer refletir essa compreensão no arranjo organizacional dos BCs.

O projeto de acervo de dados que reflita o olhar estratégico sobre o negócio em seu conjunto é mais que tarefa finalística. É atividade que deve ser tratada no nível hierárquico mais alto nos BCs. Requer perfil humano diverso dos preparados e afeitos a temas econômicos e contábeis. E não são, tampouco, técnicos em Tecnologia da Informação (TI). São profissionais que pensam em dados e informações "com a cabeça do empreendedor", como poderoso recurso corporativo que faz a diferença nos negócios, privados ou públicos.

O Capítulo 9 trata, de forma conceitual e propositiva, a temática da informação e leva a reflexões mais detidas sobre seu papel estratégico nos sistemas financeiros.

Tecnologia e personalização

A oferta de crédito por instituições financeiras aos pequenos negócios, formais e informais, e à população de baixa renda, centrada na "venda pessoal" pelo agente de crédito, surgiu para dar resposta às limitações dos sistemas tradicionais de concessão de crédito em lidar com a informalidade (falta ou fragilidade de "documentação") e com a impossibilidade de obter garantias reais daquele público.

Trata-se do poder comercial dos benefícios propiciados pela personalização, há muito conhecida pelos profissionais de marketing. O desafio é "massificar a personalização", pois, são muitíssimo elevados, e por vezes proibitivos, os custos associados à venda pessoal e à personalização de produtos.

A regulação pode ajudar muito nessa equação (eliminando restrições que só fazem aumentar os custos de transação, por exemplo), mas, a solução, mais uma vez, passa pela tecnologia que agregue inteligência e eficiência ao processo, de forma a baixar drasticamente os custos e minimizar riscos dessas operações.

Tecnologias novas aplicadas à prestação de serviços financeiros, como uso do celular e internet, caminham na direção do futuro: as pessoas valorizam a comodidade, a segurança e o conforto de não ter de sair de casa. A tendência universal de substituir o presencial pelo remoto, o físico pelo lógico, o analógico pelo digital, o discreto pelo contínuo, é inexorável.

A maioria das pessoas prefere não ir, ou ir o mínimo possível, a uma agência bancária. O custo de oportunidade do tempo é cada vez maior. Expandir ou não a rede física do sistema financeiro é questão de estratégia e viabilidade comercial das instituições do mercado. Na transição, certamente ainda haverá necessidade e espaço para sua expansão. Nesse quesito, os dados são favoráveis.

O "Relatório de Inclusão Financeira 2010" produzido pelo BCB revela que todos os 5.565 municípios brasileiros são servidos por dependência bancária ou por correspondente. Este revela, ainda, que a capilaridade do SFN está no mesmo nível dos países desenvolvidos do mundo e, em algumas modalidades de acesso, acima dos padrões verificados naqueles países.

Entretanto, a combinação da moeda eletrônica com os meios de acesso remoto caminha a passos largos... Está logo ali e deveria ser a mira dos que planejam e organizam o funcionamento de sistemas financeiros eficientes e seguros, sintonizados com as demandas das pessoas por tratamento personalizado e variedade de produtos e serviços a custos baixos e decrescentes.

Referências

BANCO CENTRAL DO BRASIL, "Relatório de Inclusão Financeira 2010", disponível em http://www.bcb.gov.br/Nor/relincfin/relatorio_inclusao_financeira.pdf
BECK, T. (2006). "Creating an Efficient Financial System: Challenges in a Global Economy". The World Bank.
DEMIRGÜÇ-KUNT, A., BECK, T., HONOHAN, P. (2008). "Finance for all?: policies and pitfalls in expanding access". The World Bank.
ECONOMIST INTELLIGENCE UNIT – *The Economist*. "The global microscope on the microfinance business environment 2010". Disponível em http://www.eiu.com/site_info.asp?info_name=global_microscope_2010&page=noads&rf=0.
G20 (ATISG/FIEG, 2010). "Innovative Financial Inclusion: Principles and Report on Innovative Financial Inclusion from the Acess through Innovation".
GALBRAITH, J.K. (1975). "Money: when it came, where it went", Houghton Mifflin Co.
HM TREASURE (2010). "Laying of regulation to implement the new E-Money Directive – a consultation document". Outubro de 2010.
LEVINE, R. (2003). "More on Finance and Growth: More Finance, More Growth". The Federal Reserve Bank of St. Louis.
PRESIDÊNCIA DA REPÚBLICA FEDERATIVA DO BRASIL. Lei nº 4.595, de 31 de dezembro de 1964.
WEF (2010). "The Financial Development Report 2010", disponível em http://www.weforum.org/reports/financial-development-report-2010?fo=1.

Sites

http://www.bcb.gov.br
http://www.cvm.gov.br
http://www.susep.gov.br

CAPÍTULO 2

Estabilidade de preços e desenvolvimento do sistema financeiro: aspectos teóricos e a experiência brasileira

MARCELO CURADO[1]

1. INTRODUÇÃO

A importância da estabilidade de preços para o desenvolvimento de uma nação é um tema fartamente explorado pela literatura econômica. É possível afirmar que há consenso entre os economistas e demais cientistas sociais sobre a impossibilidade de ter-se um efetivo processo de desenvolvimento na ausência da estabilidade de preços. Processos inflacionários crônicos, assim como a persistência de processos de deflação, estão associados a inúmeros problemas.[2]

---

[1] Doutor em Política Econômica pela Universidade Estadual de Campinas (Unicamp), professor associado do Departamento de Economia da Universidade Federal do Paraná (UFPR) e do Programa de Pós-Graduação em Desenvolvimento Econômico (PPGDE) da UFPR. Bolsista do Programa Cátedras para o Desenvolvimento do Instituto de Pesquisa Econômica Aplicada (Ipea).
[2] Geralmente, em condições normais de funcionamento, os sistemas econômicos são caracterizados por algum nível de inflação. Não há evidência histórica relevante de sistemas econômicos que tenham permanecido por longos períodos de tempo sem alguma elevação dos preços. Taxas de inflação, tais como as recentemente verificadas no Brasil, oscilando em torno de 4,5% a.a., são aceitáveis e não causam problemas graves ao desenvolvimento. Assim, quando nos referimos, ao longo do capítulo, ao termo "estabilidade de preços", estamos, em última análise, imaginando alguma taxa baixa e constante de inflação. Ao mesmo tempo, deve-se entender por processos inflacionários crônicos – que efetivamente causarão problemas ao desenvolvimento – aqueles nos quais as taxas de inflação encontram-se acima de dois dígitos e/ou em situações em que se apresenta clara tendência de aceleração das taxas de inflação.

Longe de buscar uma análise completa do tema, o capítulo tem como objetivo central a apresentação dos principais obstáculos ao desenvolvimento impostos por processos inflacionários. Atenção especial, tendo em vista os objetivos mais gerais do livro, será dispensada à análise dos impactos da inflação no desenvolvimento do sistema financeiro. O capítulo tem também como objetivo discutir os efeitos da inflação na evolução do sistema financeiro brasileiro.

Para tanto, o capítulo é organizado da seguinte forma. Após esta breve introdução, a seção 2 apresenta a discussão sobre os efeitos da inflação no sistema econômico. A seção 3 apresenta uma breve discussão sobre o tema da inflação e seus impactos no desenvolvimento do sistema financeiro brasileiro. A seção 4 apresenta as considerações finais do capítulo.

2. ESTABILIDADE DE PREÇOS E DESENVOLVIMENTO

O objetivo desta seção é discutir os efeitos da inflação[3] sobre o sistema econômico. O argumento central apresentado é que não é possível pensar em desenvolvimento econômico de um país em um contexto concomitante à vigência de um processo inflacionário crônico. Ao longo de todo o capítulo serão apresentados argumentos teóricos, além de algumas evidências empíricas, que dão sustentação a esse argumento. Mas por que a inflação é um problema?

A resposta mais evidente – e nem por isso menos importante – é que a vigência de elevações generalizadas e persistentes nos níveis dos preços praticados no mercado **reduz o poder de compra real da renda (e da riqueza)** dos agentes econômicos. Nada pior para um trabalhador que elevações de preços nos bens e serviços por ele consumidos. Essa corrosão do poder de compra da renda, particularmente dos salários, é o problema mais percebido pela população em países que atravessam períodos de alta e crônica inflação. É evidente que ela gera outros problemas – menos evidentes para a população – mas nem por isso menos relevantes no tratamento do tema.

---

[3] O capítulo irá centrar seus esforços na análise da inflação e de seus impactos sobre o desenvolvimento. Processos deflacionários são substancialmente mais raros, sobretudo nos países em desenvolvimento. Empiricamente, podemos afirmar que a observação de períodos mais longos de deflação está diretamente associada a períodos de severa crise econômica, tais como durante a Grande Depressão de 1929, não representando, portanto, o comportamento normal da economia.

A elevação dos preços dos bens tem como contrapartida a **redução do poder de compra do padrão monetário**. Em outras palavras, inflação nada mais é do que a perda de valor da moeda; a incapacidade do padrão monetário exercer sua função de reserva de valor. Vale lembrar, a título de revisão, que qualquer padrão monetário deve cumprir três funções básicas: 1. **Unidade de conta**, ou seja, a moeda deve ser o padrão de referência de valor relativo de todos os bens e serviços transacionados na economia; 2. **Meio de pagamento ou de troca**, ou seja, a moeda deve permitir a realização das transações entre os agentes econômicos e 3. **Reserva de valor**, isto é, a moeda deve ter a capacidade de manter constante o valor dos bens e a riqueza dos agentes econômicos.

Em um contexto inflacionário, a moeda deixa de exercer inicialmente a função essencial de **reserva de valor**. Em última análise, isso significa que os agentes econômicos deixam de dispor do mecanismo socialmente criado para manter constante sua renda e riqueza monetária. É comum, em situações de agravamento do processo inflacionário, sobretudo em situações de hiperinflação, notar a ampliação da aquisição de ativos reais como forma de manutenção da riqueza.

Finalmente, em casos mais graves e persistentes de alta inflação, a moeda deixa de cumprir suas funções básicas de unidade de conta e meio de troca. No Brasil, por exemplo, durante o período de alta inflação da década de 1980, tornou-se extremamente comum a utilização das Obrigações Reajustáveis do Tesouro Nacional (ORTNs) como unidade de conta em contratos.

Em síntese, a persistência de processos inflacionários durante períodos mais longos de tempo impede a moeda de cumprir suas funções elementares, dificultando o funcionamento adequado do sistema econômico e, sobretudo, de seu sistema financeiro. A ausência de um padrão monetário estável pode, no limite, inviabilizar o desenvolvimento do mercado financeiro local. Um exemplo simples deve facilitar o entendimento dessa afirmação.

Imagine um sistema financeiro bastante simplificado, no qual ocorrem apenas operações de empréstimos entre emprestadores e tomadores. A viabilização da operação financeira depende, entre outros fatores, da taxa de juros real contida na transação. A taxa de juro real pode ser definida como a taxa de juro nominal, descontada a expectativa de inflação no período do contrato de empréstimo. Formalmente:

$$r = i - \pi^e:$$

Em que:
r: é a taxa de juro real
i: é a taxa de juro nominal
π^e: é a inflação esperada

Assim, quanto maior a inflação esperada, menor é a taxa de juros real. Do ponto de vista dos emprestadores, quanto maior a expectativa de inflação, tanto maior deve ser a taxa de juros nominal (para se obter determinada taxa de juro real), o que pode inviabilizar a operação de empréstimos. Dois elementos devem ser agregados à discussão:

1. Podem existir limites institucionalmente definidos para a taxa de juros nominal. Nesse caso, se a expectativa de inflação superar o limite imposto à taxa de juro nominal, os emprestadores não estarão dispostos a realizar a transação.[4]
2. Em situações extremas – de hiperinflação, por exemplo – a capacidade de formação de expectativas sobre a inflação para um período longo pode simplesmente não fazer sentido, dada a **elevação do grau de incerteza** que permeia o sistema econômico. Essa incapacidade em prever a inflação impossibilita, do ponto de vista do cálculo econômico, a previsão da taxa de juros real, o que, no limite, acaba por inviabilizar a operação de empréstimo.

O desenvolvimento das atividades no mercado financeiro é profundamente afetado pela ausência da estabilidade de preços tendo em vista que, em um sentido mais amplo, as operações financeiras são norteadas pelo comportamento da remuneração real dos agentes e esta, em última análise, depende do comportamento da inflação esperada.

Estudos mais sistemáticos e de longo prazo tendem a confirmar a relação positiva entre a estabilidade de preços e o desenvolvimento do mercado financeiro. Bordo, Dueker & Wheelock (2008), por exemplo, ao estudar o desenvolvimento do mercado de capitais dos Estados Unidos pós Segunda Guerra Mundial, encontram resultados empíricos que sustentam a importância da estabilidade de preços para o desenvolvimento do mais complexo mercado de capitais do mundo.

---

[4] A situação brasileira até 1964 é um bom exemplo desse tipo de problema. Veja a seção 3 do trabalho para a análise do caso.

A evidência reportada apoia a visão de que as mudanças não antecipadas na inflação e na taxa de juros jogaram um papel importante nos movimentos mais relevantes do mercado de ações dos Estados Unidos desde a Segunda Guerra Mundial. Verificamos que choques na inflação e na taxa de juro têm um significativo impacto negativo nas condições do mercado de ações, além de seus efeitos nos preços das ações em termos reais. Choques desinflacionários, por exemplo, podem ajudar a explicar o boom do mercado de ações dos Estados Unidos de 1994 a 2000, enquanto choques inflacionários podem ajudar a explicar os problemas de 1973 a 1974. A lição política que tiramos não necessariamente indica o que os gestores de política devem fazer quando se deparam com bolhas nos mercados de ações, mas sim como podem contribuir para a estabilidade do mercado minimizando as flutuações não antecipadas na inflação. Similarmente, o impulso-resposta para choques na taxa de juros de longo prazo sugere que a política monetária que induza os mercados financeiros a reduzir o prêmio de risco da inflação irá promover a estabilidade do mercado financeiro. (Bordo, Dueker & Wheelock, 2008, p. 17)[5]

Em períodos longos e crônicos de alta inflação, como os vividos no Brasil durante a década de 1980, todo o cálculo econômico, formulado a partir das expectativas dos agentes, é distorcido. Nesse tipo de situação, o elevado grau de incerteza dificulta a realização de qualquer previsão. Como calcular o retorno real de um ativo em uma economia em que a inflação é alta e crescente? Esse é o problema central de processos crônicos de inflação para a realização das transações econômicas entre os agentes. É claro que o problema se torna ainda mais grave quando pensamos em prazos mais longos, pois a incerteza quanto ao comportamento da inflação, nesse contexto, torna-se substancialmente maior ao longo do tempo.[6]

É importante destacar os efeitos danosos da alta e crescente inflação para o desenvolvimento, particularmente na **relação poupança–investimento**. Do ponto de vista dos poupadores, uma inflação alta e crescente, ao ampliar o grau de incerteza do sistema, dificulta sobremaneira a previsão de retorno real do

---

[5] Tradução do autor.
[6] A utilização dos mecanismos de indexação de contratos é uma solução precária para o problema. A literatura da chamada Teoria da Inflação Inercial, desenvolvida no Brasil nos anos 1980, demonstra claramente como a extensiva utilização dos mecanismos de indexação contribuiu para agravar o problema no Brasil.

esforço de poupar, desestimulando-o. Por sua vez, a alta inflação torna igualmente complexo e impreciso o cálculo econômico sobre o retorno esperado de um bem de capital durante sua vida útil (que, em geral, é de prazo longo), reduzindo os incentivos para investir. Nesse contexto, torna-se mais fácil entender por que a inflação foi um dos elementos centrais para o precário desenvolvimento dos mecanismos de financiamento de longo prazo em economias assoladas por longos períodos de alta inflação, como o Brasil.

Além dos efeitos sobre o padrão monetário e de elevação da incerteza no ambiente econômico, a ausência de estabilidade de preços tem também importantes **efeitos distributivos e alocativos**, discutidos a seguir.

É bom lembrar que, quando falamos em inflação, estamos nos referindo, via de regra, à evolução de algum índice de preço. Por exemplo, no Brasil, após a instituição do regime de metas de inflação em 1999, utiliza-se como índice "oficial" de inflação o Índice Nacional de Preços ao Consumidor Amplo (IPCA) calculado pelo Instituto Brasileiro de Geografia e Estatística (IBGE). Quando o IBGE apura que em determinado mês o IPCA registrou elevação de 1%, tem-se a informação de que naquele período, dada a composição do índice, os preços na média ampliaram 1%. Certamente nesse período os preços de alguns bens subiram mais do que 1%, assim como o preço de outros bens subiram menos de 1%.

A ideia de que a inflação apura o comportamento médio dos preços dos bens de mercado – dada a composição particular do índice – é essencial para perceber que, em um contexto inflacionário, os preços dos diversos bens e serviços alteram-se de forma heterogênea no tempo, **distorcendo a estrutura de preços relativos de equilíbrio do mercado**. Quanto maior e mais duradouro o processo inflacionário, maior a distorção dos preços relativos. Em uma economia de mercado, as decisões dos agentes privados – suas decisões de consumo, por exemplo – são guiadas pelo comportamento dos preços relativos. Assim, ao distorcer a estrutura de preços relativos, o processo inflacionário reduz a eficiência da alocação de recursos dos agentes.[7]

É importante lembrar que a capacidade das empresas e/ou setores de ampliar os preços irá depender de uma série de fatores. Por exemplo, setores que comercializam produtos de elevada elasticidade-preço da demanda terão

---

[7] O equilíbrio do consumidor ocorre no ponto em que a restrição orçamentária tangencia a curva de indiferença. A inclinação da restrição orçamentária é dada pelos preços relativos, assim, um processo que altere de modo sistemático os preços relativos dos bens estará modificando a inclinação da restrição orçamentária, o que altera o equilíbrio do consumidor.

dificuldades para ampliar os preços, enquanto setores que comercializam produtos com baixa elasticidade-preço terão mais facilidade de promover essa elevação. A estrutura de mercado é outro aspecto importante. Tudo o mais constante, quanto maior o poder de mercado, maior a capacidade de a empresa gerar e/ou repassar o aumento de preços. Por outro lado, em setores competitivos, essa capacidade é substancialmente limitada.

Setores nos quais as empresas conseguem gerar e/ou repassar a elevação de preços tendem a ampliar sua rentabilidade em relação aos setores nos quais estas possuem capacidade limitada de promover o repasse. Como a alocação de recursos — os investimentos das empresas, nesse caso — depende da rentabilidade relativa, o resultado final dessa assimetria na capacidade de elevar os preços é **distorcer a alocação dos recursos**.

Em uma economia aberta, esse tema se torna mais sensível. Em geral, setores mais expostos à competição externa têm menor capacidade de promover elevações de preços, o que tende a reduzir a rentabilidade desses setores em relação àqueles menos expostos à competição dos produtos estrangeiros.

Essa capacidade assimétrica em gerar/repassar a alta de preços não é um atributo apenas das empresas. Os trabalhadores também possuem capacidades heterogêneas de se defenderem da corrosão do valor real de suas remunerações. Trabalhadores com sindicatos fortes têm maior capacidade de lutar por elevações nos salários nominais do que os trabalhadores desorganizados. A inflação tende, nesse sentido, a gerar distorção nos salários reais dos trabalhadores, **alterando a distribuição da renda** entre os agentes.

A elevação nos preços dos bens e serviços tende a agravar a **concentração da renda** dos países. Em geral, as camadas mais ricas da população têm acesso a mecanismos que protegem o valor de seus ativos da corrosão inflacionária. Esse fenômeno é mais perceptível em sociedades que desenvolveram mecanismos amplos de proteção contra a corrosão do valor real dos bens e dos ativos, tais como a correção monetária instituída no Brasil em 1964. Processos dessa natureza "protegem" a população de forma desigual. No Brasil, somente a população mais rica — que tinha acesso aos serviços bancários — é que podia se proteger, com as contas correntes "indexadas", da corrosão do valor real de sua renda. A parcela mais pobre da população sofria diariamente os efeitos corrosivos do processo inflacionário.

Ramos & Mendonça (2005) apresentam dados sobre a evolução da distribuição da renda no Brasil. Entre 1960 e 1989, o Índice de Gini saltou de 0,5 para 0,64. A fração da renda apropriada pelos 10% mais ricos, no mesmo período, aumentou de 39,7% para 51,6%, enquanto a parcela da renda apropriada pelos 10%

mais pobres declinou de 1,2% para 0,6%. É evidente que não se pode atribuir exclusivamente ao processo inflacionário o problema da distribuição no Brasil, assim como não se pode deixar de reconhecer sua relevância no processo.

Além desse conjunto de efeitos de distorção na alocação dos recursos e na distribuição da renda entre os agentes, a inflação também causa **efeitos danosos sobre o nível de atividade.** A elevação da expectativa de inflação já é considerada há muito tempo, na teoria econômica, como uma causa para a redução do nível de atividade, o que pode ser observado a partir de uma curva de oferta agregada com expectativas,[8] representada por:

$$\pi = \pi^e + \beta (Y - Y^*)$$

Em que:
π: é a taxa efetiva de inflação
π^e: é a expectativa de inflação
β: é o parâmetro positivo
Y: é o produto efeito
Y*: é o produto potencial

A ampliação da expectativa de inflação dos agentes promove, como pode ser visto na Figura 2.1, o deslocamento da curva de oferta agregada – de OA_1 para OA_2 – o que reduz o nível de atividade.

FIGURA 2.1 Efeito de uma ampliação da expectativa de inflação sobre o nivel de atividade

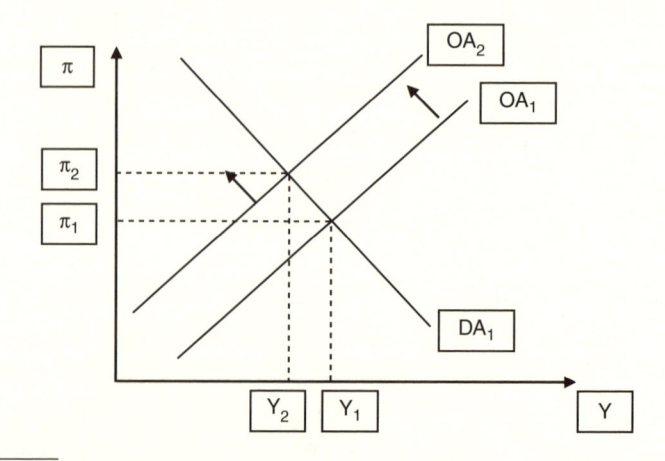

---

[8] Para uma apresentação do modelo, veja, entre outros, Curado (2008).

Além dos impactos sobre o nível de atividade, devem ser analisados também os efeitos da inflação sobre as finanças públicas e sobre o setor externo da economia.

Os impactos da inflação sobre as **finanças públicas** são mais controversos. Por um lado, é bom lembrar que a inflação promove a erosão da receita tributária (termos reais), em função da existência de um lapso temporal entre o fato gerador do tributo e sua efetiva arrecadação. Quanto maior esse lapso temporal, maior a queda real de arrecadação para dada taxa de inflação. Esse fenômeno, amplamente conhecido na literatura, é denominado efeito Tanzi.

Por outro lado, a inflação gera ao governo a arrecadação do imposto inflacionário, decorrente dos ganhos de senhoriagem que, em última análise, surgem do monopólio concedido à autoridade monetária do país na emissão de moeda. De toda forma, o que vale salientar é que a arrecadação do imposto inflacionário, fonte importante de financiamento de desequilíbrios fiscais em países com alta inflação, ocorre à custa da redução do valor real dos ativos monetários possuídos pelos agentes, constituindo-se, portanto, em perda de riqueza da sociedade.

Finalmente, em uma economia aberta, devem ser ressaltados os efeitos da inflação sobre o equilíbrio das **contas externas**, o equilíbrio do Balanço de Pagamentos. Elevações dos preços domésticos superiores às verificadas nos preços externos – que não sejam automaticamente corrigidas pelo movimento da taxa de câmbio nominal – tendem, em função das alterações sobre a taxa de câmbio real, a reduzir a competitividade externa dos produtos locais, o que afeta diretamente o comportamento da balança comercial.

Em função dos problemas elencados, o controle da inflação[9] tornou-se tarefa essencial para os gestores de política econômica de qualquer país. Não é exagerado afirmar que o controle da inflação – dados os problemas por ela causados – seja o principal tema, junto com o tema do crescimento econômico, das discussões dos *policy makers*.

O comportamento dos instrumentos de política econômica no processo de combate à inflação irá evidentemente depender do arranjo da política macroeconômica. Por exemplo, em um regime de metas de inflação, tal como o utilizado no Brasil desde 1999, o objetivo central da política monetária,

---

[9] Outros problemas serão ainda desenvolvidos ao longo do capítulo.

conduzida pelo Comitê de Política Monetária do Banco Central do Brasil (BCB), é garantir que a meta de inflação definida pelo Conselho Monetário Nacional (CMN), seja alcançada. Para tanto, o Comitê de Política Monetária (Copom) dispõe essencialmente da definição da taxa de juros Selic (Sistema Especial de Liquidação e de Custódia). Objetivamente, quando a expectativa de inflação supera a meta definida, o Copom deve elevar a taxa de juros para controlar a inflação.

A antecipação de uma alta da inflação (superior à meta estabelecida) deve, portanto, promover uma elevação da taxa de juros básica da economia. Com essa medida, o BCB espera reduzir o nível de demanda agregada e gerar, pela entrada de capitais, uma valorização da moeda nacional. Esses efeitos sobre demanda e sobre o câmbio devem gerar a redução da inflação.[10] Note, portanto, que o combate à inflação tende a alterar as posições de três variáveis fundamentais do sistema econômico, particularmente relevantes para o sistema financeiro:

1. O comportamento da demanda agregada no curto prazo
2. A taxa de juros básica da economia
3. A taxa de câmbio

Assim, além dos problemas diretamente gerados pela inflação, os mecanismos tradicionalmente utilizados para controlá-la também geram impactos importantes sobre a economia. Via de regra, sobretudo quando há o diagnóstico de que a causa da inflação é o excesso de demanda, as políticas de combate à inflação reduzem o crescimento econômico no curto prazo, com elevados custos para toda a sociedade.

Em resumo, o conjunto de problemas elencados ao longo do capítulo deixa evidente a importância da estabilidade de preços para o processo de desenvolvimento de um país. É evidente que a seção não esgota o tema dos efeitos da inflação sobre o desenvolvimento. Seu objetivo foi apenas contribuir para entender por que para os economistas e demais cientistas sociais hoje é praticamente impossível pensar em desenvolvimento econômico de um país no contexto de inflação alta e crônica.

---

[10] Para uma discussão detalhada desses mecanismos, recomenda-se a leitura de Bogdanski, Tombini & Werlang (2000).

3. ESTABILIDADE DE PREÇOS E DESENVOLVIMENTO DO SISTEMA FINANCEIRO: ALGUMAS EVIDÊNCIAS DA EXPERIÊNCIA BRASILEIRA

Esta seção tem o objetivo de apresentar algumas evidências sobre a relação entre a inflação e o desenvolvimento do sistema financeiro brasileiro. A partir de alguns eventos selecionados, pretende-se argumentar por que o desenvolvimento do sistema financeiro no país foi diretamente afetado pelo comportamento da inflação e das políticas econômicas que visavam promover a estabilidade de preços.

A inflação foi um grave e crônico problema da economia brasileira até a execução do Plano Real, em julho de 1994. Para se ter uma ideia, entre 1951-1955, a média anual da taxa de inflação medida pelo Índice Geral de Preços (IGP) foi de 16,6% ao ano.[11] O agravamento da situação inflacionária durante o final dos anos 1950 e início da década de 1960 era evidente. Basta informar que em 1964 o IGP registrou uma variação de 92,1% no ano.

Os impactos do processo inflacionário para o frágil desenvolvimento do mercado financeiro nacional no período eram evidentes. A geração e a alocação de poupança de longo prazo eram limitadas pela alta inflação e seus efeitos sobre o rendimento real esperado dos agentes. Vale lembrar que nesse momento vigoravam a "Lei da Usura" e a "Cláusula Ouro". A primeira limitava em 12% ao ano as taxas de juros nominais; enquanto a segunda impedia a indexação dos contratos.[12]

A situação pré 1964 constitui-se exemplo claro dos limites impostos pela alta inflação ao desenvolvimento do mercado financeiro. A vigência da "Lei da Usura" e da "Cláusula Ouro" reduziam significativamente a formação de poupança privada, sobretudo a de longo prazo. Ao mesmo tempo, a incerteza gerada pela inflação no que tange ao rendimento esperado dos ativos de capital promovia a redução dos gastos com investimentos privados.

A queda da inflação constituía-se, portanto, condição essencial para o desenvolvimento do mercado financeiro brasileiro no início da década de 1960. Não obstante, é bom lembrar que a estratégia de combate à inflação no período, sintetizada no Plano de Ação Econômica do Governo (Paeg), fez clara opção

---

[11] *Fonte*: Vianna & Villela (2005).
[12] Para uma discussão mais profunda sobre o tema, recomenda-se a leitura de Hermann (2005).

por um combate gradualista da inflação,[13] o que implicava manter elevados níveis de inflação no curto prazo.

O governo tomou medidas para estimular o desenvolvimento do mercado financeiro nessa fase de "transição" para um regime de baixa inflação. Segundo Hermann (2005), as principais medidas tomadas pelo governo foram:

1. Títulos públicos: criação, em julho de 1964, da ORTN (Obrigações Reajustáveis do Tesouro Nacional), o que instituiu a correção monetária da dívida pública com base na inflação ocorrida ao longo de cada período de pagamento de juros.
2. Ativos privados de renda fixa: autorização para emissão de diversos tipos de instrumentos financeiros com correção monetária.
3. Ativos de renda variável (ações): reduções ou isenções de imposto de renda para as empresas emissoras e para os poupadores.
4. Bancos públicos: foram criados mecanismos de captação de longo prazo, a partir de fundos especiais.

O governo brasileiro, a partir desse conjunto de medidas – tomadas durante o período das reformas do Sistema Financeiro Nacional – passou a permitir, na prática, a **indexação** dos ativos, protegendo os poupadores da corrosão do valor real dos ativos derivada do processo de inflação. Não é sem razão que as análises sobre a evolução do mercado financeiro nacional têm, no conjunto de reformas realizadas entre 1964-1967, um marco histórico fundamental para entender sua evolução. O "remédio", que em princípio deveria ser administrado apenas no período de transição para a baixa inflação, acabou tendo seu uso perpetuado por décadas, dada a manutenção e a posterior aceleração da inflação no país.

Particularmente grave foi a aceleração do processo inflacionário a partir da segunda metade da década de 1980. Entre 1985 e 1989, a taxa média de inflação, medida pelo IGP, foi de 471,7%. A aceleração da inflação, somada ao conjunto de políticas econômicas utilizadas no período para combatê-la – que incluíram, entre outros mecanismos, o congelamento de preços – foram essenciais para aumentar o grau de incerteza da economia.

Esse período da história brasileira é particularmente rico para analisar os efeitos da alta e crescente inflação no desenvolvimento, particularmente do

---

[13] A meta do Paeg para a inflação em 1965 era de 25% a.a.

mercado financeiro. Entre 1986 e 1991, foram implementados diversos programas de estabilização – Plano Cruzado (1986), Plano Bresser (1987), Plano Verão (1989), Plano Collor I (1990) e Plano Collor II (1991) – com profundas alterações sobre a economia.

Inúmeras foram as mudanças do padrão monetário. No Plano Cruzado, o padrão foi alterado de Cruzeiro para Cruzado (Cz$1,00= Cr$1.000,00). Em janeiro de 1989, a moeda foi novamente trocada. Sob a égide do Plano Verão, foi instituído o Cruzado Novo (NCz$1,00 = Cz$1.000,00). No Plano Collor, a moeda foi novamente trocada, promovendo-se a substituição do Cruzado Novo pelo Cruzeiro. Na sequência a moeda foi ainda alterada para Cruzeiro Real até que, finalmente, com a implementação do Plano Real, tivemos a substituição desse padrão pelo Real.

A incapacidade de a economia brasileira consolidar um padrão monetário tem sérios efeitos sobre o desenvolvimento econômico, particularmente para o desenvolvimento do mercado financeiro. Como prever a rentabilidade real dos ativos em uma economia que, em menos de uma década, altera cinco vezes seu padrão monetário? O argumento nesse ponto é direto: não é possível pensar em desenvolver um sistema financeiro, particularmente de financiamento de longo prazo, em uma economia que é incapaz de definir um padrão monetário, base para todas as transações do mercado.

Nada pior para um sistema como o financeiro, que tem na confiança e na manutenção das "regras dos jogo" elementos fundamentais para seu desenvolvimento, do que as mudanças abruptas conduzidas ao longo do período no intuito de combater a inflação. Alguns exemplos, longe de esgotar o tema, evidenciam o problema.

A taxa de câmbio – variável fundamental para o sistema financeiro – foi sucessivamente alterada no período. No Plano Cruzado, a taxa de câmbio nominal foi mantida fixa ao nível de 28 de fevereiro de 1986. No Plano Bresser, após desvalorização de 9,5%, adotou-se uma política de minidesvalorizações cambiais. Após a instituição do Plano Verão, desvalorizou-se em 16,38% a moeda, adotando-se, na sequência, um congelamento da taxa de câmbio.

Finalmente, o exemplo mais acabado dos impactos dos programas de combate à inflação na elevação do grau de incerteza do sistema financeiro encontra-se no bloqueio dos ativos financeiros determinado pelo Plano Collor I.[14]

---

[14] Medida Provisória nº 168 de 15 de março de 1990.

Foram fixados limites para liberação de ativos financeiros de um único titular em uma mesma instituição. No caso dos depósitos à vista e depósitos em caderneta de poupança, por exemplo, esse limite foi de CR$50 mil.[15] Outros tipos de aplicação financeira também foram bloqueados.[16]

Os exemplos selecionados – alterações no padrão monetário, no regime de câmbio e o bloqueio dos ativos financeiros – evidenciam os efeitos danosos dos programas de combate à inflação do período para o desenvolvimento, particularmente do sistema financeiro. As sucessivas mudanças na condução da política econômica de combate à inflação contribuíram para ampliar o **grau de incerteza** do sistema, dificultando seu desenvolvimento.

No mercado financeiro, esse aumento do grau de incerteza pode ser visualizado a partir da observação de diversos indicadores. O Gráfico 2.1 apresenta

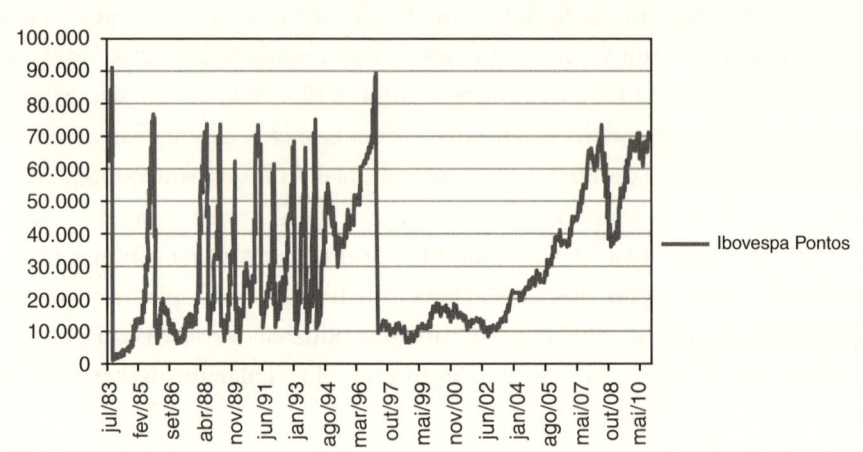

GRÁFICO 2.1 Ibovespa (em pontos) – julho de 1983 a outubro de 2010

Fonte: Banco Central do Brasil. Séries históricas.

---

[15] Os valores excedentes foram devolvidos a partir de 16 de setembro de 1991 em 12 parcelas mensais, iguais e consecutivas, atualizadas monetariamente pela variação do *Bônus do Tesouro Nacional* (BTN) fiscal, acrescidas de juros de 6% a.a.

[16] De acordo com o *Manual de Finanças Públicas do Banco Central do Brasil* (p. 18): "Para os depósitos a prazo fixo, com ou sem emissão de certificado, letras de câmbio, depósitos interfinanceiros, debêntures e demais ativos financeiros, bem como para os recursos captados pelas instituições financeiras por meio de operações compromissadas, foram fixados os seguintes limites: 1) operações compromissadas: CR$25 mil ou 20% do valor de regaste da operação, prevalecendo o que for maior, na data do vencimento do prazo original da aplicação; 2. Demais ativos e aplicações, excluídos os depósitos interfinanceiros: 20% do valor de resgate, na data de vencimento do prazo original dos títulos."

a variação para o longo período compreendido entre julho de 1983 e outubro de 2010 do Ibovespa (em pontos).

Chama atenção a extrema volatilidade do Ibovespa no período de alta inflação, elemento que, em alguma medida, foi fruto da incerteza gerada pela inflação, assim como dos inúmeros e fracassados planos econômicos conduzidos até julho de 1994. Após a estabilização de preços, a volatilidade do mercado, ainda que relevante, foi substancialmente reduzida.

Até que ponto um sistema financeiro, nesse caso específico o mercado de capitais, poderia se desenvolver com tamanha volatilidade? A resposta sensata é que a extrema volatilidade exibida no período limitou profundamente o desenvolvimento do mercado de capitais brasileiro.

Em sentido mais amplo, pode-se afirmar que a alta e crônica inflação, somada aos sucessivos fracassos dos planos de estabilização ao ampliarem o grau de incerteza vigente na economia brasileira, limitaram o desenvolvimento dos mecanismos de financiamento de longo prazo. Todas as discussões relevantes sobre o tema destacam o papel preponderante exercido pelo Banco Nacional de Desenvolvimento Econômico e Social (BNDES) nesse mercado, fundamental para o desenvolvimento do país.

Os mecanismos de financiamento de longo prazo são essenciais para o desenvolvimento, à medida que viabilizam a ampliação dos investimentos produtivos e, portanto, ampliam a capacidade produtiva do país no longo prazo. Ao elevar o grau de incerteza e dificultar o cálculo econômico dos agentes, o processo crônico de inflação brasileiro contribuiu de forma decisiva para o limitado desenvolvimento dos mecanismos de financiamento, sobretudo de longo prazo.

Essa discussão, no entanto, precisa ser relativizada, evitando conclusões apressadas sobre o tema. O argumento até o momento defendido é que, seguindo a teoria econômica e as evidências empíricas disponíveis, pode-se afirmar que a estabilidade de preços é precondição para o desenvolvimento. Não se pode daí concluir que a estabilidade de preços promova, por si, só esse processo. Vejamos o caso particular do mercado de crédito no Brasil.

Hermann (2010) informa que, em 1989, a relação crédito/PIB era de 24,1%, evoluindo para 28,5% no período, ainda de alta inflação, compreendido entre 1990-1994. Ainda de acordo com dados da autora, entre 1999-2003 essa relação atingiu 24,4%. O Gráfico 2.2 exibe o comportamento do crédito para o período compreendido entre janeiro de 2001 e outubro de 2010.

GRÁFICO 2.2 Crédito do sistema financeiro (como % do PIB)

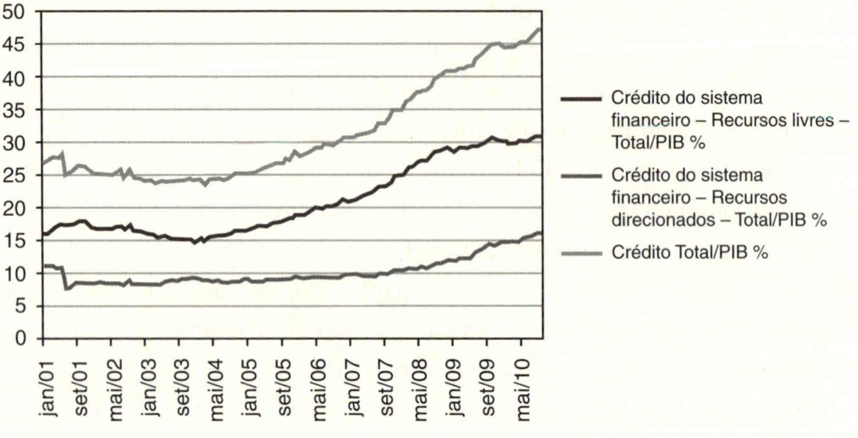

— Crédito do sistema financeiro – Recursos livres – Total/PIB %
— Crédito do sistema financeiro – Recursos direcionados – Total/PIB %
— Crédito Total/PIB %

Fonte: Banco Central do Brasil. Séries históricas.

As informações de Hermann (2010), assim como a observação dos dados do Gráfico 2.2, permitem concluir que a estabilidade de preços não é garantia de crescimento para as operações de crédito no Brasil. No que tange especificamente aos dados do gráfico, pode-se notar claramente que, apenas a partir de 2005, tem-se uma tendência consistente de crescimento das operações de crédito, com destaque para a evolução dos "recursos livres". A estabilidade de preços não pode, portanto, ser entendida como condição suficiente para o desenvolvimento nesse caso particular do mercado de crédito brasileiro, embora, no longo prazo, a estabilidade seja condição necessária no processo.

4. CONSIDERAÇÕES FINAIS

Definir desenvolvimento econômico é algo complexo. Mais controvertido ainda é o tema dos instrumentos necessários para sua obtenção. Não obstante, não é possível falar em desenvolvimento econômico – ainda que em uma perspectiva assumidamente limitada – sem levar em consideração alguns elementos. O crescimento do produto *per capita* com estabilidade de preços e a melhoria na distribuição da renda (com redução da miséria) estão entre os fatores que se constituem pontos de partida para qualquer processo de desenvolvimento. O equilíbrio externo, especialmente do saldo em transações correntes, é outra variável que deve ser analisada, dada sua relevância na sustentação do crescimento no longo prazo.[17]

Inúmeros são os problemas da inflação sobre o sistema econômico, com destaque para:

1. A corrosão do valor real das rendas e da riqueza.
2. Perda de confiança dos agentes sobre a capacidade do padrão monetário de cumprir a função de reserva de valor.
3. Aumento do grau de incerteza sobre o rendimento futuro dos ativos, desestimulando a poupança e o investimento.
4. Distorção dos preços relativos, com efeitos danosos sobre a eficiência na alocação de recursos dos agentes privados.
5. Alterações na rentabilidade esperada das empresas/setores.
6. Piora na distribuição de renda dos agentes.
7. Redução do nível de atividade, decorrente das expectativas de inflação e/ou das políticas econômicas utilizadas para combater o fenômeno.
8. Corrosão do valor real dos tributos.
9. Incidência de imposto inflacionário sobre a sociedade.
10. Redução da competitividade externa da economia.

Por todas essas razões é que não faz sentido falar em um efetivo processo de desenvolvimento econômico na ausência de estabilidade de preços. Por fim, vale a pena destacar que é igualmente consensual a visão de que a estabilidade não é condição suficiente, mas, sim, condição necessária para a efetiva melhoria dos padrões de vida da população no longo prazo.

Referências

BANCO CENTRAL DO BRASIL. Séries Históricas. Via site www.bcb.gov.br. Acesso em 12 de dezembro de 2010.

---

[17] É evidente que o desenvolvimento econômico deve levar em consideração outros fatores. Não obstante, é igualmente verdadeiro reconhecer a impossibilidade de ter-se um processo de desenvolvimento sem que os elementos destacados anteriormente estejam, em alguma medida, presentes. Uma discussão mais ampla – porém além dos objetivos deste trabalho – deve levar em consideração outros aspectos sociais – tais como os avanços ocorridos na educação e na saúde da população – e da sustentabilidade do desenvolvimento.

BANCO CENTRAL DO BRASIL. Manual de Finanças Públicas. Via site www.bcb.gov.br. Acesso em 22 de dezembro de 2010.
BOGDANSKI, J., TOMBINI, A. & WERLANG, S. *Implementing inflation targeting in Brazil*. Working paper nº 1. Banco Central do Brasil, 2000.
BORDO, M., DUEKER, M.J. & WHEELOCK, D.C. "Inflation, Monetary Policy and Stock Market Conditions". NBER. Working Paper, nº 14019, maio de 2008.
CURADO, M. *Manual de macroeconomia para concursos*. São Paulo: Saraiva, 2008.
HERMANN, J. "Reformas, endividamento externo e o milagre econômico (1964-1973)". In: *Economia brasileira contemporânea (1945-2004)*. GIAMBIAGI, F., VILELLA, A., BARROS DE CASTRO, L. & HERMANN, J. (orgs.). Rio de Janeiro: Campus/Elsevier, 2005.
HERMANN, J. "Liberalização e desenvolvimento financeiro: lições da experiência brasileira no período 1990-2006". *Revista Economia & Sociedade*. Instituto de Economia – Unicamp, Campinas, v.19, nº 2, 2010.
RAMOS, L. & MENDONÇA, R. "Pobreza e desigualdade de renda no Brasil". In: *Economia brasileira contemporânea (1945-2004)*. GIAMBIAGI, F., VILELLA, A., BARROS DE CASTRO, L. & HERMANN, J. (orgs). Campus/Elsevier, 2005.
VIANNA, S.B. & VILLELA, A. "O Pós-Guerra". In: *Economia brasileira contemporânea (1945-2004)*. GIAMBIAGI, F., VILELLA, A., BARROS DE CASTRO, L. & HERMANN, J. (orgs.). Rio de Janeiro: Campus/Elsevier, 2005.

CAPÍTULO 3

A regulação do sistema bancário brasileiro: que caminho seguir?

**DÉLIO JOSÉ CORDEIRO GALVÃO E
ALESSANDRA VON BOROWSKI DODL**

1. INTRODUÇÃO

Nos últimos anos, de forma crescente, diversas pesquisas têm enfatizado a relação do sistema financeiro com o crescimento econômico, ao analisar o papel da intermediação financeira na construção da infraestrutura necessária para realização de investimentos e na condução das transações econômicas entre os agentes.[1]

Após a recente crise financeira global, especial atenção tem sido dispensada à estabilidade financeira. No curto prazo, priorizá-la é fundamental para a retomada posterior do crescimento econômico. Contudo, a estabilidade financeira é apenas um dos componentes do desenvolvimento financeiro (Fórum Econômico Mundial, 2010).

Fomentar o desenvolvimento do sistema financeiro significa priorizar variáveis diferentes em cada momento, em função do objetivo a ser alcançado em determinado país e época. A complexidade do tema embute maior grau de dificuldade na articulação entre os agentes; ao mesmo tempo, explicita oportunidades decorrentes das singularidades de cada sociedade.

---

[1] Ver referências em Honohan (2004); Christopoulos e Tsionas (2004) e Arestis (2005).

O objetivo deste capítulo é apresentar a evolução histórica da regulação do sistema financeiro mundial, com reflexos para o contexto nacional, e um "retrato atual" do segmento bancário no Brasil. Longe de ser propositiva, a contribuição deste texto se limita a lançar um questionamento às partes interessadas sobre a condução das ações no cenário nacional. Até que ponto o país está no comando de seu destino?

2. O PAPEL DOS BANCOS E DA INTERMEDIAÇÃO FINANCEIRA

Esta seção sintetiza a função dos bancos e da intermediação financeira no funcionamento do sistema econômico de um país, sob uma perspectiva conceitual.

2.1 Uma breve perspectiva da intermediação financeira

Neuberger (1998) discorre sobre intermediação financeira, com base na teoria microeconômica e em estudos empíricos conduzidos segundo o modelo Estrutura/Conduta/Desempenho (ECD).

A teoria moderna da intermediação financeira está fundamentada na funcionalidade dos intermediários financeiros, o que remete à existência de assimetria de informações nas relações estabelecidas entre tomadores e credores de recursos financeiros (Modenesi, 2007).

Segundo Modenesi, o modelo ECD se caracteriza por:

i) estrutura de mercado – número e tamanho das empresas, condições de entrada e saída, diferenciação de produto e integração vertical;
ii) conduta da empresa – objetivos e comportamento estratégico, gastos com propaganda e marketing, política de fixação de preços, pesquisa e desenvolvimento de novos produtos e/ou processos produtivos, e inovação;
iii) desempenho do setor – lucratividade, eficiência, qualidade do produto, e progresso técnico.

A nova organização industrial foi marcada pela constatação de que a influência entre as variáveis não era unidirecional, mas, que seus efeitos se retroalimentavam (estrutura, conduta e desempenho). Ademais, a conduta das empresas passava a ter mais relevância na determinação da estrutura de mercado, uma vez que esta assumia peso menor na definição do ambiente competitivo (Modenesi, 2007).

Neuberger (1998) apresenta, por meio de um diagrama, a interação que existe entre a estrutura ECD, as condições básicas estabelecidas pela teoria microeconômica (informação assimétrica, custos de transação e incerteza) e um contexto de política pública (regulação prudencial, de proteção e políticas concernentes à competição).

O autor expõe a complexidade que envolve o estudo da intermediação financeira e a fragilidade de inferências sobre o desempenho das instituições a partir de verificações mais simplistas, como o grau de concentração em relação a comportamentos competitivos ou, mais especificamente, concentração e poder de mercado.

Nesse sentido, Carvalho (2007) considera que a preocupação está em descrever o "padrão de competição" e que a "concentração" representa somente uma *proxy* para essa análise. Para uma mesma medida de participação no mercado, diferentes estratégias competitivas podem estar em execução, o que influencia preços e disponibilidade dos produtos bancários.

Produtos e serviços financeiros não se traduzem em *commodities*. No passado, os intermediários financeiros podiam atender de forma personalizada os clientes de alta renda. Com o passar do tempo, a constante evolução dos sistemas de tecnologia da informação e comunicação tem possibilitado a personalização da resposta também em mercados de baixa renda, haja vista a utilização de telefones móveis para prover a capilaridade aos serviços financeiros, com flexibilidade e baixo custo. Como destaca Carvalho (2007, pp. 108/109):

> O aspecto mais importante da nova firma bancária, contudo, não é simplesmente o tamanho ou o grau de diversificação alcançados. As mudanças mais importantes são três: os bancos passaram a adotar, de forma permanente, uma estratégia de competição baseada na introdução de inovações cuja melhor qualificação pode ser schumpeteriana; consequentemente, a utilização de preços como instrumento competitivo perdeu parte da importância que teve no passado; a definição de produtos deixou de ser exógena à firma bancária, não apenas pela intensificação dos aspectos schumpeterianos da operação bancária, mas também pela combinação constante de características de produtos existentes na criação de novos produtos.

2.2 As instituições bancárias como protagonistas na intermediação financeira

Os bancos são as principais fontes de *funding* externo para as empresas não financeiras e seu funcionamento estável assume grande importância na evolução dos ciclos econômicos. Essa constatação tem levado os governos a estabelecer políticas que visem minimizar a ocorrência de crises bancárias, como seguro-depósito, requerimentos de capital, atuação do Banco Central como emprestador de última instância, entre outras.[2]

Neste capítulo, instituições bancárias são entendidas como instituições financeiras que gerenciam compromissos nos dois lados de seu balanço, entre grupos diferentes de agentes, ambos com grande número de clientes, o que indica grupos "diversificados" cujas condições contratuais sejam diversas (Gorton e Winton, 2002), ou seja, uma obrigação passiva do banco é um compromisso emitido sob sua responsabilidade e com condições pactuadas entre o banco e seu cliente. Nesse sentido, destaca Modenesi (2007, p. 65):

> Os bancos não são, portanto, um mero entreposto entre tomadores e depositantes. Eles compatibilizam as necessidades (de financiamento) dos investidores com os desejos (de poupança) dos poupadores, transformando ativos ilíquidos e de mais longa maturidade (empréstimos) em ativos líquidos e de curta maturidade (depósitos); por isso, são conhecidos como transformadores de maturidades.

Segundo Gorton e Winton (2002), os intermediários financeiros do segmento bancário sustentam as seguintes características:[3]

- *monitores sob delegação*:[4] o custo de monitoramento se reduz quando exercido por uma instituição especializada;
- *produtores de informação*: as relações de longo prazo entre os intermediários financeiros e os clientes permitem que sejam obtidas informações

---

[2] Ver Gorton e Winton (2002).
[3] Para o papel desempenhado pelos bancos no sistema financeiro, ver Mishkin (2001); Honohan (2004); e Carvalho (2007).
[4] Ver Diamond (1984, *apud* Gorton e Winton, 2002; Modenesi, 2007) com relação aos ganhos de escala obtidos pelo monitoramento delegado aos bancos.

privadas, não disponíveis no mercado, por meio de operações repetidas ao longo do tempo;
- *estabilizadores de consumo*: a provisão de recursos em momentos de choque permite que efeitos danosos sejam suavizados;
- *provedores de liquidez*: os passivos do banco funcionam como meio de troca; os detentores de direitos contra os bancos podem utilizar esses instrumentos na aquisição de bens;
- *mecanismos de comprometimento*: a estrutura de capital dos bancos os submete a um comportamento que minimiza a fragilidade inerente à gestão de ativos e passivos (sob demanda a qualquer instante).

Nesse sentido, Flannery (1994 *apud* Gorton e Winton, 2002) expõe que os credores podem estimar o risco dos ativos dos bancos a qualquer momento e que esse fato é refletido na precificação dos seus passivos de curto prazo, portanto, em seu custo de financiamento.

Além dos aspectos microeconômicos da intermediação financeira, o papel dos bancos também tem sido estudado sob o enfoque macroeconômico. Keynes rompeu com a concepção ortodoxa de necessidade de poupança prévia à realização do investimento, inerente à ideia de que o investimento se dava a partir do encontro dos agentes poupadores e investidores, mediante o estabelecimento da taxa de juros de equilíbrio no mercado.

Segundo a teoria keynesiana, o investidor demanda liquidez para seu empreendimento, a qual pode ser viabilizada pelas instituições bancárias, com a criação de moeda via concessão de crédito. Depreende-se, portanto, que o investimento ocorre *ex-ante* à poupança, e não o contrário (Modenesi, 2007).

Os autores pós-keynesianos mencionam a endogeneidade dos depósitos bancários e a gestão de balanços como estratégia dos bancos. Dessa forma, os intermediários financeiros atuam como agentes que interferem na alocação de recursos na economia e têm papel essencial na eficiência com que os serviços financeiros são providos (Modenesi, 2007).

Pesquisadores envolvidos com a temática do crescimento econômico e sua relação com o desenvolvimento financeiro têm ampliado o escopo de fatores considerados na variável "desenvolvimento financeiro", ao reconhecer que simples medidas de escala são insuficientes para capturar o conjunto de interações existentes entre as variáveis.

Em Honohan (2004), são apresentadas a evolução das discussões referentes ao desenvolvimento financeiro e ao crescimento econômico, suas fragilidades e contribuições, além da importância da infraestrutura (legal, regulatória e de informação) no contexto do desenvolvimento financeiro.[5]

Em 1993, King e Levine (*apud* Honohan, 2004) contribuíram significativamente para os estudos que relacionam finanças e crescimento econômico. Mais tarde, Levine, Loayza e Beck (2000, *apud* Honohan, 2004) aprofundaram o estudo, ao investigar a causalidade entre as variáveis. A origem legal dos países sugere haver maior expansão do sistema financeiro em que a concepção legal é baseada no sistema de Common Law, *vis-à-vis* às baseadas no Código Napoleônico (Honohan, 2004).

Ainda que o segmento bancário contribua para o crescimento econômico como instrumento de intermediação de serviços financeiros, não é o único canal por meio do qual essa ligação ocorre. Essa concepção, aliada às funções desempenhadas pelo sistema financeiro, torna mais claro o papel da infraestrutura institucional na canalização dos efeitos do sistema financeiro para a promoção do crescimento.

O Relatório de Desenvolvimento Financeiro, do Fórum Econômico Mundial, avalia os países por meio do Índice de Desenvolvimento Financeiro (IDF), cuja construção está baseada em sete pilares,[6] agrupados em três categorias, que analisam desde ambiente institucional e mercados, até o acesso a serviços financeiros, ou seja, o espectro de variáveis a serem consideradas na mensuração do grau de desenvolvimento de um sistema financeiro vai além das medidas de escala. Ainda expõe-se que a avaliação da qualidade dos serviços e do ambiente em que são ofertados é tão importante quanto a quantidade de serviços disponível às famílias e empresas.

3. EVOLUÇÃO DA REGULAÇÃO FINANCEIRA

Esta seção apresenta um breve resumo dos principais fatos que determinaram a evolução da regulação financeira em âmbito mundial. Ademais, são

---

[5] Ver também Gorton e Winton (2002).
[6] Os sete pilares são: a) ambiente institucional; b) ambiente de negócio; c) estabilidade financeira; d) serviços financeiros bancários; e) serviços financeiros não bancários; f) mercados financeiros e g) acesso financeiro (Fórum Econômico Mundial, 2010).

evidenciadas as ações e reações dos agentes de mercado às ocorrências de choques externos, causas ou efeitos de crises bancárias.

A existência de interesses diversos entre os agentes envolvidos nas tomadas de decisão é variável-chave nessa concepção. Diante disso, é elencada a sequência dos acontecimentos que mais marcaram a construção do atual arcabouço regulamentar com o intuito de propor ao leitor uma interpretação crítica das decisões levadas a cabo pelos formuladores de políticas públicas.

3.1 Do padrão ouro à segmentação do mercado

As experiências com bancos centrais anteriores à reforma na Grã-Bretanha em 1858 e à estruturação do Federal Reserve System (FED) nos Estados Unidos em 1913 contribuem sobremaneira para a compreensão do papel que cada agente desempenha no sistema financeiro. Os bancos centrais dos Estados Unidos, do final do século XVIII e início do século XIX, além do Banco da Inglaterra, no início do século XIX, enfrentaram diversas crises bancárias, sem, contudo, lograrem sucesso no sentido de controlar as causas e os efeitos das mesmas.

Ainda que possam ser indicados efeitos estabilizadores como resultado da ação desses bancos centrais, tais como a redução da volatilidade dos preços e a função alocativa de recursos, esses bancos não exerciam exclusivamente papel público, assumindo funções públicas e privadas. Estavam obrigados a gerar retornos para seus acionistas e gerir seus negócios com prudência, buscando minimizar o risco das operações, enquanto cumpriam sua função pública de prestar serviços à sociedade.

O compromisso social era a forma de garantir os privilégios advindos do governo; entretanto, as expectativas da sociedade quanto a esses retornos não condiziam com os poderes delegados aos bancos centrais. Esse conflito de interesses gerado pela falta de transparência entre os *stakeholders* impactou a credibilidade desses bancos e a manutenção do *status* do banco central nos Estados Unidos. Na Grã-Bretanha, a reação do governo levou a reformas no papel do Banco Central, reduzindo o risco moral promovido pelas ações tomadas pelo banco até então (1858).

Concomitantemente, o Padrão Ouro foi um sistema de taxas fixas de câmbio que pode ser considerado uma das formas mais antigas de regulação dos sistemas financeiros. Introduzido na Grã-Bretanha, o Padrão Ouro foi mais largamente utilizado nas décadas de 1870 e 1890.

O sistema envolvia a troca de peças metálicas depositadas pelo público, que recebia em garantia das casas bancárias um "certificado de depósito" que poderia ser convertido em ouro em qualquer instante. Como as conversões dos certificados em ouro não se davam de forma simultânea, as condições para emissão dos certificados, sem o respectivo lastro, foram criadas. Assim, enquanto houvesse confiança do público na solidez de seu sistema bancário, os certificados de depósito seriam utilizados como meios de pagamento, concluindo o processo de criação de moeda.

A emissão de certificados de depósito sem o correspondente lastro permitiu a alavancagem das operações de crédito e, com isso, nada mais impediu que perdas ou ganhos com operações no mercado financeiro pudessem se suceder de forma indefinida (Lopes e Rossetti, 1998).

Ao longo do século XIX e início do século XX, várias foram as crises bancárias com diferentes intensidades. Nos Estados Unidos, entre a Guerra Civil e a Primeira Grande Guerra (PGG), houve seis crises bancárias de liquidez, período em que o país não contava com a presença de um banco central.[7]

Característica marcante do mercado bancário norte-americano nessa época era a estrutura de *unit banking*. Existiam estritas limitações quanto à atuação de bancos em outros estados e, por vezes, dentro do próprio estado. Esse ambiente institucional protegia as instituições da concorrência e impedia ações de coordenação entre as instituições em momentos de crise.

Dessa forma, a estrutura de *unit banking* isolava os bancos geograficamente.

Na década de 1920, a economia americana vivenciou um período de euforia, impulsionada pelo mercado imobiliário e de títulos mobiliários, reflexo da valorização continuada do preço desses ativos. Esse processo culminou na formação das primeiras "bolhas" financeiras da economia norte-americana.

Em outubro de 1929, a quebra da Bolsa de Nova York conduziu a uma retração do nível de produção industrial da ordem de 53,6%.[8] As atividades econômicas regrediram ao nível de 1913. Na década de 1930, mais de 13 milhões de pessoas

---

[7] O Federal Reserve System (FED), Banco Central dos Estados Unidos, foi criado em 1913, pouco antes da eclosão da Primeira Guerra Mundial, com a função de emprestador de última instância.

[8] *Fonte*: National Bureau of Economic Research (http://www.nber.org/).

percorreram o país em busca de emprego. A supressão dos créditos americanos a outros países, a paralisação das exportações para a América e a queda dos preços das matérias-primas deu amplitude mundial à crise (Galbraith, 1997).

Nas crises anteriores e posteriores a 1929 (1920/1922, 1924, 1937/1938), bem como durante a Grande Depressão, ocorreu variação na percepção de risco pelos depositantes, estimulados pela ocorrência de choques externos. O que diferenciou a oscilação do nível de risco durante a Grande Depressão foi o tempo de retorno ao nível de risco anterior ao início da crise – o prêmio pago aos depositantes das instituições – o qual se restabeleceu em 1936. Houve dificuldade de compensar a perda de qualidade dos ativos, diante do aumento da inadimplência, através da emissão de novas ações para aumentar o capital.

A captação de recursos no mercado tornava-se demasiado onerosa com a queda do preço das ações. Estabelecia-se, então, um dilema representado pelo *trade--off* determinado pelo *capital crunch*, por meio do qual o incremento no prêmio de risco nos depósitos deve ser compensado pela redução do risco dos ativos ou pelo aumento do valor do patrimônio da instituição (capital próprio).

Medidas imediatas foram tomadas, como o corte de dividendos e a realocação de recursos das operações de crédito para ativos de mais liquidez e menor risco. Contudo, a realocação do ativo não se deu de forma rápida, havendo majoração dos prêmios de risco nos depósitos.

A gestão mais dinâmica da transação para ativos de menor risco implicava cobrança das operações de crédito de forma incisiva e provável fragilização das relações com os clientes. O ambiente institucional em que operava o sistema financeiro norte-americano era propício para relações de longo prazo, inerentes ao sistema de *unit banking*.

Com isso, de forma gradual, houve o redirecionamento dos recursos para ativos de mais liquidez e redução da carteira de crédito das instituições, sugerindo haver excesso de liquidez no mercado. Diante da conjuntura apresentada, foi adotada uma política monetária contracionista baseada no aumento da taxa de juros.

Após 1933, já na fase descendente dos efeitos mais agudos da Grande Depressão, medidas regulamentares foram implementadas em reação aos problemas pretéritos.

O período que sucedeu à crise de 1929 foi marcado pela percepção de que a natureza sistêmica da crise passava, de forma obrigatória, pelos bancos comerciais, não só pela importância dos bancos na qualidade de provedores de crédito ao mercado, como também pela gestão do sistema de pagamentos, veículo para transmissão da crise. Destarte, a paralisação do sistema bancário teve reflexos na economia real devido à interrupção no fluxo dos depósitos à vista.

Diante disso, o arcabouço regulatório foi dirigido a proteger os depósitos bancários e exigir garantias de liquidez do mercado financeiro. A regulação prudencial visava aos bancos comerciais e envolvia regras de conduta, como a de restringir o desbalanceamento entre ativos e passivos dos bancos, e medidas de prevenção contra novos eventos que implicassem "corridas bancárias".

Passada a crise de 1929, a estratégia comum de regulação dos sistemas financeiros, nos países desenvolvidos, foi baseada na segmentação dos mercados com objetivo de interromper os canais de contágio e bloquear a propagação de crises. O Glass Steagall Act (1933), mais do que regulamentar o descasamento entre ativos e passivos dos bancos, interrompeu o processo de contágio entre bancos de investimento e comerciais, ao instituir a segmentação do mercado.

3.2 Sob a égide do Glass Steagall Act

A regulação do sistema financeiro, implementada depois da crise de 1929, mostrou-se eficaz entre os anos de 1950 e 1970. Apesar disso, deu-se início a um processo de desgaste daquele modelo caracterizado pela procura do mercado por inovações financeiras com vistas a driblar a regulação vigente e aumentar a lucratividade das instituições bancárias.

Diante da facilidade, proporcionada pelo arcabouço regulatório do sistema norte-americano, a maior parte das inovações financeiras foi originada nos Estados Unidos, com a motivação de contornar as restrições e custos impostos pelos órgãos reguladores. Nesse sentido, os Certificados de Depósitos Bancários (CDBs) são exemplos de alternativas encontradas pelo sistema financeiro para captação de recursos sem o uso dos depósitos à vista, foco da regulação, já que se tratava do uso de recursos provenientes de depósitos a prazo. O banco se desobrigava de reter parte do capital equivalente para o fundo de reserva do Federal Deposit Insurance Corporation (FDIC). A instituição do CDB criou, assim, um mercado secundário, deu liquidez ao mercado e se tornou a primeira grande inovação financeira nesse período.

O mercado financeiro passou por diversas turbulências na década de 1970. Nesse período, foram registradas duas crises do petróleo (1973 e 1979). O preço do barril sofreu um forte incremento e saltou de US$2,9, em 1973, para US$34, em 1979, ou seja, um aumento de 1.072%. Em paralelo ruía o sistema Bretton Woods e o desequilíbrio das taxas de câmbio e juros levou os formuladores de políticas monetárias, na maior parte dos países industrializados, a adotar o remédio mais conhecido, e as taxas de juros básicas foram elevadas. As medidas contracionistas associadas ao início da desregulação financeira implicaram a liberalização de movimentos de capitais e o aumento da incerteza no âmbito dos mercados financeiros (Allen e Gale, 2006). Ademais, a década de 1970 foi responsável por um *boom* em termos de inovações financeiras, notadamente pela expansão dos mercados de derivativos como forma de decompor os riscos envolvidos nos negócios das empresas.

A situação financeira dos grandes bancos americanos que participaram do processo de empréstimos a países latino-americanos permanecia líquida, porém, era insolvente diante da real possibilidade de *default*. Para dar liquidez ao mercado financeiro, o governo norte-americano vendeu papéis de longo prazo e fez empréstimos com baixa taxa de juros para os bancos de investimento reaquecerem o mercado de crédito. Percebeu-se a inadequação de todo o arcabouço montado para regulação do sistema financeiro na década de 1930, que se mostrou ineficaz diante da situação dos bancos no início da década de 1980.

A súbita elevação da taxa de juros havia transformado em não recebíveis os principais ativos dos bancos, representados por empréstimos a países em desenvolvimento e papéis no mercado de ações. As reservas do FDIC eram insuficientes para atender a demanda da quebra de uma só instituição bancária. Ademais, um dos principais problemas causados pelo FDIC, sobretudo na década de 1980, foi uma virtual extensão de suas garantias para além dos depósitos assegurados. Essa medida incentivou algumas instituições a tomarem posições mais arriscadas, já que o risco de crédito estava garantido, em última instância, pela agência reguladora. Somente em 1991, por meio de seu Improvement Act (FDICIA) a agência reguladora FDIC sinalizou que não garantiria mais depósitos não segurados, tais como dívidas subordinadas e outros créditos sob proteção *de facto* (Jagtiani, Kaufmann e Lemieux, 2002).

Por fim, a partir da década de 1980, a disciplina de mercado ganhou projeção como alternativa para a supervisão do sistema financeiro diante da incapacidade dos modelos convencionais de prevenir as perdas por riscos assumidos das instituições financeiras.

3.3 A concepção de Basileia

Em 1988, passado pouco tempo da implementação de seus princípios, o Acordo de Capital (como ficou conhecido o Acordo de Basileia de 1988) demonstrou possuir diversas inadequações. Isso pode ser explicado pelo fato de apresentar diferentes formas de adoção, ser um acordo sem força de tratado e de difícil adaptação às condições de cada país. Outrossim, havia problemas derivados da heterogeneidade das instituições financeiras; logo, as mesmas regras não alcançavam todos os tipos de instituição.

Na prática, a ideia original de direcionar as regras aos bancos comerciais internacionalmente ativos foi abandonada e o Acordo foi adotado indiscriminadamente por todos os bancos, passando a ser tratado como um instrumento de regulação prudencial. A generalização quanto a sua adoção alcançou cerca de 120 países.

Em síntese, o Acordo de Basileia de 1988 pode ser visto como a primeira tentativa supranacional de implantar supervisão e controle na indústria bancária mundial. Os princípios contidos nesse acordo tinham por objetivo garantir a segurança e a solidez do sistema financeiro mundial. Acreditava-se que isso pudesse ser alcançado a partir da exigência de um capital mínimo regulatório. Esse capital deveria ser suficiente para reduzir o risco de insolvência que pudesse levar a um risco sistêmico, além de suprir eventuais perdas que pudessem acarretar prejuízo aos depositantes.

Voltado para a administração do risco de crédito, o Acordo de 1988 não só prescreveu instrumentos de gestão de risco como também definiu quantitativamente como ponderar esses riscos. Ainda, o Acordo de Capital revogava tacitamente o Glass Steagall Act. A segmentação do mercado deixou de ser uma premissa e os bancos comerciais passaram a adquirir bancos de investimento para poder atuar em operações de crédito voltadas para investimentos de longo prazo.

A desregulamentação iniciada na década de 1980 permitiu o desenvolvimento de um sistema bancário à sombra (*shadow banking system*) assim denominado por ficar à margem da regulação do sistema bancário (Krugman, 2009). Entre algumas das inovações financeiras introduzidas, destaca-se o uso das Special Purpose Entities (SPEs), sociedades com propósitos específicos, controladas pelos bancos de investimento, cuja finalidade era intermediar a negociação de determinados conjuntos de recebíveis do banco por meio da prática da securitização. As operações feitas pelas SPEs não eram registradas no balanço dos bancos, tornando-se desnecessário manter a reserva de capital regulamentar para cobertura do risco de crédito desses títulos.

3.4 A evolução da prática de securitização no mercado financeiro

O processo de securitização é a transformação de um *pool* de obrigações financeiras em oferta de crédito através de papéis "colocáveis" (*securities*) diretamente no mercado. Dessa forma, representa um processo de "desintermediação" financeira, em que cada vez mais bancos mudam seu padrão de atuação, deixando de ser intermediários de crédito para se tornarem corretores e promotores de negócios.

Em sua concepção, existiam dois tipos de securitização:

i) a securitização primária, em substituição ao crédito bancário, atende ao apelo crescente para colocação direta de papéis de tomadores junto ao público não financeiro;
ii) a securitização secundária, relativa ao processo de transformação sofrido pelos próprios intermediários financeiros que buscam se adaptar às novas tendências do mercado.

Nesse contexto, diversas grandes empresas perceberam que poderiam captar recursos diretamente no mercado por taxas inferiores às cobradas pelos bancos sempre que os requisitos necessários para a participação nesse mercado fossem atendidos. Assim, diversas grandes empresas capazes de acessar esses recursos colocaram *commercial papers* como alternativa para a tomada de créditos dos bancos.

No caso da securitização secundária, parte dos ativos do banco, como os créditos de curto prazo e recebíveis, é padronizada por meio de um processo de homogeneização dos contratos de crédito e apresentada na forma de um único ativo. O retorno desse ativo é constituído pelo serviço da dívida criado pelo intermediário, e vendido a um "poupador", normalmente um investidor institucional, que administra um volume de recursos capaz de absorver tais ativos.

Assim, obrigações inicialmente geradas sob a forma de crédito são transformadas em "papéis" e repassadas a investidores, liberando recursos para as instituições financeiras retomarem o processo de oferta de crédito. Os bancos que foram capazes de transformar sua carteira de serviços puderam usufruir de vantagens competitivas diante dessas novas oportunidades de atuação.

A colocação desses títulos no mercado financeiro promoveu uma dispersão horizontal do risco entre um grande número de investidores. Por outro lado, a concessão de crédito pelas instituições bancárias estava associada a um modelo de distribuição vertical e intertemporal do risco que se dava no âmbito do balanço dessas instituições (Goodhart, 2005).

Por fim, o processo de securitização permitiu aos bancos reduzir os custos de monitoramento dos tomadores. Esse estímulo tornou o ambiente propício ao desenvolvimento de produtos securitizados, que possibilitaram ampliar a alavancagem de crédito dos bancos.

3.5 O novo Acordo de Basileia – Basileia II

Durante mais de dez anos, o Acordo de Capital foi aceito em âmbito mundial. Contudo, dada a diversidade de operações realizadas por um único banco, alavancada pelo processo de securitização, as resoluções produzidas pelo Acordo de 1988 se mostraram ineficientes (Hellman et al., 2000). A classificação de riscos proposta naquele acordo era grosseira e a diferença de riscos dentro de cada categoria era muito ampla. Dado que o custo regulatório era o mesmo, isso estimulava os bancos a procurarem as aplicações mais rentáveis, que também eram as que envolviam maior risco (Kregel, 1998).

Logo, o Comitê emitiu uma emenda, em 1996, para fechar lacunas mais urgentes do Acordo de 1988 como a introdução da exigência de capital mínimo para cobertura de perdas causadas pelo risco de mercado.

A evolução e a sofisticação das operações do sistema bancário, a proliferação das operações feitas via internet e a globalização do sistema financeiro levou o Comitê de Basileia a lançar, em 2001, a proposta que passou a ser chamada de Basileia II, implementada em junho de 2004. Esse documento apresentou-se como uma proposta mais ambiciosa em seus objetivos e mais complexa em sua formulação.

O Comitê de Basileia tentou aproximar-se do mercado financeiro ao adotar uma postura mais flexível, que permitia a escolha de modelos para cálculo dos riscos assumidos pela instituição.

Contudo, a publicação do Novo Acordo ensejou as mais diversas críticas. Na busca pela estabilidade do sistema bancário, pela exclusão do risco sistêmico, questionava-se se seria possível curar a doença sem matar o paciente. Teóricos, agentes do mercado e formuladores de políticas públicas têm debatido a potencial prociclicalidade do Novo Acordo de Basileia (Gordy e Howells, 2006), capaz de aprofundar ciclos de depressão e potencializar ciclos de prosperidade da economia.

O Novo Acordo baseou-se em três pilares mutuamente complementares:

i) a definição do coeficiente de capital de risco em função de métodos de avaliação inerentes à estrutura da instituição financeira;
ii) a definição dos poderes e atribuições do órgão supervisor;
iii) a disciplina de mercado, que sugere que o próprio mercado pode contribuir para manter sua segurança e estabilidade.[9]

Mais uma vez, um novo modelo de Regulação Prudencial instigou as instituições financeiras a acelerarem o desenvolvimento de técnicas/métodos de mitigação e de transferência de riscos. Desse modo, os derivativos de crédito voltam a se destacar à medida que o risco recai na contraparte da operação.

3.6 Hoje – Basileia III

Com base nas revisões conduzidas pelo Comitê,[10] as reformas de Basileia III enfocam elementos que visam ao fortalecimento das instituições bancárias, por meio de gestão de riscos, governança, requerimentos de capital e liquidez, bem como medidas suplementares de controle de alavancagem. Basileia III estabelece medidas micro e macroprudenciais, que buscam aumentar a capacidade do segmento bancário para absorver choques, evitando que problemas do setor financeiro sejam transmitidos para a economia real (BIS, 2010).

---

[9] Para mais informações sobre o tema disciplina de mercado, ver Mendonça e Loures (2009).
[10] Ver dois dos principais documentos que embasam a reforma conduzida pelo Comitê, e que foram submetidos à consulta pública em dezembro de 2009 – "International framework for liquidity risk measurement, standards and monitoring" e "Strengthening the resilience of the banking sector", disponíveis em www.bis.org.

De forma bastante sucinta, destacam-se entre as principais propostas de Basileia III:[11]

- o fortalecimento da qualidade, consistência e transparência do capital;
- a maior adequação do capital para cobertura de riscos, com ênfase na redução da transmissão de choques ao sistema, mediante o fortalecimento da cobertura de risco de crédito da contraparte;[12]
- o estabelecimento de limites de alavancagem como medida suplementar à estrutura baseada em risco, de Basileia II;
- a estrutura de capital para criação de amortecedores de ciclos de negócios em períodos normais, para que esse "colchão de liquidez" possa ser usado em momentos de estresse da economia real;
- o modelo de provisionamento de crédito com ênfase em situações futuras (baseado em perdas esperadas) dando suporte à perspectiva de perdas de forma mais transparente e assumindo um papel menos pró-cíclico;
- o estabelecimento de um padrão de liquidez global mínimo para bancos ativos internacionalmente, bem como uma gestão ativa do risco de liquidez, com base em curto e longo prazos.

Basileia III não se limita a "quantificar" as medidas necessárias para o alcance de mais estabilidade no sistema financeiro, porém destaca a importância de bons padrões de regulação e supervisão, além da relevância de compromissos e coordenação de esforços.

4. O SEGMENTO BANCÁRIO NO BRASIL

Esta seção apresenta um "retrato atual" do segmento bancário no Brasil. O objetivo não é "analisar" resultados e prover um diagnóstico, mas deixar uma pergunta em aberto: No que tange ao segmento no Brasil, as oportunidades futuras estão sendo visualizadas e a estratégia para seu alcance está sendo desenvolvida?

---

[11] Ver "Basel III: a global regulatory framework for more resilient banks and banking systems" – dezembro de 2010. Para medidas específicas sobre instrumentos e gestão de liquidez em Basileia III, ver o documento citado e "Basel III: international framework for liquidity risk measurement, standards and monitoring" – dezembro de 2010. Ambos disponíveis em www.bis.org.
[12] Em especial, operações mais complexas, como as que envolvem derivativos de crédito, deverão ser registradas em *clearings* oficiais.

4.1. O contexto brasileiro

Fatores como a inflação norte-americana na década de 1960, o fim do sistema de taxas de câmbio fixas estabelecido em Bretton Woods (1944) e a mudança de percepção quanto à intervenção do Estado na economia,[13] nos mercados desenvolvidos, levaram a alterações em suas regulações e formas de competir. Interesses protegidos por regulações tornaram-se insustentáveis em algumas situações, como a limitação geográfica de atuação dos bancos nos Estados Unidos. A arbitragem regulatória, de possível implementação por instituições internacionais, além do inevitável avanço tecnológico, impuseram novos rumos para o arcabouço normativo internacional.

No Brasil da década de 1970, o cenário era de reserva de mercado, ditadura e programas de desenvolvimento que demandavam recursos externos para seu financiamento. A década seguinte trouxe a redemocratização para o país e uma sequência de planos que tentaram reestabelecer o controle da inflação, sem sucesso;[14] o país apresentou "soluços" de estabilidade monetária, seguidos por um processo de hiperinflação. A Constituição de 1988 trouxe consigo uma série de mudanças, inclusive no que se refere ao tratamento dos pequenos negócios, reconhecendo a importância desses na geração de emprego e renda para o país.

Com o advento do Plano Real, em 1994, e o novo cenário de estabilidade monetária a que foram submetidos os bancos, verificou-se uma reestruturação nas fontes de receitas dos bancos, que perderam os ganhos de *floating*. Operações de crédito e tarifas bancárias foram ampliadas de forma significativa. Nos anos seguintes, programas públicos, como o Programa de Estímulo à Reestruturação e ao Fortalecimento do Sistema Financeiro Nacional (Proer) e o Programa de Incentivo para a Reestruturação do Sistema Financeiro Estatal (Proes), bem como a liberalização, a abertura financeira e a implementação do Acordo de Basileia[15] contribuíram para a reorganização de bancos em operação no Brasil. O número total de bancos em atividade foi reduzido de 246 para 164 entre 1994 e 2003 (Modenesi, 2007).

---

[13] Carvalho (2007).
[14] Ver Capítulo 2 deste livro.
[15] Ao longo do tempo, o Conselho Monetário Nacional (CMN) e o Banco Central do Brasil (BCB) têm assumido posição mais conservadora do que a apregoada pelo Bank for International Settlements (BIS), no que tange ao requerimento de capital regulamentar no âmbito do Acordo de Basileia.

De um cenário caótico de hiperinflação para a estabilidade monetária, dos ganhos de *floating* para o reconhecimento da fragilidade de bancos que participaram dos programas públicos de reestruturação. Após a tempestade que o Brasil atravessou, ficaram sequelas, como o atraso no desenvolvimento do sistema financeiro, no que tange a fatores como regulação, instituições, infraestrutura informacional e educação da população;[16] mas também um legado positivo com grande potencial de alavancagem, que é a tecnologia da informação, que suporta as operações financeiras das instituições bancárias.

Foram promovidas reformas que viabilizaram uma estrutura institucional e de tecnologia adequadas para operações interbancárias de grande volume. Sintetizada no Sistema de Pagamentos Brasileiro (SPB), tornou-se possível mitigar ameaças potenciais de riscos que poderiam desestabilizar o ambiente de transações financeiras e transbordar efeitos negativos para a economia real.[17]

Entretanto, com base no amplo espectro de variáveis que envolve a complexidade do desenvolvimento financeiro de um país, é hora de se questionar a prioridade das políticas públicas.

Segundo o Relatório de Desenvolvimento Financeiro (2010, p. 4, tradução nossa):

> Inovação financeira, quando implementada prudentemente, também pode ser importante para efetivamente analisar e alocar fundos para empresas novas e produtivas, particularmente à medida que a tecnologia evolui. Assim, embora seja importante mitigar os impactos de curto prazo das crises, também é importante ver desenvolvimento financeiro em termos inclusive de, porém mais amplo que, estabilidade financeira.

Literatura recente tem analisado os determinantes da eficiência bancária no Brasil.[18] Ao ser comparado com os bancos nos países desenvolvidos, as instituições brasileiras evidenciam fragilidades quanto à eficiência, inclusive com efeitos potenciais sobre a estabilidade financeira no longo prazo.[19]

---

[16] Ver Capítulo 8 deste livro.
[17] Ver Capítulo 7 deste livro.
[18] Faria et al. (2007); Staub et al. (2009); Tabak et al. (2010); Tecles e Tabak (2010).
[19] Ver Tabak et al. (2010).

Entretanto, o recente episódio da crise do *subprime* deixou evidentes as vantagens de se ter um sistema financeiro sólido, sobrerregulado e sob a supervisão de um banco central conservador. No auge da crise, o Brasil, com altas taxas de juros e um elevado nível de reservas cambiais, detinha larga munição para combater a crise de liquidez que se impôs. Foi um dos últimos países a sofrer o impacto da crise e um dos primeiros a sair dela.

Nesse sentido, as conquistas obtidas pelo país não podem ofuscar a avaliação dos formuladores de políticas públicas. O excesso de conservadorismo e regulamentação pode engessar as inovações financeiras, que detêm importância fundamental na dinâmica dos mercados financeiros, conforme destaca Carvalho (2007, p. 112):

> Diante, agora, de um contexto de pressão competitiva permanente, os bancos (e outras instituições financeiras) perderam o luxo da acomodação em casulos de mercado protegidos por reguladores. Em mercados que passam por mudanças constantes, só uma estratégia pode ser vitoriosa: a de inovação permanente, de modo a explorar novas oportunidades e resistir a sempre renovadas pressões.

4.2. Aspectos do segmento bancário no Brasil

A indústria bancária no Brasil testemunhou mudanças significativas, envolvendo a entrada de bancos estrangeiros, fusões e aquisições, bem como a privatização de bancos públicos na última década (Staub et al., 2009).

A evolução dos ativos, operações de crédito e depósitos do segmento bancário brasileiro nos últimos anos apresentou crescimento de mais de 100% (dezembro de 2006 a dezembro de 2009 em bilhões – cooperativas de crédito também consideradas):

TABELA 3.1

	2006 (R$)	2009 (R$)	Variação (%)
Operações de crédito	417,28	912,64	118,71
Depósitos	744,97	1.580,63	112,17
Ativos	1.590,60	3.571,16	124,52

Fonte: Banco Central do Brasil – elaboração nossa.

Segundo o Relatório de Estabilidade Financeira/BCB, de setembro de 2010, p. 21:

> Apesar do aumento do total das captações, observa-se que as instituições financeiras são altamente dependentes de fontes de financiamento de curto prazo. Em junho de 2010, por exemplo, 59% das captações tinham prazo de vencimento inferior a 12 meses (...). Esse fato tem pressionado as instituições a buscar alternativas para alongar os prazos dos passivos, com o objetivo de evitar o descasamento com as operações de crédito de prazos mais longos.

O mesmo relatório aponta que o sistema bancário brasileiro, neste caso, englobando bancos comerciais, múltiplos, caixa econômica, bancos de investimento e conglomerados financeiros, com uma dessas instituições, em junho de 2010, participava com 85% e 86% dos ativos (R$3,09 trilhões) e da carteira de crédito (R$1,33 trilhão) do Sistema Financeiro Nacional.

No que concerne ao total das operações de crédito do sistema financeiro em outubro de 2010, o estoque era de R$1,645 trilhão representando 47,2% do Produto Interno Bruto (PIB). Compondo esse saldo de operações, 41,9% eram de responsabilidade de bancos públicos; 40,6% de instituições privadas nacionais e 17,5% de bancos estrangeiros (Relatório de Inflação/BCB, dezembro de 2010).

Em paralelo a esse crescimento galopante, a infraestrutura financeira demonstra fragilidades preocupantes. O Relatório de Desenvolvimento Financeiro (2010) aponta o Brasil na última posição, entre os 57 países analisados, no indicador "carga de regulação do governo" (57ª posição). No mesmo sentido, a eficiência dos serviços bancários (de acordo com o subpilar "índice de eficiência") demonstra clara fragilidade *vis-à-vis* aos demais países. Nas Tabelas 3.2, 3.3 e 3.4, são apresentados o subpilar "índice de eficiência", com os indicadores que o compõem; o pilar "ambiente institucional", com seus subpilares, e o pilar "ambiente de negócios", com seus subpilares (o Brasil ocupa a posição 32ª no IDF – resultado agregado).[20]

---

[20] Para ver a posição do Brasil em todos os pilares, subpilares e indicadores do IDF, ver Relatório de Desenvolvimento Financeiro, 2010, pp. 86 a 89.

TABELA 3.2

Serviços financeiros bancários – Pilar 4 – 38ª posição	
Índice de eficiência	**53**
Indicador de lucratividade agregado	37
Custos indiretos	55
Propriedade pública de bancos	49
Custos operacionais/ativos	50
Créditos inadimplentes/total de créditos	22

Fonte: Fórum Econômico Mundial, 2010 – p. 88.
Ranking entre 57 países.
O pilar "serviços financeiros bancários" apresenta mais dois pilares, além do índice de eficiência: índice de tamanho (28ª posição) e transparência de informações financeiras (12ª posição).

TABELA 3.3

Ambiente institucional – Pilar 1 – 44ª posição	
Liberalização do setor financeiro (subpilar)	44
Governança corporativa (subpilar)	35
Questões regulatórias e legais (subpilar)	**45**
Exigibilidade contratual (subpilar)	45

Fonte: Fórum Econômico Mundial, 2010 – p.86.
Ranking entre 57 países.
O subpilar "questões regulatórias e legais" está subdividido em 10 indicadores, sendo um deles "carga de regulação do governo", 57ª posição.

TABELA 3.4

Ambiente de negócios – Pilar 2 – 49ª posição	
Capital humano (subpilar)	43
Impostos (subpilar)	52
Infraestrutura (subpilar)	40
Custo de fazer negócios (subpilar)	46

Fonte: Fórum Econômico Mundial, 2010 – p. 86.
Ranking entre 57 países.

No subpilar "índice de eficiência", o único indicador que se localiza na metade superior do *ranking* é "créditos inadimplentes/total de créditos", o qual traduz importante variável de acompanhamento para os próximos anos. Conforme Tabak et al. (2010), a direção de causalidade no Brasil sugere que a eficiência dos bancos atua sobre a inadimplência no segmento (*proxy* para estabilidade financeira), e não o contrário.

De acordo com o Relatório de Estabilidade Financeira/BCB:[21]

---

[21] Setembro de 2010, p. 25.

> (...) é preciso ressaltar que ao mesmo tempo em que a entrada de novos clientes e o alongamento de prazos são fatores positivos na compatibilização entre custo da dívida e renda, eles representam desafios adicionais aos modelos de concessão e aos processos de gestão do risco de crédito das instituições, pela incipiência de histórico creditício e menor educação financeira dos novos clientes e pela necessidade de modelos que mapeiem riscos para prazos maiores.

Com relação ao endividamento das famílias, o Relatório de Inflação[22] aponta para uma trajetória ascendente, que alcança 34,9% em janeiro de 2010. O mesmo relatório destaca que a relação fluxo de renda e serviço da dívida (comprometimento da renda) vinha apresentando comportamento mais estável (em declínio desde novembro de 2008 – 24,3%, atingindo 22% em janeiro de 2010). Recentemente, a classificação de créditos em atraso (de E a H) mostrou redução; contudo, deve-se estar atento a variáveis que influenciam esse resultado:

> Os efeitos somados da expressiva baixa para prejuízo de créditos de difícil recuperação e do crescimento do crédito, que reduzem a proporção de créditos em atraso em relação ao total da carteira, explicaram a redução dos créditos classificados como E, F, G e H, de 6,9% para 6,1%, e da inadimplência, de 5,1% para 4,3% (...) (Relatório de Estabilidade Financeira/BCB, setembro de 2010, p. 24).

É evidente a preocupação do BCB com o curso do endividamento das famílias. Do Relatório de Inflação:[23]

> Visando reforçar a regulamentação prudencial e a sustentabilidade do mercado de crédito, a Circular nº 3.515, editada em 3 de dezembro, determinou o aumento do requerimento de capital aplicável a operações de crédito e arrendamento mercantil financeiro a pessoas físicas, cujos prazos contratuais sejam superiores a 24 meses. Nesse sentido, o Fator de

---

[22] Março de 2010, p. 40.
[23] Dezembro de 2010, p. 34. Essa medida apresenta diversas exceções, em função do tipo de operação, do prazo e do percentual financiado.

Ponderação de Risco (FPR) das operações contratadas a partir de 6 de dezembro de 2010 passou de 100% para 150%, representando elevação de 11% para 16,5% no respectivo requerimento de capital.

Por fim, diversas são as dificuldades a serem enfrentadas pelo segmento bancário na busca por ganhos de eficiência em um futuro próximo, tais como:

- o rápido crescimento das operações de crédito nos últimos anos sem a concomitante viabilização legal para atuação de um Cadastro Positivo de Informações (aprovada Medida Provisória em 30 de dezembro de 2010),[24] que permita a utilização do histórico de crédito como colateral e como ferramenta para redução de custo e ganho de eficiência para operações de pequeno valor;
- o incipiente movimento para articulação entre tecnologia de comunicação móvel e serviços financeiros, cujo resultado sugere redução de custo na prestação de serviços, aumento da capilaridade e mais conveniência para os clientes;
- a morosidade na resolução dos conflitos que envolvem a atuação dos correspondentes;
- a inadequação de normas que pautam a atuação de potenciais parceiros para os bancos, que atendem microempreendedores, micro e pequenas empresas (Sociedades de Crédito ao Microempreendedor e à Empresa de Pequeno Porte e Organizações da Sociedade Civil de Direito Público);
- a pesada carga regulatória e tributária;
- o baixíssimo nível de educação da população, envolvendo educação financeira.

5. CONSIDERAÇÕES FINAIS

Este capítulo apresentou um breve resumo dos principais aspectos que influenciaram a formação do atual arcabouço regulamentar do sistema financeiro

---

[24] Editada Medida Provisória que "disciplina a formação e consulta a bancos de dados com informações de adimplemento, de pessoas naturais ou de pessoas jurídicas, para formação de histórico de crédito" (MP 518, de 30 de dezembro de 2010).

internacional. Nas primeiras seções, foram explorados temas relacionados com estabilidade financeira, evolução dos sistemas de tecnologia de informação, introdução de inovações financeiras, transparência e papel das instituições bancárias como protagonistas na intermediação financeira.

Após um breve resumo sobre a evolução da regulação do sistema bancário mundial, a seção 3 foi encerrada com alguns aspectos da formulação dos Acordos de Basileia (o Acordo de Capitais de 1988, o Novo Acordo de 2004 e o Basileia III de 2010).

Passado mais de um ano da fase mais aguda da recente crise financeira mundial, a seção 4 enfocou o ambiente institucional do sistema financeiro nacional e apresentou um panorama geral de seu estado atual.

O retrospecto da historia econômica no Brasil, que de forma recorrente foi atingido por choques externos, colaborou para a construção de um sistema sobrerregulado. Entretanto, se por um lado o excesso de regulação pode aumentar a resistência do sistema durante um período de crise, como em 2008, por outro lado, pode prejudicar o desempenho do sistema fora das crises, em fase de expansão da economia, à medida que torna o crédito mais caro e engessa o processo de inovação financeira.

O desenvolvimento do sistema financeiro demanda uma arquitetura estratégica que considere um amplo espectro de variáveis. A interdependência de diversos fatores, como estabilidade, eficiência, ambiente institucional e inovação, caracteriza a necessidade de um processo coordenado para o estabelecimento de uma adequada infraestrutura financeira. Um exemplo disso é a influência do grau de eficiência do segmento bancário na manutenção da estabilidade financeira no longo prazo.

Diante de tudo que foi apresentado, formular a regulação do sistema com ênfase na prevenção contra casos extremos de choques externos pode comprometer de forma significativa o sistema financeiro em períodos normais. Resta, enfim, a seguinte questão: manter a postura de sobrerregular o sistema financeiro seria o melhor caminho a ser seguido?

Referências

ALLEN, F. E GALE, D. (2006). "Systemic Risk and Regulation", Financial Risk and Regulation. NBER.

ARESTIS, P. (2005). "Financial Liberalisation and the Relationship between Finance and Growth", CEPP Working Paper nº 05/05.

BANCO CENTRAL DO BRASIL. Relatório de Inflação, março/2010.
_____. Relatório de Inflação, dezembro de2010.
_____. Relatório de Estabilidade Financeira, setembro de 2010.
Bank for International Settlements (2010). "Basel III: a global regulatory framework for more resilient banks and banking systems".
_____ (2010). "Basel III: international framework for liquidity risk measurement, standards and monitoring".
_____ (2009). "International framework for liquidity risk measurement, standards and monitoring".
_____ (2009). "Strengthening the resilience of the banking sector".
CARVALHO, F.J.C. (2007). "Estrutura e padrões de competição no sistema bancário brasileiro: uma hipótese para investigação e alguma evidência preliminar". Capítulo 5, *Sistema financeiro: uma análise do setor bancário brasileiro*. Org: Luiz Fernando de Paula e José Luís Oreiro. Rio de Janeiro: Campus/Elsevier.
CHRISTOPOULOS, D.K., TSIONAS, E.G (2004). "Financial development and economic growth: evidence from panel unit root and cointegration tests", *Journal of Development Economics* 73, pp. 55-74.
DE MENDONÇA, H. E LOURES, R.F.V. (2009). "Market Discipline in Brasilian Banking Industry: An analysis for the subordinated debt holders." *Journal of Regulatory Economics*, v.36, pp. 286-307.
FARIA, J.A., PAULA, L.F, MARINHO, A. (2007). "Eficiência no setor bancário brasileiro: a experiência recente das fusões e aquisições". Capítulo 6, *Sistema financeiro: uma análise do setor bancário brasileiro*. Org: Luiz Fernando de Paula e José Luís Oreiro. Rio de Janeiro: Campus/Elsevier.
GALBRAITH, J.K. (1997). "The Great Crash", Boston and New York Mariner Books.
GOODHART, C. (2005). "Financial Regulation, Credit Risk and financial stability", National Institute Economic Review, n. 192, abril, pp. 118-127.
GORDY, M.B., HOWELLS, B. (2006). "Procyclicality in Basel II: Can we treat the disease without killing the patient?", *Journal of Financial Intermediation*, vol. 15, 3, 395-417.
GORTON, G, WINTON, A. (2002). "Financial Intermediation". NBER Working Paper Series, vol. w8928.
HELLMAN, T.F., MURDOCK, K.C. E STIGLITZ, J.E. (2000). "Liberalization, Moral Hazard in Banking, and Prudential Regulation: Are Capital Requirements Enough?", The American Economic Review, vol. 90 (1), pg. 147-165.
HONOHAN, P. (2004). "Financial Development, Growth and Poverty: how close are the links?" World Bank Policy Research Working Paper 3203.
JAGTIANI, J.; KAUFMANN, G.; LEMIEUX, C. (2002). "The effect of credit risk on bank and bank holding company bond yields: evidence from the post-FDCIA period." *Journal of Financial Research*. Vol. 25, nº 4. 2002. pp. 559-575.
KREGEL, J. (1998). "The Past and the Future of Banks". Quaderni di Ricerche 21, Bancaria Editrice, 1998.
KRUGMAN, P. (2009). "A Crise de 2008 e a Grande Depressão". Rio de Janeiro: Campus/Elsevier.
LOPES, J. DO C., ROSSETTI, J.P. (1998). *Economia monetária*. 7.ed. São Paulo: Atlas, p. 479.

MISHKIN, F.S. (2001). "Prudential Supervision: Why Is It Important and What Are the Issues?", *Prudential Supervision: what works and what doesn't.* NBER.

MODENESI, A. DE M. (2007). "Teoria da Intermediação Financeira, o modelo ECD e sua aplicação aos bancos: uma resenha". Capítulo 4, *Sistema financeiro: uma análise do setor bancário brasileiro.* Org: Luiz Fernando de Paula e José Luís Oreiro. Rio de Janeiro: Campus/Elsevier.

NATIONAL BUREAU OF ECONOMIC RESEARCH. Disponível em http://www.nber.org/.

NEUBERGER, D. (1998). "Industrial Organization of Banking: a Review". *International Journal of the Economics of Business*, vol. 5, nº 1, pp. 97-118.

PRESIDÊNCIA DA REPÚBLICA FEDERATIVA DO BRASIL. Medida Provisória 518, de 30 de dezembro de 2010.

STAUB, R.B., SOUZA, G, TABAK, B.M. (2009). "Evolution of Bank Efficiency in Brazil: a DEA Approach". Working Paper Series 200. Banco Central do Brasil.

TABAK, B.M., CRAVEIRO, G.L., CAJUEIRO, D.O. (2010). "Eficiência bancária e inadimplência: testes de causalidade". Working Paper Series 220. Banco Central do Brasil.

TECLES, P., TABAK, B.M. (2010). "Determinants of Bank Efficiency: the Case of Brazil". Working Paper Series 210. Banco Central do Brasil.

WEF (2010). "The Financial Development Report 2010", disponível em http://www.weforum.org/reports/financial-development-report-2010?fo=1.

CAPÍTULO 4

O cooperativismo de crédito no Brasil: evolução e perspectivas[1]

SIDNEY SOARES CHAVES

1. INTRODUÇÃO

O sistema financeiro brasileiro é considerado bem regulamentado e fiscalizado, principalmente quando comparado com os países em desenvolvimento. Entretanto, apesar desses aspectos positivos, ele é muito seletivo, privilegiando grandes empresas, pessoas físicas de maior poder aquisitivo e regiões mais desenvolvidas. Além dessas deficiências, a relação das operações de crédito/Produto Interno Bruto, que alcançou 47,2% em outubro de 2010, continua abaixo das necessidades de nossa economia, limitando a capacidade do crescimento empresarial. Nesse cenário, estabelece-se um paradoxo brasileiro, formado por um sistema financeiro sólido e sofisticado, mas que não consegue exercer por completo seu papel de apoiador da atividade produtiva.

No âmbito do Sistema Financeiro Nacional (SFN), constatamos um movimento expansionista do cooperativismo de crédito a partir da década de 1990. Esse segmento vem se constituindo importante elemento no incremento

---

[1] Agradecemos os comentários e sugestões de Gilson Marcos Balliana, José Carlos Marucci e Sílvio Cézar Giusti de Oliveira, isentando-os de possíveis erros e omissões. As opiniões expressas neste capítulo pertencem ao autor e não refletem necessariamente a visão do Banco Central do Brasil ou de seus membros.

econômico de regiões estagnadas, proporcionando inclusão financeira para parcela da população de menor poder aquisitivo, gerando emprego e renda, auxiliando na redução da pobreza e contribuindo para o aumento da eficiência do SFN. Segundo Crocco e Jayme Júnior (2006), esse fenômeno está diretamente relacionado com o processo de concentração bancária, que entre outras características, tem contribuído para a exclusão financeira de indivíduos e de territórios, fomentando esquemas alternativos de acesso a serviços financeiros, como cooperativas de crédito, organizações de microfinanças e os sistemas de troca e comércio locais.

Em nosso entendimento, essa expansão vem sendo impulsionada pela mudança de posicionamento do Conselho Monetário Nacional (CMN) e do Banco Central do Brasil (BCB), que vêm concedendo mais atenção ao segmento, preocupando-se com seu desenvolvimento e promovendo significativa flexibilidade normativa, fruto do amadurecimento das interações entre as lideranças do setor e os órgãos governamentais. Nesse contexto, e dentre outros fatores,[2] acreditamos que a recente ampliação do cooperativismo de crédito também é consequência das alterações nas regras formais e informais, conforme o entendimento de Douglass North (1990), um dos líderes da Nova Economia Institucional (NEI).

Dado esse pressuposto, pretendemos analisar as razões que têm proporcionado o recente desenvolvimento do segmento cooperativista de crédito. Para alcançar nosso objetivo, dividimos este capítulo em sete seções, além desta introdução. Na segunda seção, apresentaremos o referencial teórico. Na terceira seção, faremos uma breve síntese histórica da atuação do cooperativismo de crédito no país. Na quarta seção, mostraremos algumas alterações institucionais que vêm proporcionando impactos positivos no segmento. Na quinta seção, discutiremos os resultados recentes mais significativos. Na sexta seção, faremos uma discussão de obstáculos e desafios a serem enfrentados pelo segmento. Na última seção, encontram-se as considerações finais.

---

[2] Atrelados aos avanços normativos, podemos incluir, por exemplo, os vetores da concorrência mercadológica que conduzem ao desenvolvimento da atuação, gestão e planejamento da instituição, e o processo de formação e capacitação do quadro de dirigentes e funcionários.

2. INSTITUIÇÕES E DESENVOLVIMENTO ECONÔMICO

A constatação da importância das instituições no comportamento dos agentes econômicos e, por conseguinte, no desempenho econômico, germinou uma nova abordagem dentro da teoria econômica, a Nova Economia Institucional, que passou a ser referência importante para o estudo do desenvolvimento das economias no longo prazo, a partir da obtenção do Prêmio Nobel de 1993 por Douglass North. Em sua obra mais conhecida, sedimentada com muitas incursões históricas, esse autor demonstra como o crescimento de longo prazo, ou a evolução histórica, de uma sociedade é condicionado pela formação e evolução de suas instituições (North, 1990).

A ideia de que as instituições são importantes para explicar o desempenho econômico das sociedades é a base da análise proposta por North. De acordo com seu entendimento, as instituições compreendem regras formais (leis, normas, regulamentos) e informais (normas de comportamento, convenções, códigos de conduta autoimpostos, ideologia, costumes, cultura), que formam o ambiente institucional e são fruto das relações sociais, econômicas e políticas.

As relações e diferenças entre essas regras são importantes para explicar as mudanças institucionais. Enquanto as regras formais podem ser rapidamente alteradas; as restrições informais (que modificam, suplementam ou estendem as regras formais) apresentam maior estabilidade ao longo do tempo, pois estão ancoradas em traços culturais. Assim, a estrutura institucional se altera no tempo como fruto de inúmeras pequenas mudanças que ocorrem nos incentivos que as pessoas recebem do ambiente, modificando aos poucos tanto as regras formais como as informais.

Uma consequência da dinâmica institucional é o surgimento de mudanças que ocorrem de forma gradual, alterando na margem a estrutura de regras das sociedades. Dessa forma, as decisões realizadas no passado têm forte influência sobre as possibilidades do presente, com o papel da História sendo considerado extremamente relevante. Isso significa dizer que, uma vez escolhido um caminho, este passa a ser influenciado por mecanismos autorreforçantes, que fazem com que a matriz institucional fique *locked-in* e seja *path dependent*. Assim, mesmo que as instituições existentes não sejam as mais eficientes para gerar desenvolvimento econômico, como há retornos institucionais crescentes, a tendência é que elas persistam.

Um conceito fundamental do modelo de North é a incerteza, e sua existência impossibilita ou dificulta as transações econômicas entre as pessoas. Ao impedir que os agentes econômicos conheçam seu rol de possibilidades de escolha de forma *ex-ante*, a ausência de certeza se torna responsável por interrupções ou pelo funcionamento distorcido das transações econômicas, fazendo com que os agentes sejam incapazes de atingir soluções ótimas a partir de suas decisões. Em qualquer sociedade, supõe-se que as instituições sejam criadas para reduzir incertezas de forma que os indivíduos consigam melhorar seus resultados, identificando as melhores alternativas. Em uma economia cuja estrutura institucional é pouco desenvolvida, as incertezas são maiores, os indivíduos não conseguem identificar as melhores alternativas e, portanto, não podem melhorar seus benefícios.

O aspecto mais original da contribuição de North, concentrando todo o esforço para o aprimoramento de sua análise, é a questão da relevância institucional do Estado (Fiani, 2003). Esse elemento tem significativa importância ao ser responsável pela formação e manutenção de suas regras formais, e pelo cuidado da aplicação da base legal de uma sociedade baseada em trocas impessoais.

North alonga seu modelo de Estado para encontrar no mau funcionamento dos sistemas políticos a causa do surgimento e persistência de arranjos de propriedade ineficientes (Gala, 2003), visto que os mercados políticos são inerentemente imperfeitos e conduzidos ao sabor de ideologias[3] e pressões de grupos de interesses (North, 1994). Assim, em seu entendimento, um sistema político perfeito é aquele que consegue produzir uma estrutura de propriedade que maximize o produto econômico de uma sociedade. Com isso, destaca a importância da democracia, porém adverte para os perigos da transposição da lógica econômica para o mercado político, visto que a imperfeição deste constitui a base de instituições econômicas ineficientes.

---

[3] A ideologia é uma variável importante na análise de Douglass North, visto que fundada nos modelos subjetivos a que as pessoas recorrem para explicar e avaliar o mundo à sua volta, ela não apenas desempenha papel fundamental nas opções políticas, como é também elemento-chave das opções individuais que afetam o desempenho econômico (North, 1994).

3. BREVE HISTÓRICO DO COOPERATIVISMO DE CRÉDITO BRASILEIRO

De forma semelhante ao que ocorreu na Europa no século XIX, as dificuldades encontradas pelos pequenos produtores rurais e urbanos para obter crédito configuraram um campo fértil para o surgimento e desenvolvimento de cooperativas no Brasil. As primeiras experiências de implantação de cooperativas de crédito estiveram ligadas às tentativas iniciais de desenvolvimento da agricultura brasileira, quando alguns precursores começaram a plantar a ideia de que somente através do cooperativismo se poderia fomentar e organizar efetivamente a produção agropecuária nacional (Schneider e Lauschner, 1979).

Desde a criação da primeira cooperativa de crédito no país, em 1902, até os dias atuais, o desenvolvimento do segmento, por vários momentos, esteve atrelado às políticas do Estado. Ao longo desse período, diversas normas promulgadas pelo poder oficial criaram regras de controle altamente intervencionistas, gerando um hibridismo em que o cooperativismo em geral, e o cooperativismo de crédito em particular, foram submetidos ao paternalismo estatal, anulando ou restringindo o princípio da autogestão, distorcendo a pureza dos propósitos cooperativistas, retirando-lhes um dos aspectos de sua essência, como autêntico modelo de atividade de caráter eminentemente privado, de sentido social e com objetivos econômicos, pela prática da solidariedade entre as pessoas e pela mútua cooperação de capital e serviços (Godinho, 1996).

Desde os primórdios até o presente momento, o cooperativismo de crédito brasileiro viveu quatro fases distintas (Palhares, 2004). A primeira fase (1902-1938) pode ser considerada uma etapa de pré-regulamentação, com o Estado se empenhando timidamente em regulamentar o setor (Schneider, 1991). Nesse período inicial não havia uma legislação especificamente cooperativista, e apenas alguns artigos, incorporados em decretos sobre outros assuntos, cuidavam das cooperativas de maneira muito vaga e imprecisa (Pinho, 1966).

A segunda fase (1938-1964) foi caracterizada pela regulamentação, com o Estado demonstrando interesse na expansão do segmento, intervindo de forma marcante, visando não somente enquadrar as cooperativas nas metas nacionais de desenvolvimento, mas, principalmente, como alternativa de desenvolvimento, embora com atitudes diferentes e frequentemente paradoxais (Schneider, op. cit.).

A terceira fase (1964-1988) representou um retrocesso no segmento, motivado pelas pressões políticas dos "donos do poder" e pelas restrições regulatórias impostas pelo governo militar, proporcionando um atraso histórico de grandes proporções.[4] Parte desse recuo aconteceu porque a maioria das elites governamentais encarava o associativismo e o cooperativismo como um espaço latente de formação de movimentos políticos contrários ao *status quo* e de propagação de mensagens de cunho socialista (Búrigo, 2010). Além disso, as novas "regras do jogo" não foram fundamentadas apenas em argumentos técnicos e atendiam aos interesses do sistema bancário tradicional, que enxergavam as cooperativas como seus concorrentes diretos (Pinho, 1995).

A quarta fase se iniciou com a promulgação da Constituição Federal em 1988 e se caracteriza pela maior autonomia das cooperativas perante o Estado, marcando o processo de recuperação do setor.[5] Com o novo diploma legal, essas entidades conquistaram a autogestão, ficando vedadas interferências do governo em sua administração, consideradas o maior entrave para uma efetiva autonomia política, administrativa e financeira[6] (Schneider, 1991).

4. ALTERAÇÕES INSTITUCIONAIS E A RECENTE EXPANSÃO DO COOPERATIVISMO DE CRÉDITO

Neste capítulo trabalhamos com a hipótese de que a expansão do segmento está relacionada com a modificação de atitude do CMN e do BCB, que passaram a conceder maior atenção ao segmento, preocupando-se com seu

---

[4] O início desse período ocorreu com a implantação da Reforma Bancária, em 31 de dezembro de 1964, que se constituiu em um marco para o SFN, refletindo, de modo geral, a opção ideológica do regime político do Governo Federal (Studart, 2005). Apesar de ser um período de forte restrição, devemos registrar que a Lei nº 5.764/71, ainda em vigor, promoveu impactos positivos no segmento.

[5] Pela primeira vez na história, o cooperativismo brasileiro figurou na Constituição. Os avanços alcançados resultaram da mobilização política iniciada em 1986 com a eleição dos deputados constituintes, que formaram a Frente Parlamentar Cooperativa, comprometidos com a causa cooperativista (Schneider, 1991).

[6] A partir da promulgação da Constituição, as funções do Estado se restringiram às áreas de incentivos gerais, fomento e estímulo, ficando proibidas interferências no gerenciamento das cooperativas. Assim, a Lei Magna colocou um ponto final em anos de intervencionismo, paternalismo, interferência na política interna, fiscalização exagerada e de controle exercidos, na maioria das vezes, com maior dimensão emergencial e punitiva do que preventiva (Schneider, op. cit.).

desenvolvimento e promovendo flexibilidade normativa a partir do início da década de 1990. A mudança de comportamento dessas organizações será fundamental para o desenvolvimento do setor, visto que ambas consideravam as cooperativas de crédito como um apêndice do sistema financeiro, não acreditando em seus propósitos nem em sua ideologia (Godinho, 2004).

Diante desse nosso argumento – de que as alterações nas regras formais e informais são variáveis que explicam, em parte, a expansão do segmento cooperativista de crédito –, nesta seção apresentaremos uma síntese das alterações institucionais que vêm proporcionando impactos positivos no cooperativismo de crédito. O ponto de partida será a promulgação da Constituição Federal de 1988, que representa, no entendimento de Palhares (2004), o marco inicial da quarta fase do segmento e se caracteriza pela maior autonomia das cooperativas perante o Estado, marcando o processo de recuperação do setor.

De modo geral, a evolução normativa vem eliminando gargalos de caráter normativo que limitavam o desenvolvimento do cooperativismo de crédito; criando meios para o crescimento de forma sustentada, sem utilizar patologias correlatas à dependência do apoio governamental, sobretudo para financiar seus custos de funcionamento (Abreu, 2004), fortalecendo a estrutura patrimonial das entidades e gerando condições para a expansão do segmento, aumentando sua capilaridade.

Esses aperfeiçoamentos foram consubstanciados pelo reconhecimento da necessidade de exigir do cooperativismo de crédito os mesmos fundamentos e princípios aplicáveis às demais instituições, a despeito de suas especificidades e pouca representatividade em relação aos ativos financeiros no SFN, auxiliando no fortalecimento da imagem do segmento, na produção de benefícios relevantes a partir dos esforços de aprendizagem e no combate de práticas oportunistas (Soares e Melo Sobrinho, 2008).

Ao longo dessa quarta fase, constatamos um novo e significativo ciclo expansionista, com o crescimento do número de entidades e de associados, principalmente nos centros urbanos. O começo do processo de mudanças foi marcado pela Resolução nº 1.914, de março de 1992,[7] que representou o primeiro marco legal e o maior avanço institucional do cooperativismo de crédito brasileiro depois do período militar (Araújo, 1996).

---

[7] Essa Resolução revogou normas arcaicas e permitiu a constituição de cooperativas formadas por trabalhadores de determinadas profissões (como médicos) ou de determinadas atividades (como comerciantes de determinado ramo). Os normativos estão disponíveis no site do BCB (www.bcb.gov.br/?LEGISLACAO).

Com o intuito de reduzir custos com instalações físicas, a Resolução nº 2.099, de agosto de 1994, permitiu a abertura de Postos de Atendimento Cooperativo (PACs), unidades de atendimento que eram apenas autorizadas em feiras, exposições e congressos, refletindo um comportamento discriminatório a favor dos bancos e formalizando atos de desobediência do segmento, que construía postos pelo interior do país, adotando admirável posição de contestação e coragem diante da indiferença do BCB (Godinho, 2004).

Em agosto de 1995, um grande salto qualitativo foi dado pelo segmento quando o BCB editou a Resolução nº 2.193, disciplinando a criação e o funcionamento de bancos privados controlados pelo setor cooperativista, removendo obstáculos até então existentes para sua criação,[8] rompendo, definitivamente, a ligação compulsória do setor com o Banco do Brasil, que aproveitava esse fato para ter uma relação predatória e de submissão com as cooperativas de crédito (Palhares, 2004), e superando o lobby das grandes instituições bancárias, que costumam se apavorar diante do potencial de crescimento do banco cooperativo (Rodrigues, 2004). Esse normativo – que foi complementado pela Resolução nº 2.788/2000, que permitiu a constituição de bancos múltiplos cooperativos – possibilitou o acesso direto ao mercado financeiro, aos serviços de compensação e à conta de reservas bancárias, representando o fim da dependência operacional; proporcionou maior poder político e abriu uma nova página para o segmento, ao incorporar novos atores nos debates e nas definições legais (Búrigo, 2007).

Outro avanço significativo ocorreu com a implantação da Resolução nº 2.608, em maio de 1999, que introduziu inovações para a estruturação, evolução técnica e operacional do setor. Visando especialmente reduzir os riscos de crédito, de mercado e operacional, esse normativo atribuiu às cooperativas de crédito centrais[9] o papel de supervisionar o funcionamento, realizar auditoria e

---

[8] A intensificação da busca pela criação de um banco de cúpula surgiu após a extinção do Banco Nacional de Crédito Cooperativo (BNCC), ocorrida em janeiro de 1990.

[9] O formato organizacional do cooperativimo de crédito é caracterizado por sua estrutura piramidal, com as cooperativas singulares (primeiro grau) ocupando a base, as centrais ou federações (segundo grau) preenchendo a zona intermediária e a confederação (terceiro grau) ocupando o topo. As centrais, constituídas de, no mínimo, três cooperativas singulares, têm por objetivo organizar, em comum e em maior escala, os serviços econômicos e assistenciais de interesses das filiadas, integrando e orientando suas atividades. As confederações são constituídas de, pelo menos, três federações de cooperativas de crédito ou cooperativas centrais de crédito, têm por objetivo orientar e coordenar as atividades das filiadas, nos casos em que o vulto dos empreendimentos ultrapassar o âmbito da capacidade ou conveniência de atuação das centrais, ocupando--se, essencialmente, dos interesses estratégicos dos sistemas.

capacitação técnica permanente nos quadros administrativos de suas afiliadas; reduziu os limites de concentração de risco por clientes e de endividamento; e estabeleceu limites mínimos de patrimônio líquido ajustado.

Entretanto, esse normativo apresentou algumas frustrações, tais como o tímido avanço em relação à amplitude do quadro social, pois se desejava a criação da modalidade Livre Admissão de Associados (que viria a ser criada em 2003) e a estipulação do capital mínimo de ingresso (R$50 mil), considerado elevado para as entidades em fase inicial de atividade (Soares e Melo Sobrinho, 2008), que praticamente impediu a difusão do movimento junto às populações mais pobres, representando um duro golpe para as organizações cooperativas populares e movimentos sociais que desejavam criar suas instituições (Búrigo, 2010). Para o BCB, a finalidade dessa nova exigência, bem como a adoção de limites mais restritivos de endividamento e diversificação de risco, seria tornar o segmento mais eficiente, eliminando a pulverização dessa modalidade de cooperativa de crédito (BCB, 2000).

No ano seguinte, a Resolução nº 2.771, de agosto de 2000, promoveu mudanças qualitativas importantes, reduzindo os limites mínimos de patrimônio líquido, utilizando o critério de patrimônio líquido ponderado pelo grau de risco do ativo, passivo e contas de compensação (PLE);[10] instituiu o capital mínimo de constituição em R$4,3 mil para as cooperativas singulares não filiadas às centrais e R$3 mil para as filiadas; definiu os limites de diversificação de risco menos restritos para as operações de aplicação no mercado financeiro e operações de crédito realizadas pelas centrais em favor de singulares; e permitiu que as cooperativas centrais contratassem serviços técnicos no mercado e prestassem serviços a outras cooperativas, relativamente às atribuições de supervisão, auditoria e treinamento, reforçando a importância dessa entidade.

No ano de 2002, estudos realizados no BCB diagnosticaram a carência e o elevado custo dos empréstimos bancários para os empreendimentos de pequeno porte (Soares e Melo Sobrinho, op. cit.). A partir dessa conclusão, alterações normativas foram realizadas visando impulsionar esse segmento empresarial. O primeiro passo ocorreu com a entrada em vigor da Resolução nº 3.058, em dezembro de 2002, que permitiu a constituição de cooperativas de crédito formadas por pequenos empresários, microempresários e microempreendedores,

---

[10] Dessa forma, as cooperativas de crédito passaram a observar os mesmos princípios de exigência de patrimônio líquido aplicados às demais instituições financeiras.

responsáveis por negócios de natureza industrial, comercial ou de prestação de serviços, incluindo as atividades da área rural. Esse normativo abriu um horizonte promissor para que o segmento pudesse apoiar as empresas de pequeno capital, promovendo mudanças que permitiram ultrapassar o caráter estritamente setorial ou profissional do cooperativismo, na direção de organizações cujo alcance regional pudesse ser mais expressivo (Abramovay, 2004a).

O segundo passo para que os empresários de pequeno porte aumentassem à adesão ao segmento ocorreu em junho de 2003, quando entrou em vigor a Resolução nº 3.106, consolidando as normas para que o cooperativismo de crédito alcançasse os micro e pequenos empresários, inclusive para aqueles denominados "informais" ou "por conta própria", que a legislação passou a chamar de "microempreendedores". Contemplando uma antiga aspiração do setor, esse normativo permitiu a criação de cooperativas abertas, instituindo o regime de Livre Admissão de Associados,[11] criando um novo cenário para o segmento, mantendo como premissas a constituição de instituições economicamente viáveis e que pudessem se tornar competitivas no longo prazo, tendo como perspectiva o seu crescimento sustentável (BCB, 2005). Esse novo modelo promoveu um avanço para o segmento e representou, também, prosperidade para o órgão regulador, visto que lhe foram atribuídas melhores condições de qualificar o acesso das cooperativas de crédito no mercado financeiro, por intermédio do aprofundamento do exame em itens como eficiência empresarial, dimensionamento espacial em relação à área de ação, comprometimento dos formuladores e viabilidade econômico-financeira (Soares e Melo Sobrinho, 2008).

Uma importante característica desse normativo foi obrigar a apresentação de estudos técnicos, comprovando a viabilidade econômica e financeira da futura entidade como condição prévia aos seus atos de constituição. Dessa

---

[11] Para constituir essa nova modalidade, a Resolução nº 3.106/2003 estabeleceu pequeno capital social inicial (R$10 mil) e limitou sua área de atuação a municípios que, juntos, apresentassem menos de 100 mil habitantes. Ao estabelecer o limite geográfico, o pressuposto era de que a cooperativa deveria exprimir certa coesão local, a ponto de poder viabilizar-se com base nas operações realizadas com pessoas de origens e atividades diversas, mas que, de alguma forma, pudessem se identificar com determinada organização associativa (Abramovay, 2004a). Quando a área de atuação alcançou municípios com população superior a 100 mil habitantes e inferior a 750 mil, as exigências foram mais rigorosas. Nesse caso, partiu-se da premissa de que pequenos municípios são, em grande parte, sociedades de interconhecimento e que o anonimato característico das regiões metropolitanas exigiria que as cooperativas tivessem seus planos de negócio bem formulados, para que não houvesse problemas administrativos e gerenciais (Abramovay, op. cit.).

forma, procurou-se evitar que grupos entusiasmados ou dispondo apenas de dados empíricos liderassem a abertura desordenada de cooperativas de crédito. Essa Resolução estabeleceu, também, a necessidade de formular projeto prévio à criação de qualquer instituição, devendo constar, dentre outros pontos, a descrição do sistema de controles internos; a estimativa do número de pessoas que preenchessem as condições de associação; a estimativa do crescimento do quadro de associados nos três anos seguintes de funcionamento; a descrição dos serviços a serem prestados; e sua política de crédito.

Com a criação dessa nova modalidade, a importância das cooperativas centrais aumentou, pois cada instituição constituída deveria ser filiada à central, com três anos de funcionamento e determinado porte mínimo, variável conforme a região do país. Essa cooperativa de segundo grau deveria dar conformidade à criação da nova instituição, supervisionar seu funcionamento, promover a capacitação de seus dirigentes e realizar, rotineiramente, auditoria de suas demonstrações financeiras, garantindo o monitoramento das atividades e a proteção dos associados. Assim sendo, o novo modelo normativo ficou dependente de uma atuação eficiente das cooperativas centrais, que passaram a ter mais atribuições e responsabilidades, agindo, cada vez mais, como instâncias de supervisão, fiscalização e auditagem perante as singulares.

O terceiro passo para que os empresários de pequeno porte aumentassem à adesão ao setor ocorreu em novembro de 2003, quando começou a vigorar a Resolução nº 3.140, que permitiu a formação de cooperativas de crédito de empresários participantes de empresas vinculadas diretamente a um mesmo sindicato patronal ou direta ou indiretamente à associação patronal de grau superior, em funcionamento, no mínimo, há três anos, na ocasião da constituição da cooperativa.[12] Essa modalidade, intermediária entre os modelos de Livre Admissão de Associados e as tradicionais (segmentadas por categoria profissional ou por vínculo empregatício), apresenta vantagem comparativa de menor risco sobre as cooperativas abertas e maior escala potencial em relação às cooperativas segmentadas, exibindo potencial de se transformar em importante instrumento de financiamento do desenvolvimento da economia brasileira (Soares e Melo Sobrinho, op. cit.).

---

[12] Foram incluídas nesse rol de empresários, as associações comerciais, câmaras de dirigentes lojistas, federações de associações comerciais, entre outras congêneres, que, por definição legal, são órgãos de classe e não associações patronais.

Em dezembro de 2003 entrou em vigor a Resolução nº 3.156, proporcionando mais um avanço para o segmento ao autorizar as cooperativas de crédito à possibilidade de contratar correspondentes no país, nas mesmas condições das demais instituições financeiras, representando uma forma alternativa para melhorar a oferta de serviços financeiros, além de propiciar redução de custos. No entendimento do BCB, a contratação de correspondentes em áreas carentes de serviços bancários constitui elemento de democratização do atendimento à sociedade por parte do SFN, proporcionando melhores condições de vida à sociedade, incentivando a inclusão social de parcela da população sem acesso aos serviços financeiros e incrementando o sentimento de cidadania (BCB, 2003).

Prosseguindo com o processo de aperfeiçoamento do quadro normativo, em 30 de setembro de 2005 entrou em vigor a Resolução nº 3.321, visando estimular o ingresso de novas instituições nos mercados regionais; a bancarização de maiores parcelas da população facilitando o acesso ao sistema financeiro; a ampliação da oferta de crédito; a concorrência entre as instituições que operam nos mercados regionais; a manutenção das poupanças locais na própria região; e a redução dos *spreads* nas operações (BCB, 2006). Esse normativo introduziu mudanças estimulando a formação e a viabilidade econômica das cooperativas com maior porte e, ao mesmo tempo, induziu a autossustentabilidade das de menor porte, mediante o aprimoramento do papel exercido pelas cooperativas centrais de crédito na supervisão e no controle das filiadas, imprimindo maior profissionalismo ao segmento.

Essa Resolução passou a admitir a fusão de cooperativas de crédito com quadro de associados de segmentos distintos, bem como permitiu a constituição de cooperativas de empresários vinculados a entidades de classes distintas, inclusive representativas de setores econômicos diferentes. Entre outras alterações, esse normativo autorizou a constituição de cooperativas de Livre Admissão de Associados em regiões com até 300 mil habitantes, ampliou o limite de exposição por cliente para as cooperativas singulares, concedeu limite extra de exposição por cliente para cooperativas centrais e possibilitou a instalação de postos de atendimento eletrônico.

Em fevereiro de 2007 começou a vigorar a Resolução nº 3.442, tendo por objetivo atender algumas reivindicações do segmento, aumentar a capacidade operacional das cooperativas singulares vinculadas a sistemas organizados e mitigar conflitos de governança gerados pelas normas anteriores (Soares e Melo Sobrinho, 2008). Entre outras mudanças, esse normativo permitiu a transformação de cooperativas para Livre Admissão de Associados em áreas com até 2 milhões de habitantes; aumentou a exigência patrimonial para cooperativas de Livre Admissão de Associados instaladas em regiões com população superior a 750 mil habitantes; modificou o limite de exposição por clientes nas cooperativas centrais, visando mitigar riscos das aplicações financeiras e otimizar os recursos depositados nessa organização; previu, a partir das demonstrações contábeis relativas ao segundo semestre de 2007, o serviço de auditoria por auditor independente ou por organização de auditoria constituída ou integrada por cooperativas centrais e/ou por suas confederações;[13] e incluiu os bancos cooperativos no conjunto das instituições financeiras autorizadas a funcionar, nas quais é vedada a administração ou a participação societária igual ou superior a 5% por parte de membros de órgãos estatutários e de ocupantes de funções de gerência.

Além das alterações normativas, que foram executadas com zelo e prudência visando proporcionar a sustentabilidade e o equilíbrio do segmento, o BCB realizou diversas ações com o objetivo de desenvolver o cooperativismo de crédito. Dentre elas, estão:

- a formação de grupos de trabalho para discutir medidas desenvolvimentistas;
- a celebração de convênios com algumas entidades (tais como o Sebrae e o Ministério do Desenvolvimento Agrário), visando à produção de projetos e capacitação de dirigentes;
- a realização de eventos de treinamento sobre plano de negócios, com participação de especialistas do país e do exterior, cujo objetivo era aprimorar técnicas de análise em harmonia com os princípios e fundamentos das novas regras;
- a promoção de encontros internacionais sobre regulação e supervisão em microfinanças, realizados em 2005 e 2006, que tiveram por objetivo discutir experiências e inovações internacionais nessas áreas, como

---

[13] Induzidos por essa Resolução, os sistemas cooperativistas criaram a Confederação Nacional de Auditoria Cooperativa (CNAC) visando exercer auditoria externa sobre as instituições do segmento, conferindo maior rigor e transparência às suas demonstrações financeiras, controles internos e sistemas preventivos de risco, *compliance* e gestão. Essa entidade surgiu da provocação do BCB e da maturidade e convergência de ações e interesses dos sistemas cooperativos de crédito do país (Sescoop, 2007).

forma de contribuir para o aprimoramento do marco legal e regulatório adotado no país;
- a promoção de seminários sobre microfinanças, no período de 2003 a 2008, que tiveram como objetivos apresentar a viabilidade da atividade microfinanceira como opção de investimento a agentes provedores de capital e mostrar o potencial do segmento no auxílio à inclusão social e ao desenvolvimento do país;
- a criação, em 2005, do Departamento de Supervisão de Cooperativas e de Instituições Não Bancárias (Desuc), vinculado à Diretoria de Fiscalização, que se constituiu elemento importante para o crescimento do cooperativismo de crédito, por intermédio de sua atuação supervisora, na produção de estudos que auxiliaram as decisões do BCB e do CMN e, principalmente, de conferir maior credibilidade ao segmento (Balliana, 2010);
- a finalização do Projeto Governança Cooperativa, em 2009, que teve por objetivo apontar caminhos e induzir as cooperativas de crédito a adotarem boas práticas de governança (Ventura et al., 2009);
- a realização do Seminário de Supervisão Cooperativa no Ambiente de Basileia II, em abril de 2009, que promoveu discussões sobre supervisão e regulação prudencial no segmento cooperativista de crédito, com o intuito de promover a eficiência e assegurar a solidez e o regular funcionamento do SFN;
- a coordenação do I Fórum Banco Central sobre Inclusão Financeira, realizado em novembro de 2009, que teve por objetivo consolidar diagnóstico a respeito das microfinanças no país, visando alavancar projetos que possam contribuir para a expansão da inclusão financeira da sociedade brasileira, na busca de um sistema financeiro sustentável e inclusivo.

5. RESULTADOS RECENTES DO COOPERATIVISMO DE CRÉDITO

A expansão quantitativa do cooperativismo de crédito se iniciou na década de 1980, ainda sob restrições normativas, numa espécie de "efeito manada", na busca de crédito com prazos e condições mais favoráveis em momento de forte instabilidade macroeconômica e racionamento de crédito por parte dos bancos.[14]

---

[14] No final de 1980, existiam 430 instituições, quantitativo que alcançou 806 em dezembro de 1990 (Palhares, 2004).

Esse desenvolvimento se fortaleceu a partir da promulgação da Constituição Federal e recebeu impulso positivo a partir do Plano Real (Tabela 4.1), pois a estabilização de preços permitiu que a capitalização do segmento passasse a ser um investimento efetivo, proporcionando às cooperativas a possibilidade de recomporem seus planos de empréstimos a juros módicos, algo que era impossível no ambiente de elevada inflação (Pinho, 1995). Além desses fatores, essas organizações passaram a realizar esforços organizacionais para racionalizar custos administrativos e ampliaram sua linha de atuação com a criação de novos produtos.

TABELA 4.1 Quantidade de cooperativas de crédito* e PACs (1994 – 2009)

Ano	1994	1996	1998	2000	2002	2004	2006	2009
Cooperativas	906	1.018	1.198	1.311	1.430	1.436	1.452	1.405
PACs	48	361	600	1.129	1.485	1.684	2.340	2.914
PACs/Coop.	0,05	0,35	0,5	0,86	1,03	1,17	1,61	2,07

Fonte: BCB, 2009; BCB, 2000; BCB, 1998.
* Esse quantitativo engloba cooperativas singulares, centrais e confederação.

Simultaneamente ao incremento orgânico do quantitativo de cooperativas,[15] observa-se o constante crescimento no número de PACs, caracterizados pelo menor custo, representando uma alternativa menos onerosa na estratégia de ampliação da área de atuação do segmento. Concomitantemente ao incremento no número de unidades de atendimento, verifica-se o crescimento no número de associados, motivados pela possibilidade de se obter linhas de crédito mais adaptadas às suas demandas, especialmente no que se refere a taxas de juros, tarifas, prazos e garantias.[16] Entretanto, expressiva parcela dos associados não era usuária contínua dos diversos serviços ofertados e parte

---

[15] A partir de 2003 (quando existiam 1.454 instituições), verificamos leve interrupção na dinâmica de crescimento do quantitativo de cooperativas em virtude, principalmente, da redução do número de singulares, que passaram a buscar mais ganho de qualidade, em condições mais favoráveis de autossustentabilidade. Esse movimento é resultado do processo de incorporações e fusões, visando a obtenção de ganhos de escala e benefícios no campo da eficiência e da minimização do risco de inviabilidade, da continuidade dos programas de verticalização dos grandes sistemas cooperativos e das transformações de algumas instituições existentes para outras modalidades, principalmente para as de Livre Admissão de Associados.
[16] Em dezembro de 2009, existiam 4,5 milhões de membros, representando um significativo incremento em relação ao ano de 2001, que contabilizava 1,4 milhão de associados.

considerável utilizava o cooperativismo de crédito apenas como complemento eventual e oportuno de suas necessidades de crédito ou investimento (Soares e Melo Sobrinho, 2008).

Quanto à distribuição geográfica das sedes do cooperativismo de crédito, podemos observar que, no período de análise, o segmento reduziu a participação relativa apenas na Região Sudeste (Tabela 4.2). Constatamos também que, em dezembro de 2009, a ocupação espacial das unidades físicas no território nacional era marcada pela significativa concentração nas regiões mais desenvolvidas economicamente, com a Região Sudeste liderando as estatísticas com 46,6%, apesar da redução na participação relativa desde 1994.[17] As causas mais relevantes dessa imperfeita distribuição espacial do cooperativismo de crédito estão correlacionadas com as disparidades do grau de desenvolvimento econômico regional, nível de renda da população, carência de visão associativista (Sebrae, 2006) e raízes históricas e culturais[18] (Santos, 2004).

TABELA 4.2 Distribuição das sedes das cooperativas de crédito (1994-2009)

Região	Cooperativas por região					Participação percentual por região				
	1994	1998	2002	2006	2009	1994	1998	2002	2006	2009
Norte	38	58	82	78	82	4,20	4,84	5,73	5,37	5,84
Nordeste	78	105	154	152	147	8,61	8,76	10,77	10,47	10,46
Centro-Oeste	75	95	129	122	123	8,28	7,93	9,02	8,40	8,75
Sudeste	546	717	760	720	655	60,26	59,85	53,15	49,59	46,62
Sul	169	223	305	380	398	18,65	18,62	21,33	26,17	28,33
Total	906	1.198	1.430	1.452	1.405	100,00	100,00	100,00	100,00	100,00

Fonte: BCB, 2009; BCB, 2000; BCB, 1998.

Ao compararmos o movimento das cooperativas de crédito com o apresentado pelas instituições bancárias (Tabela 4.3), podemos inferir que os espaços deixados de lado por estas estão sendo preenchidos por aquelas, visto que, no período em análise, a participação relativa das agências bancárias aumentou apenas na Região Sudeste.

---

[17] Em junho de 2010, existiam 3.036 PACs: 1.574 localizados na Região Sul; 1.062, na Região Sudeste; 236, na Região Centro-Oeste; 118, na Região Nordeste e 46, na Região Norte (BCB, 2010b). Portanto, apesar de ocupar a segunda posição na distribuição das cooperativas singulares, a Região Sul ocupa a primeira posição na distribuição total de PACs, explicitando uma estratégia de condensar as singulares e de pulverizar seus postos de atendimento.

[18] Na sexta seção deste capítulo, colocamos nosso posicionamento sobre essas possíveis causas.

TABELA 4.3 Distribuição regional das agências bancárias (1994-2009)

Região	Agências por região					Participação percentual por região				
	1994	1998	2002	2006	2009	1994	1998	2002	2006	2009
Norte	704	552	580	704	799	4,05	3,45	3,40	3,89	3,99
Nordeste	2.857	2.360	2.396	2.566	2.790	16,42	14,75	14,05	14,19	13,92
Centro-Oeste	1.431	1.200	1.262	1.353	1.485	8,22	7,50	7,40	7,48	7,41
Sudeste	8.684	8.527	9.361	9.853	11.154	49,91	53,29	54,91	54,48	55,64
Sul	3.724	3.363	3.450	3.611	3.818	21,40	21,01	20,24	19,96	19,04
Total	17.400	16.002	17.049	18.087	20.046	100,00	100,00	100,00	100,00	100,00

Fonte: BCB, 2009; BCB, 2000; BCB, 1998.

Esse comportamento do segmento bancário, muito provavelmente, está correlacionado com as incertezas da economia brasileira, que desde a implantação do Plano Real têm dificultado a promoção do desenvolvimento da nação (Bresser-Pereira, 2007). Assim, na busca pela ampliação do capital, as instituições bancárias, da mesma forma como qualquer outra empresa capitalista, tomam suas decisões de portfólio orientadas pela perspectiva por maiores lucros (Paula, 1999). Nesse contexto, os bancos modificaram suas estratégias de atuação, reestruturaram seus modelos de negócios, promoveram redução de funcionários, aperfeiçoaram melhorias de processos organizacionais, otimizaram a localização territorial de seus postos de atendimento e reduziram sua presença em espaços geográficos que produziam lucros acanhados.

Esse comportamento das entidades bancárias amplificou a exclusão financeira, alimentou os efeitos maléficos em termos de desenvolvimento regional e abriu uma janela de oportunidade para a expansão do cooperativismo de crédito. A entrada no mercado das cooperativas de crédito em territórios abandonados pelas instituições bancárias é fato incontestável. Ao tomarmos como *proxy*, por exemplo, o Estado do Paraná, verificamos que o segmento encontrava-se presente em 24,3% do universo de 399 municípios (BCB, 2010a). Desses entes municipais, 16 não tinham agência bancária,[19] 14 tinham apenas uma e 15 tinham somente duas. A média populacional dos "sem agências" era de 7.130 habitantes – variando de 3.743 habitantes (Santa Lúcia) a 23.501 habitantes (Itaperuçu); o PIB médio era de R$56.503 mil – variando de R$31.355 mil (Bela Vista da Caroba) a R$121.515 mil (Itaperuçu); e a incidência de pobreza

---

[19] Bela Vista da Caroba, Boa Ventura de São Roque, Coronel Domingos Soares, Honório Serpa, Ibema, Itaperuçu, Lindoeste, Marilena, Nova Esperança do Sudoeste, Pérola D'Oeste, Pranchita, Renascença, Salgado Filho, Santa Lúcia, São Jorge D'Oeste e Virmond.

média era de 39,03% – variando de 31,69% (Pranchita) a 54,63% (Itaperuçu). Portanto, o cooperativismo de crédito tem contribuído para reduzir a exclusão financeira de municípios pouco populosos, dotados de pouca dinâmica econômica e recheados de elevado nível de penúria,[20] bem como vem colaborando para reduzir a vulnerabilidade das famílias que vivem próximas à linha da pobreza e confirmando sua vocação ao fortalecer o tecido econômico local e os horizontes de inserção social dos indivíduos que, muito dificilmente, encontram as portas abertas do sistema bancário (Abramovay, 2004b).

Ao analisarmos a distribuição das Unidades de Atendimento (sede de cooperativas singulares + PACs) pelo território nacional, constatamos que o cooperativismo de crédito encontra-se presente em apenas 38,8% dos 5.565 municípios brasileiros (BCB, 2010a). A inserção do segmento é mais expressiva na Região Sul, com 83,1% dos municípios assistidos, sendo seguida pelo Sudeste (47,9%), Centro-Oeste (39,5%), Norte (11,3%) e Nordeste (7,6%). Investigando com mais detalhes os melhores resultados de cada região – em termos de inserção espacial –, perceberemos que o cooperativismo de crédito estava presente em 87,3% das cidades gaúchas; em 80,8% dos municípios capixabas; em 73% das cidades matogrossenses; em 61,5% dos municípios de Rondônia; e em 17% das cidades baianas.[21]

Segundo Pires (2004), o bom resultado observado do cooperativismo de crédito na Região Sul deve ser compreendido como um processo descontínuo, fundado na pluralidade de práticas sociais localizadas historicamente (realizadas por alemães, italianos e experiências cooperativas derivadas dos grupos étnicos brasileiros) que, ao propor a autonomia não individualista, qualificou a cooperação entre pessoas, tendo por base a reciprocidade, a confiança e o respeito ao próximo, como elementos essenciais. Nessa região, os imigrantes exerceram relevante papel porque tiveram de desenvolver soluções para seus problemas, através de articulações plurais baseadas no coletivismo; e construir

---

[20] Essas características municipais provocaram a fuga de instituições bancárias após o processo de privatização. Como exemplo, podemos citar que, em Honório Serpa, o Banestado atuou com um Posto de Atendimento Bancário (PAB) entre junho de 1993 e outubro de 1999. Em Ibema, o Bamerindus exerceu atividades com uma agência entre outubro de 1989 e maio de 1997 e o Banestado/Itaú trabalhou com uma agência, entre outubro de 1989 e janeiro de 2007.

[21] A porcentagem dos municípios não atendidos pelo cooperativismo de crédito era a seguinte: SC: 14%, PR: 24,3%, MG: 43,4%, RJ: 64,1%, SP: 65,9%, MS: 55,1%, GO: 79,3%, DF: 85,7%, TO: 92,1%, RR: 93,8%, AC: 95,5%, PA: 96,5%, AM: 98,4%, AP: 100,0%, PE: 88,1%, CE: 92,4%, AL: 95,1%, RN: 95,8%, SE: 96%, PB: 96,4%, PI: 98,2% e MA: 98,6%.

estratégias de sobrevivência em um mundo estranho e em transformação. Assim, com total ausência de apoio oficial, os imigrantes criaram uma estrutura fortemente comunitária, tendo como fator de aglutinação a busca pela preservação de sua cultura de origem, valores, usos, costumes e de organização de propriedade, centrada em torno da pequena propriedade familiar.

Por outro lado, a Região Nordeste apresenta contrastes marcados por forte heterogeneidade e complexidade, especialmente em termos econômicos, reproduzindo um modelo concentrador e excludente, formando uma estrutura agrária direcionada para o latifúndio e para o setor agroexportador, em que o cooperativismo foi estimulado como fonte de poder e influência de uma classe dominante, em detrimento dos interesses da maioria dos cooperados que apenas acatavam as determinações do grupo economicamente mais forte (Pires, op. cit.). Assim, o cooperativismo nordestino é identificado mais como um instrumento de controle do que de mudanças sociais e organizado a partir de uma estrutura de classes na qual os postos de comando sempre estiveram preenchidos pelos grandes proprietários de terras e pelas lideranças políticas locais e regionais, subordinado para atender a benefícios de pessoas e de grupos específicos (Pires, op. cit.). Nesse contexto, o cooperativismo de crédito encontra fortes obstáculos para se desenvolver na Região Nordeste.

Apesar de restrita participação no SFN, o cooperativismo de crédito vem apresentando significativo crescimento relativo na composição dos ativos, em operações de crédito, depósitos e patrimônio líquido (Tabela 4.4), no período marcado pelo aumento do grau de concentração bancária, pela internacionalização do sistema financeiro brasileiro e pela redução dos bancos públicos, provocados pelo processo de privatização. No período de 1995 a 2009, os ativos do segmento cooperativista de crédito cresceram 4.245%; as operações de crédito se expandiram em 2.930%; os depósitos se ampliaram em 5.081%; e o patrimônio líquido obteve variação positiva de 2.519% (BCB, 2009), números que confirmam o desenvolvimento do setor.

TABELA 4.4 Participação relativa do cooperativismo de crédito no SFN (1994-2009)

Indicador	1994	1996	1998	2000	2002	2004	2006	2009
Ativos	0,15	0,3	0,5	0,76	1,04	1,43	1,91	1,45
Op. de crédito	0,33	0,53	0,93	1,24	1,77	2,3	2,75	2,57
Depósitos	0,16	0,3	0,59	1,03	1,52	1,4	1,78	1,37
Patr. líq.	0,71	1,27	1,59	1,99	2,17	2,56	3,16	2,35

Fonte: BCB, 2009; BCB, 2006.

Apesar de tímida participação no SFN, o cooperativismo de crédito tem direcionado, nos últimos anos, expressivo volume de recursos livres para empréstimo, em termos relativos, o que indica relevância do setor na oferta de crédito, seja para o financiamento ao consumo, seja para a atividade produtiva (Tabela 4.5). Por esta tabela, podemos observar que em 2008, ano do início da recente crise financeira mundial, o segmento reagiu de forma relevante para a economia brasileira, expandindo o volume de recursos e mostrando-se pouco vulnerável aos choques externos.

TABELA 4.5 Direcionamento para operações de crédito no período de 2002-2009 (R$ bilhões)

Segmento	2002	2003	2004	2005	2006	2007	2008	2009
SFN (%)	25	31	35	39	43	42	41	44
Recursos livres[1]	494	557	673	846	1.009	1.268	1.477	1.581
Créditos líquidos[2]	122	174	235	331	432	534	608	699
Cooperativismo (%)	43	44	59	57	54	56	67	52
Recursos livres[1]	9	11,7	11,7	14,6	18,4	22,9	26	31,4
Créditos líquidos[2]	3,9	5,2	6,9	8,3	10	12,9	17,4	16,3

Fonte: BCB, 2009; BCB, 2008.
[1] Considerando depósitos (à vista e a prazo) mais capital de giro (patrimônio líquido + contas de resultado credora + contas de resultado devedora – ativo permanente).
[2] Excluídos os repasses (por empréstimos e interfinanceiros), por serem operações com fontes definidas de recursos.

Quanto às operações de crédito, uma fotografia do período 2006-2009 revela que as regiões Sul e Sudeste lideravam as estatísticas da oferta de crédito (cerca de 80%), enquanto a presença nas Regiões Norte e Nordeste eram muito modestas, com o somatório alcançando, em 2009, apenas 6% – metade da média apresentada pela Região Centro-Oeste nos últimos quatro anos, que foi de 12,74% (Tabela 4.6).

TABELA 4.6 Distribuição regional das operações de crédito do cooperativismo de crédito (R$ mil)

Região	2006	%	2007	%	2008	%	2009	%
Norte	245.100	2,18	203.619	1,82	376.659	1,82	406.422	1,71
Nordeste	476.182	4,25	318.160	2,84	819.783	3,97	1.021.647	4,29
Centro-Oeste	1.454.465	12,99	1.241.166	11,10	2.746.634	13,29	3.231.480	13,57
Sudeste	4.654.489	41,56	4.536.205	40,55	7.609.626	36,81	8.675.662	36,44
Sul	4.369.770	39,02	4.886.957	43,69	9.117.306	44,11	10.473.492	43,99
Brasil	11.200.006	100,00	11.186.108	100,00	20.670.008	100,00	23.808.702	100,00

Fonte: Elaboração própria, a partir de dados do SisBacen.

Uma característica importante dos empréstimos está relacionada com o menor custo do capital quando comparado com o sistema bancário. Como exemplo, servindo como uma *proxy* para o segmento, a Organização das Cooperativas Brasileiras (OCB) constatou, em junho de 2006, que a diferença de taxas de juros praticadas em alguns produtos (cheque especial, cartão de crédito e crédito pessoal) entre cooperativas de crédito e instituições bancárias atingiu o montante de R$154 milhões/mês, cifra que corrobora o nível de eficiência do cooperativismo de crédito brasileiro (Freitas et al., 2009).

O grau de eficiência do segmento pode também ser percebido, como uma *proxy* para o setor, pelo indicador que avalia a falta de cumprimento de obrigações. De acordo com pesquisa realizada pela OCB, as cooperativas de crédito apresentaram, em junho de 2009, percentual de inadimplência em torno de 1,5% nos empréstimos de até R$2 mil (Freitas et al., 2009). No entendimento desses autores, alcançar esse baixo índice foi possível porque o cooperativismo de crédito tem conseguido identificar os melhores meios (prazos, garantias, oportunidades e condições) de desenvolvimento financeiro e econômico para seus associados.

Analisando com maior profundidade os dados relativos ao ano de 2009 – levando em consideração a participação estadual – verificamos que, no interior da Região Sul, o Rio Grande do Sul liderou as operações de crédito com participação relativa de 45,4%; na Região Sudeste, as cooperativas paulistas ofertaram 47,6%; no interior da Região Centro-Oeste, Mato Grosso liderava as estatísticas com 40,4%; na Região Nordeste, a Paraíba ocupava a primeira posição com 28,4%; e na Região Norte, Rondônia ofertou 60,2% das operações de crédito.[22]

Com base nessas informações, verificamos que o segmento é muito forte no Rio Grande do Sul, apresenta inserção razoável em São Paulo, expressivo em Rondônia, relevante em Mato Grosso e surpreendente na Paraíba. Esses dados indicam que existe forte necessidade de se promover o desenvolvimento do cooperativismo de crédito nas Regiões Norte e Nordeste,

---

[22] Nas demais unidades da federação, constatamos a seguinte distribuição: Região Sul (PR: 29,3% e SC: 25,3%); Região Sudeste (MG: 38,3%, ES: 9,5% e RJ: 4,6%); Região Centro-Oeste (DF: 24,2%, GO: 23,3% e MS: 12,1%); Região Nordeste (BA: 24,2%, CE: 13,1%, PE: 12,6%, AL: 10,7%, RN: 6,8%, SE: 1,9%, MA: 1,4% e PI: 0,9%); Região Norte (PA: 27,4%, AC: 5,2%, TO: 4,0%, AM: 2,4% e RR: 0,8%).

espaços que têm recebido pouca atenção do segmento bancário,[23] revelam o potencial do segmento e impõem desafios para sua expansão de forma sustentável.

6. OBSTÁCULOS E DESAFIOS

No final da primeira década de 2000, o cooperativismo de crédito era responsável por apenas 3% do movimento financeiro nacional – participação ainda pouco expressiva, quando comparada com países dotados de economias maduras, como Estados Unidos, 10%; Canadá, 15%; Alemanha, 22%; Japão, 28%; e Holanda, 45% (Sescoop, 2007). No entendimento de Guimarães (2010), as seguintes razões explicam esse fraco desempenho: a ignorância da grande maioria dos associados sobre o significado de sua participação na cooperativa; o receio do cooperado em colocar todos os seus recursos financeiros na pequena cooperativa; a falta de capacidade da cooperativa em atender todas as demandas financeiras de seus associados, levando-os ao encontro das instituições bancárias; a percepção de que as taxas de juros operadas por quase todas as cooperativas estão próximas às do mercado; e o comportamento de algumas cooperativas que capitalizam as sobras e as transformam em "fundos de desenvolvimento", tornando imperceptível para o associado a diferença entre cooperativa de crédito e banco comercial.

Essa acanhada participação relativa no mercado cria um significativo desafio para o segmento, cujas lideranças acreditam que seja possível que o cooperativismo de crédito alcance a casa dos dois dígitos. Para que consigam atingir tal índice, o segmento precisará muito mais de suas próprias ações e de boa gestão do que das propriamente boas atitudes do órgão regulador (Tombini, 2007). No entendimento do então diretor do BCB, será necessária a criação de uma agenda de discussões que contemple o ordenamento da ocupação territorial, ampliando o número de municípios atendidos; o crescimento vertical por intermédio de incorporações e estímulo à estrutura em três níveis; o aumento da oferta e da qualidade dos serviços financeiros; a qualificação de dirigentes

---

[23] De acordo com o BCB (2009), a participação percentual das regiões brasileiras nas operações de crédito no ano de 2009 era a seguinte: Região Sudeste, 67,6%; Região Sul, 13,0%; Região Centro-Oeste, 10,4%; Região Nordeste, 7,2%; Região Norte, 1,8%.

e colaboradores; a disseminação da cultura cooperativista; a estrutura de governança que aumente a transparência e o envolvimento dos dirigentes e conselheiros com o dia a dia da instituição; e o compartilhamento de tecnologias e serviços. Essa agenda é complementada por Santos (2010) que acrescenta a necessidade de fomentar inovações, representadas pela conquista de novos segmentos com ampliação da base de cooperados.

Alguns desses desafios deverão ser superados com a melhoria técnica e operacional das cooperativas de crédito que surgirão com o cumprimento das disposições da Lei Complementar nº 130, de 17 de abril de 2009, e da Resolução nº 3.859, de 27 de maio de 2010. Essa Lei consagra a atuação do cooperativismo de crédito no sistema financeiro brasileiro, conferindo segurança, dinamicidade, inovações, competências e responsabilidades para o desenvolvimento e fortalecimento do segmento (Freitas e Giusti, 2010).

Esse dispositivo legal trouxe segurança jurídica, por intermédio do reconhecimento da cogestão temporária, da possibilidade de convocação de assembleia extraordinária por iniciativa das instituições supervisoras e da abertura do sigilo bancário para entidades de supervisão, auditoria e controle criadas pelo segmento; possibilita a compensação de perdas por meio de sobras dos exercícios futuros; permite condições para a criação de diretoria executiva profissional (composta por pessoas físicas associadas ou não), subordinada ao Conselho de Administração; institui que a Assembleia Geral pode estabelecer fórmula de cálculo a ser aplicada na distribuição de sobras ou rateio de prejuízos; estabelece a possibilidade de maior representatividade nas centrais de crédito das singulares com maior número de associados; e amplia, para até três anos, o mandato do Conselho Fiscal.

Entre suas inovações, a Resolução nº 3.859/2010 permite a transformação de cooperativas de crédito, em funcionamento há mais de três anos, para a modalidade Livre Admissão de Associados, com população de área de ação maior que 2 milhões de habitantes;[24] suspende a necessidade das cooperativas de crédito atuarem em áreas contínuas, sendo suficiente a proximidade geográfica que permita a comprovação das possibilidades de reunião, controle, realização de operações e prestação de serviços a seus membros associados; flexibiliza a

---

[24] O normativo exige que o Patrimônio de Referência mínimo seja de R$25 milhões, que a cooperativa esteja filiada à Cooperativa Central, pertencente a sistema cooperativo organizado em três níveis, e que contrate serviços de auditoria externa com comprovada experiência na auditoria de cooperativas de crédito.

participação de atores econômicos envolvidos em uma mesma cadeia de negócios ou Arranjo Produtivo Local (APL);[25] permite a filiação de estudantes de cursos superiores e de cursos técnicos de áreas afins, complementares ou correlatas às que caracterizam as condições de associação; e determina a implantação de políticas de governança corporativa, exigindo a criação de estrutura administrativa – composta por Conselho de Administração e Diretoria Executiva (com membros associados ou não) – para as instituições inseridas nas modalidades Livre Admissão de Associados, com Vínculo Patronal e Pequenos e Microempresários.

Apesar da pequena participação no território nacional, a distribuição do cooperativismo de crédito no país está concentrada nas Regiões Sudeste e Sul, as economicamente mais dinâmicas. Portanto, diante desse cenário, um grande desafio do segmento é aumentar sua inserção no Centro-Oeste, Norte e Nordeste, regiões com menor força econômica, dotadas de número expressivo de indivíduos que estão localizados na parte mais baixa da pirâmide social, e que recebem menor atenção do segmento bancário. Nesse contexto, as cooperativas de crédito podem ser fundamentais para a sociedade brasileira, visto que a inserção dessas instituições em um conjunto de organizações de combate à pobreza aumenta as chances de que essas iniciativas cheguem de fato, com eficiência, a seus destinatários (Abramovay, 2004b).

Conforme já comentamos, encontramos explicações na literatura para o fenômeno da distribuição imperfeita do cooperativismo de crédito no país, que estão correlacionadas com as diferenças de desenvolvimento econômico regional, nível de renda, carência de visão associativista[26] e de raízes

---

[25] De acordo com o Ministério do Desenvolvimento, Indústria e Comércio Exterior, existiam 962 APLs no país, sendo 430 na Região Nordeste, 201 na Região Sudeste, 197 na Região Norte, 83 na Região Sul e 51 na Região Centro-Oeste. Portanto, a criação de instrumentos que possibilitem o fortalecimento de APLs é de suma importância para políticas que tenham por objetivo contribuir para a redução das disparidades regionais no país. Esses dados estão disponíveis em www.mdic.gov.br.

[26] A ausência de associativismo é o argumento apresentado por Heli Penido, então presidente do Sicoob, que exalta essa carência como uma das responsáveis pelo entrave ao avanço do segmento nas regiões menos desenvolvidas do país (Sebrae, 2006). Para ele, uma solução para esse problema seria disseminar a cultura cooperativa nos meios empresariais e sociais dessas regiões, visando elevar o envolvimento das comunidades, em cooperativas de produção e de crédito, nos níveis registrados por países desenvolvidos.

históricas e culturais.[27] Em nossa visão, as duas primeiras hipóteses não se sustentam, pois detectamos significativa participação do cooperativismo de crédito na Região Sul, principalmente por intermédio do Sistema Cresol, em municípios que apresentam baixa dinâmica econômica. A terceira hipótese nos parece muito frágil, pois encontramos nessas três regiões várias organizações associativas patronais e de trabalhadores, orientadas para um propósito comum, visando à obtenção de benefícios econômicos, políticos e sociais, dotadas, portanto, de forte presença de capital social.[28] Também não acreditamos que a cultura de não pagamento seja predominante, haja vista que o CrediAmigo, maior programa de microcrédito no país, apresenta baixo índice de inadimplência.[29] Em nosso entendimento, a maior dificuldade para ampliar o cooperativismo de crédito no país e, principalmente, nessas regiões é o pouco conhecimento sobre as características do segmento e a carência de divulgação, que deve ser realizada tanto por órgãos cooperativistas, quanto por organismos do Estado.[30]

---

[27] Tem-se observado que nas comunidades da Região Nordeste e da Amazônia existe um fenômeno cultural de que se os recursos financeiros que pertencem ao governo, às agências de cooperação ou são oriundos do exterior, não precisam de pagamento (Sebrae, op. cit.). Segundo o Professor Ricardo Abramovay, a inadimplência é estimulada pelo sentimento de que os agentes econômicos não correm o risco diante do não pagamento de suas dívidas e à expectativa – cultivada, com frequência por lideranças locais – de que esta será negociada ou até anistiada (Abramovay, 2008). Diante desse cenário, Gilmar Carneiro, então presidente da Cooperativa Central de Crédito e Economia Solidária (Ecosol), acredita que um dos grandes desafios do cooperativismo de crédito é superar essa tradição de não pagamento, visto que solidariedade costuma ser confundida com irresponsabilidade ou paternalismo (Sebrae, op. cit.).

[28] Esse tipo de capital refere-se à estrutura de incentivos e sanções ao comportamento individual, definida por um conjunto preexistente de regras formais e informais, comportamentos organizados e organizações, que promovem a confiança e a cooperação entre os indivíduos. Podemos citar, por exemplo, o distrito de Jericoacoara, expressivo centro turístico cearense, que tem rede associativa de "buggueiros", rendeiras, empresários do ramo de hotelaria e empresários do segmento de alimentação.

[29] Em 2009, 67,1% dos empréstimos desembolsados variavam entre R$100 e R$1.000 (Crediamigo, 2009). O índice de inadimplência (atraso de 1 a 90 dias em relação à Carteira Ativa do mês na posição de 31 de dezembro) foi de 1,16% e o índice de perdas (atraso superior a 90 dias em relação à Carteira de Empréstimos e Financiamentos do mês na posição de 31 de dezembro) foi 1,0%.

[30] O distrito de Jericoacoara é um bom exemplo, pois esse espaço geográfico é envolvido por relevante dose de capital social, sua população desconhece o cooperativismo de crédito e os serviços bancários são realizados por um único correspondente (em setembro de 2010). Assim, percebemos, com clareza, mercado para a expansão do cooperativismo de crédito nessa localidade.

7. CONSIDERAÇÕES FINAIS

O cooperativismo de crédito brasileiro vem apresentando significativo incremento nos últimos anos, combatendo a exclusão financeira de populações que vivem próximas à linha da pobreza e auxiliando o desenvolvimento econômico e social de espaços geográficos que não costumam despertar interesse ao segmento bancário tradicional. Em inúmeros municípios, a cooperativa de crédito tem se apresentado como a única instituição financeira a fornecer produtos e serviços adequados à realidade e compatíveis com as necessidades locais, promovendo o processo de inclusão financeira e colaborando para o seu êxito, conforme constata Freitas et al. (2009), fato que confirma a importância do segmento para a sociedade brasileira. Nesse contexto, constatamos que o cooperativismo de crédito vem contribuindo para o aumento da eficiência do SFN, oferecendo produtos e serviços financeiros convenientes para parcela relevante da população do país.

Neste capítulo argumentamos que a expansão do cooperativismo de crédito nacional se fortificou com o fortalecimento do processo democrático no país, após a promulgação da Constituição Federal em 1988, quando o segmento, com o empenho de suas lideranças, conquistou independência política, administrativa e financeira perante o Estado. Assim, a superação do autoritarismo – que, por característica própria, permite com maior facilidade que decisões importantes fiquem nas mãos de grupos detentores de poder político e econômico – e a restauração dos direitos políticos e civis permitiram que o setor cooperativista reconstruísse seu caminho, conduzindo-o na direção do desenvolvimento. Esse fenômeno lembra os dizeres de Celso Furtado, que nos ensinava que uma verdadeira política de desenvolvimento tem de expressar preocupações e aspirações de grupos sociais que tomam consciência de seus problemas e se empenham em resolvê-los (Furtado, 1983). Ao concluir seu raciocínio, advogava que somente a atividade política e a redemocratização do país poderiam canalizar energias para alcançar a via de acesso ao desenvolvimento.

Além do amadurecimento da democracia brasileira, a mudança de atitude do CMN e do BCB, visando melhorar a qualidade técnica e operacional do cooperativismo de crédito, é uma variável que explica, com boa dose de conforto, o crescimento do segmento. Nesse sentido, acreditamos que parcela relevante do sucesso que o cooperativismo de crédito vem obtendo é fruto das modificações nas regras formais e informais, conforme o entendimento de

Douglass North. Entretanto, estamos convictos de que o setor precisa ser mais independente do Estado, para formular seus próprios caminhos.

A despeito dos obstáculos que o segmento precisa superar para fomentar sua sustentabilidade, observamos que o cenário para o progresso do cooperativismo de crédito no país é promissor. Primeiramente porque o mercado bancário, diante de incertezas macroeconômicas, tende a racionar crédito. Em segundo lugar, o espaço que era ocupado pelos bancos públicos e pelas instituições privadas de médio porte, desaparecidos pela recente reestruturação do sistema financeiro e que apresentavam significativa presença regional, não foi totalmente preenchido, principalmente nos municípios periféricos que apresentam expectativas de lucros insatisfatórios para o segmento bancário nacional. Em terceiro lugar, não conseguimos enxergar políticas públicas bem planejadas e consistentes para atender às camadas da sociedade excluídas do mercado financeiro, que deveriam ocorrer em consonância com um projeto de desenvolvimento nacional. Em quarto lugar, estando as cooperativas de crédito voltadas, normalmente, para os territórios onde estão hospedadas, elas se alçam a mecanismos de relevante importância para as questões socioeconômicas, com base em seus princípios de formação, educação, informação e interesse pela comunidade.

Referências

ABRAMOVAY, R. "Alcance e limites das finanças de proximidade no combate à inadimplência: o caso do Agroamigo". Texto para discussão nº 10. São Paulo: Fundação Instituto de Pesquisas Econômicas, 2008.

_____. "Efeitos contraditórios de uma legislação restritiva". In: SANTOS, C.A. (org.). *Sistema financeiro e as micro e pequenas empresas: diagnósticos e perspectivas*. 2ª ed. Brasília: Sebrae, 2004a.

_____. "A densa vida financeira das famílias pobres". In: ABRAMOVAY, R. (org.). *Laços financeiros na luta contra a pobreza*. São Paulo: Annablume, Fapesp, ADS-CUT, Sebrae, 2004b.

ABREU, M.A.B.A. "Considerações sobre o funcionamento do cooperativismo de crédito no Brasil". In: PINHO, D.B.; PALHARES, V.M.A. (orgs.). *O cooperativismo de crédito no Brasil: do século XX ao século XXI*. Santo André: Esetec Editores Associados, 2004.

ARAÚJO, A.T. "A contribuição governamental para o desenvolvimento do cooperativismo de crédito: experiência recente". In: SHARDONG, A. et al. *Solidariedade financeira: graças a Deus!* Brasília: Confebrás, 1996.

BCB. "Relatório Agregado do Segmento das Cooperativas de Crédito". Mimeo. Brasília: Banco Central do Brasil, 2010a.

_____. 'Relatório de inclusão financeira", vol. 1, nº 1. Brasília: Banco Central do Brasil, 2010b. Disponível no www.bcb.gov.br. Acesso em 25 de novembro de 2010.

_____. "Relatório de evolução do SFN", *Relatório Anual 2009*. Brasília: Banco Central do Brasil, 2009. Disponível no www.bcb.gov.br. Acesso em 15 de março de 2010.

_____. "Relatório de evolução do SFN", *Relatório Anual 2008*. Brasília: Banco Central do Brasil, 2008. Disponível no www.bcb.gov.br. Acesso em 15 de março de 2010.

_____. "Relatório de evolução do SFN", *Relatório Anual 2006*. Brasília: Banco Central do Brasil, 2006. Disponível no www.bcb.gov.br. Acesso em 15 de março de 2010.

_____. "Relatório de Estabilidade Financeira", vol. 4, nº 1, Brasília: Banco Central do Brasil, 2005. Disponível no www.bcb.gov.br. Acesso em 15 de março de 2010.

_____. "Relatório de Estabilidade Financeira", vol. 2, nº 2, Brasília: Banco Central do Brasil, 2003. Disponível no www.bcb.gov.br. Acesso em 15 de março de 2010.

_____. "Relatório de evolução do SFN 2000". Brasília: Banco Central do Brasil, 2000. Disponível em www.bcb.gov.br. Acesso em 15 de março de 2010.

_____. "Relatório de evolução do SFN 1998". Brasília: Banco Central do Brasil, 1998. Disponível no www.bcb.gov.br. Acesso em 15 de março de 2010.

BALLIANA, G.M. "A ação do Desuc para o desenvolvimento das Credis brasileiras". In: PINHO, D.B.; PALHARES, V.M. *O cooperativismo de crédito no Brasil: do século XX ao século XXI* – vol. 2. Brasília: Editora Confebrás, 2010.

BRESSER-PEREIRA, L.C. *Macroeconomia da estagnação: crítica da ortodoxia convencional no Brasil pós-1994*. São Paulo: Ed. 34, 2007.

BÚRIGO, F.L. *Finanças e solidariedade: cooperativismo de crédito rural solidário no Brasil*. Chapecó: Editora Argos, 2010.

_____. *Cooperativa de crédito rural: agente de desenvolvimento local ou banco comercial de pequeno porte?* Chapecó: Editora Argos, 2007.

CROCCO, M.; JAYME JÚNIOR, F.G. "O ressurgimento da geografia da moeda e do sistema financeiro". In: CROCCO, M.; JAYME JÚNIOR, F.G. (orgs.). *Moeda e território: uma interpretação da dinâmica regional brasileira*. Belo Horizonte: Autêntica, 2006.

CREDIAMIGO. "Relatório anual crediamigo 2009". Disponível no www.bnb.gov.br. Acesso em 25 de outubro de 2010.

FIANI, R. "Estado e economia no institucionalismo de Douglass North". *Revista de Economia Política*, vol. 23, nº 2, 2003.

FREITAS, M.L.; DAMIAN, D.; GIUSTI, S. "Cooperativas de crédito: inclusão financeira com impactos sociais positivos". In: FELTRIM, L.E.; VENTURA, E.C.F.; DODL, A. B. (coords.) *Perspectivas e desafios para inclusão financeira no Brasil: visão de diferentes atores*. Brasília: Banco Central do Brasil, 2009.

FREITAS, M.L.; GIUSTI, S. "História e ações do CECO/OCB". In: PINHO, D.B.; PALHARES, V.M. *O cooperativismo de crédito no Brasil: do século XX ao século XXI* – vol. 2. Brasília: Editora Confebrás, 2010.

FURTADO, C. *A nova dependência: dívida externa e monetarismo*. Rio de Janeiro: Paz e Terra, 1983.

GALA, P. A. "Teoria institucional de Douglass North". *Revista de Economia Política*, vol. 23, nº 2, 2003.

GODINHO. L.A. "CECO/OCB – ANCOOP". IN: PINHO, D.B.; PALHARES, V.M.A. (orgs). *O cooperativismo de crédito no Brasil: do século XX ao século XXI*. Santo André: Esetec Editores Associados, 2004.

_____. "A função social do cooperativismo de crédito". In: SHARDONG, A. et al. *Solidariedade financeira: graças a Deus!* Brasília: Editora Confebrás, 1996.

GUIMARÃES, M.K. "O atual modelo de cooperativismo de crédito brasileiro: a utopia e a realidade". In: PINHO, D.B.; PALHARES, V.M. *O cooperativismo de crédito no Brasil: do século XX ao século XXI* – vol. 2. Brasília: Editora Confebrás, 2010.

NORTH, D.C. *Custos de transação, instituições e desempenho econômico.* Rio de Janeiro: Instituto Liberal, 1994.

_____. *Institutions, Institutional Change and Economic performance.* Cambridge: Cambridge University Press, 1990.

PALHARES, V.M.A. "Análise histórica e evolutiva do cooperativismo de crédito no Brasil". In: PINHO, D.B.; PALHARES, V.M.A. (orgs.). *O cooperativismo de crédito no Brasil: do século XX ao século XXI.* Santo André: Esetec Editores Associados, 2004.

PAULA, L.F.R. "Dinâmica da firma bancária: uma abordagem não-convencional". *Revista Brasileira de Economia,* Rio de Janeiro, vol. 53, nº 3, jul./set. 1999.

PINHO, D.B. "O Real e as cooperativas". *Revista Estudos Econômicos.* vol. 25, nº especial. São Paulo: 1995.

_____. *Que é cooperativismo?* Coleção Buriti, nº16. São Paulo: São Paulo Editora, 1966.

PIRES, M.L.S.L. (org.). *Cenários e tendências do cooperativismo brasileiro.* Recife: Bagaço, 2004.

RODRIGUES, R. "Importância das cooperativas de crédito". In: PINHO, D.B.; PALHARES, V.M.A. (orgs). *O cooperativismo de crédito no Brasil: do século XX ao século XXI.* Santo André: Esetec Editores Associados, 2004.

SANTOS, C.A. "Sonhar, ousar e realizar: os desafios do cooperativismo de crédito após a crise". In: PINHO, D.B.; PALHARES, V.M. *O cooperativismo de crédito no Brasil: do século XX ao século XXI* – vol. 2. Brasília: Editora Confebrás, 2010.

_____. (org.). *Sistema financeiro e as micro e pequenas empresas: diagnósticos e perspectivas.* 2ª ed. Brasília: Sebrae, 2004.

SCHNEIDER, J.O. "Democracia – participação e autonomia cooperativa". *Perspectiva Econômica,* vol. 26, nº 72-73, cooperativismo 29-30, São Leopoldo: UNISINOS, 1991.

SCHNEIDER, J.O.; LAUSCHNER, R. "O cooperativismo no Brasil: enfoques, análises e contribuições". *Associação de Orientação às Cooperativas.* Paraná: Curitiba, 1979.

SEBRAE. *Revista do Sebrae: cooperativismo de crédito.* Brasília: Sebrae, 2006.

SESCOOP. *Conjuntura e perspectiva do cooperativismo de crédito: coletânea de artigos.* Série Desenvolvimento em Cooperativa. Serviço Nacional de Aprendizagem do Cooperativismo. Brasília, 2007.

SOARES, M.M.; MELO SOBRINHO, S.D. *Microfinanças: o papel do Banco Central do Brasil e a importância do cooperativismo de crédito.* Brasília: Banco Central do Brasil, 2008.

STUDART, R. "Financiamento do desenvolvimento". In: Giambiagi et al. (orgs.). *Economia Brasileira Contemporânea.* Rio de Janeiro: Campus/Elsevier, 2005.

TOMBINI, A.A. "Desafios para o crescimento do cooperativismo de crédito na visão do Banco Central do Brasil". In: *Conjuntura e perspectiva do cooperativismo de crédito: coletânea de artigos.* Série Desenvolvimento em Cooperativa. Serviço Nacional de Aprendizagem do Cooperativismo. Brasília, 2007.

VENTURA, E.C.F.; FONTES FILHO, J.R.; SOARES, M.M. (orgs.). *Governança Cooperativa: diretrizes e mecanismos para fortalecimento da governança em cooperativas de crédito.* Brasília: Banco Central do Brasil, 2009.

CAPÍTULO 5

Correspondentes e democratização do acesso ao sistema financeiro: um novo olhar para ampliar essa conquista

ANTÔNIO JOSÉ DE PAULA NETO

1. INTRODUÇÃO

O sistema financeiro de um país pode ser comparado, em muitos aspectos, ao sistema circulatório do corpo humano. O sistema circulatório leva, por meio da corrente sanguínea, em quantidade e constância adequadas, alimento, oxigênio e outras substâncias às diversas regiões do corpo. O sistema financeiro, por sua vez, leva, ou deveria levar, fluxos financeiros das regiões centrais para todas as regiões de um país, incluindo as menores e mais remotas.

O corpo humano possui artérias e veias, dutos de maior dimensão, que carregam, respectivamente, sangue do e para o coração. Complementarmente, o sistema circulatório possui vasos capilares, ramificações microscópicas ligadas às artérias e veias, que distribuem e recolhem o sangue das células. De forma análoga, o sistema financeiro deve ter estruturas de grande porte para prover volumes maiores de recursos às macrorregiões ou regiões centrais e canais menores e mais leves, integrados ao sistema central de distribuição, para prover fluxo contínuo às microrregiões ou regiões periféricas.

Por vezes, falhas no sistema circulatório impedem que haja fluxo sanguíneo adequado às extremidades do corpo. Tais falhas podem até não matar o organismo, mas certamente o afetam como um todo, prejudicando sua mobilidade e eficiência. De igual modo, a insuficiente provisão de produtos e serviços financeiros a regiões pobres e/ou distantes dos grandes centros revela-se um traço de ineficiência do sistema financeiro, o que, por sua vez, diminui a eficiência geral da economia de um país, na medida em que inibe o desenvolvimento econômico e o bem-estar de diversas pessoas e regiões. Consequentemente, tais regiões e pessoas, ao terem seu potencial econômico obstruído, não têm alternativa a não ser ficar dependentes de transferências e programas assistenciais do governo central, destinados a aliviar os sintomas da pobreza.

A compreensão do estilo de vida e das necessidades financeiras de populações não atendidas pelo sistema financeiro tradicional tem sido um processo gradual. Na década de 1970, o movimento do microcrédito – pequenos créditos voltados ao financiamento de atividades empreendedoras exercidas por pessoas de baixa renda – teve o mérito de mostrar que os pobres têm capacidade de pagar, de forma assídua, recursos emprestados com juros, em vez de depender eternamente de doações, que podem, de uma hora para outra, sofrer descontinuidade. Essa experiência inovadora mostrou também o potencial de alavancagem financeira que o crédito pode ter na renda oriunda da atividade empreendedora das pessoas pobres.

Nos últimos anos, contudo, surgiram descobertas que desafiam os conceitos tradicionais do microcrédito. Verificou-se que nem todos os pobres são empreendedores e que eles têm necessidades financeiras que vão além do crédito à produção. O livro *Portfolios of the Poor* (Collins, Morduch, Rutherford e Ruthven, 2009) mostra que, como os pobres, via de regra, possuem rendas inconstantes, imprevisíveis ou incertas, eles utilizam mecanismos financeiros informais destinados a "suavizar" as curvas de consumo ao longo do tempo. Entre os mecanismos utilizados estão: guardar dinheiro em casa ou com outras pessoas, enviar dinheiro para a família na cidade natal por meio de conhecidos ou motoristas de ônibus, bem como obter empréstimos com vizinhos, parentes, empregadores ou agiotas. Tais instrumentos possibilitam, por exemplo, que os pobres tenham comida na mesa todos os dias – e não apenas nos dias em que têm dinheiro –, consertem o telhado que foi danificado por uma tempestade, propiciem um enterro digno a um parente que faleceu, comprem roupas para os filhos no inverno ou enviem recursos para os parentes no interior ou país de origem. Daí surge a constatação de que os mecanismos financeiros informais utilizados pelos pobres para mitigar as dificuldades que enfrentam, emulam, em certo grau, produtos do mercado formal, tais como contas de poupança, transferências, seguros e crédito para consumo. Dessa forma, paulatinamente, o termo microcrédito foi sendo substituído pelo termo microfinanças.

Mais recentemente, o próprio conceito de microfinanças deu lugar ao termo "inclusão financeira" ou "finanças para todos". Tal mudança de mentalidade decorre da constatação de que a parcela da população que é desbancarizada ou sub-bancarizada é maior que a parcela de pessoas que está abaixo da linha da pobreza. Em outras palavras, pessoas que não são consideradas tão pobres também não têm acesso adequado a produtos e serviços financeiros. Adicionalmente, passou-se a entender que a tarefa de incluir financeiramente todas as pessoas de um país passa necessariamente pela oferta de produtos e serviços financeiros integrada, de forma sustentável, ao Sistema Financeiro Nacional (SFN).

Mas e Siedek (2008) defendem que, assim como as pessoas de um país devem estar conectadas a redes de serviços essenciais, tais como água ou energia elétrica, elas também devem estar integradas a uma rede nacional de pagamentos e recebimentos de recursos financeiros. Demirgüç-kunt, Beck e Honohan (2008) mostram que o acesso a certos produtos financeiros, como poupança ou transferências, pode trazer mais benefícios aos pobres do que o acesso ao crédito.

O modelo dos correspondentes, assim como os vasos capilares no corpo humano, constitui-se uma rede de milhares de microcanais, mais especializados e com menores custos e, portanto, com menos desperdício de recursos, destinados a prover, de maneira mais eficiente, fluxo financeiro a comunidades de baixo poder aquisitivo e/ou localizadas em regiões periféricas. Tal modelo insere-se em duas tendências gerenciais observadas, sobretudo, em países em desenvolvimento. A primeira, em sentido mais estrito, denominada *branchless banking*, refere-se ao aumento da oferta de produtos e serviços financeiros por meio da utilização de canais alternativos às agências bancárias, que possuem altos custos de implantação e manutenção. A segunda tendência, de caráter mais amplo, uma vez que não está restrita à área financeira, denominada "inovação frugal" ou "inovação reversa",[1] refere-se à atividade de redesenhar produtos e processos e promover cortes de custos, não da ordem de 10% ou 20%, mas de até 80% ou 90%, de modo que um crescente número de consumidores tenha acesso a produtos e serviços financeiros outrora confinados a pessoas de renda mais elevada.

---

[1] Mais informações sobre inovação reversa ou frugal podem ser encontradas no artigo "The new masters of management", *The Economist* de 15 de abril de 2010.

A prestação de serviços financeiros, com baixos custos operacionais, a populações sem acesso ou com acesso insuficiente possui dois grandes casos de sucesso no mundo: o modelo de transferências e pagamentos via celular, no Quênia, e o modelo dos correspondentes (estabelecimentos comerciais, em sua maioria, que atuam em nome de instituições reguladas) no Brasil. McKay e Pickens (2010) mostram que 45% da população adulta do Quênia são registrados no M-Pesa.[2] No Brasil, dados do Banco Central[3] mostram que, em junho de 2010, havia mais de 150 mil canais de distribuição de produtos e serviços financeiros via correspondentes. Apenas 34, dos 5.565 municípios brasileiros, não contam com correspondentes atuando em seu território. Todavia, esses 34 municípios são atendidos por outros canais, ou seja, atualmente todas as cidades brasileiras estão, de alguma forma, conectadas ao sistema financeiro.

Este capítulo tem o objetivo de apresentar uma reflexão sobre o modelo dos correspondentes: sua origem, filosofia, seus benefícios, riscos, potencialidades e contribuição para a eficiência do SFN. Embora a rigor os correspondentes possam ser contratados por qualquer instituição autorizada a funcionar pelo Banco Central do Brasil, por questões de simplicidade, o termo "bancos" será utilizado ao longo do texto para se referir ao conjunto de instituições que podem contratar pessoas jurídicas para executar serviços de correspondente.

2. EVOLUÇÃO NORMATIVA

2.1 Origem do modelo

Apesar da recente notoriedade da atividade dos correspondentes, as primeiras iniciativas de implementação do modelo remontam a quase meio século. A norma precursora foi a Resolução nº 43, de 28 de dezembro de 1966, que, em seu item II, relata: "Os estabelecimentos bancários poderão atribuir a pessoas jurídicas, sobre contrato especial, o desempenho de funções de correspondente, que se resumirão

---

[2] Serviço de transferências financeiras por meio da utilização de créditos de celular adquiridos na rede de revendedores da companhia telefônica Safaricom.
[3] *Fonte*: Relatório de Inclusão Financeira (Banco Central do Brasil, 2010), p. 49. Disponível no endereço eletrônico: http://www.bcb.gov.br/Nor/relincfin/relatorio_inclusao_financeira.pdf.

na cobrança de títulos e execução, ativa ou passiva, de ordens de pagamento em nome do contratante, vedadas outras operações, inclusive captação de depósitos e a concessão de empréstimos; essa contratação independerá de autorização, devendo, entretanto, ser comunicada ao Banco Central."

Pelo texto normativo, observa-se a cautela do regulador ao iniciar um processo experimental de terceirização da prestação de serviços financeiros, haja vista que apenas serviços de cobrança e ordens de pagamento foram autorizados, enquanto a captação de depósitos e a concessão de empréstimos eram expressamente proibidas.

Nos 13 anos que se seguiram a essa primeira iniciativa, o modelo permaneceu praticamente inalterado. Todavia, em 1979, a Resolução nº 562 trouxe uma alteração relevante. Foi permitido às Sociedades de Crédito, Financiamento e Investimento (SFCI), popularmente conhecidas como "financeiras", contratar sociedades prestadoras de serviço para realizar atividades de encaminhamento de pedidos de financiamento, análise de crédito, cadastro e cobrança. Em 1995, a Resolução nº 2.166 permitiu que Bancos Múltiplos com Carteira de Crédito, Financiamento e Investimento (BMCFI) também contratassem correspondentes para executar os mesmos serviços prestados às financeiras. Além disso, foi autorizada a prestação de tais serviços diretamente pelas empresas comerciais vendedoras de bens financiados. De fato, a aquisição, a crédito obtido em financeiras que atuavam em lojas de varejo, de produtos como móveis, eletrodomésticos e material de construção, por parte das classes operárias residentes na periferia das grandes cidades, se tornou uma cena bastante comum no Brasil há cerca de vinte ou trinta anos.

2.2 Aperfeiçoamento do modelo

A introdução do Plano Real, em 1994, foi um amargo remédio que possibilitou ao Brasil debelar a doença crônica da hiperinflação. Tal remédio teve efeitos colaterais graves, haja vista que diversos bancos, que dependiam dos ganhos do *floating*[4] para sobreviver, tiveram suas ineficiências desveladas. No cerne da crise, pairavam preocupações com uma eventual corrida bancária e o

---

[4] Diferencial entre remuneração recebida pelos bancos na aplicação em títulos públicos e a remuneração paga por (ou simples retenção não remunerada dos) recursos recebidos de diversas fontes.

consequente risco sistêmico. Para evitar que tal cenário se concretizasse, foram instituídos programas de socorro e reestruturação que permitiram o fortalecimento das instituições economicamente viáveis e a liquidação ordenada das instituições consideradas irrecuperáveis (o que incluía a venda de ativos de boa qualidade dessas últimas). Os programas Proer,[5] Proes[6] e Proef,[7] voltados, respectivamente, a instituições privadas, públicas estaduais e públicas federais, desembolsaram conjuntamente, em valores nominais, mais de R$150 bilhões.[8] Dessa forma, dezenas de instituições financeiras, públicas ou privadas, de pequeno, médio ou grande porte, de atuação nacional ou regional, foram liquidadas, adquiridas, saneadas ou privatizadas.

Concluídos os ajustes possibilitados pelos programas de reestruturação, iniciava-se uma nova era para os bancos brasileiros, os quais não podiam mais se dar ao luxo de ter despesas operacionais superiores às receitas de intermediação financeira ou de serviços. Operações tinham de ser reengendradas, o que inevitavelmente passava pelo fechamento de agências deficitárias. Dessa forma, muitas localidades de baixo potencial econômico e que, portanto, não movimentavam recursos em nível suficiente para manter a operação de uma agência bancária, se viram desprovidas de acesso a serviços financeiros. Diante desse cenário, as autoridades de tais localidades, em nome de seus cidadãos e empresas, passaram a interceder pela retomada do suprimento de serviços financeiros, sobretudo por instituições públicas. Temia-se à época que tais pressões políticas pusessem a perder o esforço das autoridades centrais em fazer com que as instituições financeiras públicas operassem de forma superavitária. Dessa forma, fazia-se necessária a flexibilização de regras que possibilitassem a oferta de produtos e serviços financeiros de maneira sustentável, isto é, a baixíssimo custo, a populações ou comunidades com baixo potencial de geração de receita *per capita*.

---

[5] Programa de Estímulo à Reestruturação e ao Fortalecimento do Sistema Financeiro Nacional, instituído pela Medida Provisória nº 1.179 e pela Resolução nº 2.208 do Conselho Monetário Nacional, ambas de 3 de novembro de 1995, destinado às instituições financeiras privadas.

[6] Programa de Incentivo à Redução do Setor Público Estadual na Atividade Bancária, instituído pela Medida Provisória nº 1.514, de 7 de agosto de 1996.

[7] Programa de Fortalecimento das Instituições Federais: série de medidas de ajustes iniciada em 1995, sobretudo no Banco do Brasil e na Caixa.

[8] Fonte: Relatório de Atividades da Diretoria de Fiscalização – 1995-2002 (Banco Central do Brasil, 2003), pp. 34, 38 e 41. Disponível no endereço eletrônico: http://www.bc.gov.br/ftp/defis/RelAtiv8/Defis_Relatorio_Atividades.pdf.

Tal panorama tornou ideais as condições para que fosse editada a Resolução 2.640, em 25 de agosto de 1999. Este normativo representou um marco para a atividade de correspondentes, ao permitir que os bancos múltiplos com carteira comercial (BMCCs), os bancos comerciais (BCCs) e a Caixa Econômica Federal (Caixa) pudessem contratar empresas para, em seu nome, prestar um espectro bem maior de serviços que cobrança de títulos, execução de ordens de pagamento e encaminhamento de pedidos de empréstimos e financiamentos (sendo este último desde 1995 pela Resolução 2.166). Permitiu-se aos correspondentes dessas instituições a realização de análise de crédito e cadastro, encaminhamento de propostas de abertura de diferentes tipos de contas bancárias, recebimento de depósitos e pagamento de pedidos de saque, bem como a execução de pagamentos e recebimentos relativos a convênios, tais como saque de benefícios sociais e recebimento de contas de água, luz e telefone. Entretanto, a contratação de correspondentes para o encaminhamento de proposta de abertura e a movimentação de contas dependia de prévia autorização do Banco Central, além do que os correspondentes somente poderiam prestar tais serviços em localidades que não contavam com agência ou posto de atendimento bancário. Caso fosse instalada uma dependência bancária na localidade outrora desassistida, o correspondente tinha 180 dias para deixar de prestar os serviços de abertura e movimentação de contas. Entre 1999 e 2000, o número de correspondentes da Caixa passou de 6.807 para 8.952, o que pode ser um indício de que a ampliação da lista de serviços passíveis de serem realizados via correspondentes ampliou a atratividade para a utilização desse canal.

Em 2000, como parte do Programa Nacional de Desburocratização, instituído pelo Decreto nº 83.740/79, foi emitida a Resolução nº 2.707, que excluiu a exigência de que o correspondente somente poderia prestar serviços de abertura e movimentação de contas em municípios desassistidos de agência ou posto de atendimento bancário.

A Resolução nº 2.953, de 25 de abril de 2002, permitiu que a conferência dos dados da ficha-proposta de abertura de conta bancária, à vista da documentação competente, fosse atribuída aos correspondentes, embora a responsabilidade pela abertura da conta continuava sendo, em última instância, do gerente e do diretor designado pela instituição financeira para a supervisão de tais procedimentos. Tal medida foi importante, na medida em que representou uma flexibilização da regra de tipo "conheça seu cliente". Adicionalmente, tal resolução autorizou a contratação de cartórios para o desempenho das funções de correspondente.

Em 2003, a edição da Resolução nº 3.110 propiciou maior abertura para a contratação de correspondentes. A lista de instituições autorizadas a contratar empresas para o desempenho das funções de correspondente foi ampliada e passou a incluir todos os bancos múltiplos (e não apenas os múltiplos com carteira comercial), as Sociedades de Crédito Imobiliário (SCIs) e as Associações de Poupança e Empréstimo (APEs). Passou-se a admitir que instituições financeiras contratassem outras empresas integrantes do sistema financeiro para prestar serviços de correspondente. A lista de serviços permitidos foi aumentada, passando-se a admitir a recepção e o encaminhamento de propostas de emissão de cartões de crédito via correspondentes.

Ainda em 2003, a Resolução nº 3.156 permitiu que, não apenas instituições financeiras, mas qualquer instituição autorizada a funcionar pelo Banco Central do Brasil pudesse contratar empresas, integrantes ou não do sistema financeiro, para o desempenho das funções de correspondente.

Em 2008, o Conselho Monetário Nacional, por meio da Resolução nº 3.654, extinguiu a necessidade de autorização prévia para contratação de correspondentes para a prestação de serviços de recepção e encaminhamento de propostas de abertura de contas de depósitos e de pagamentos e recebimentos relativos a tais contas.

Por fim, em 24 de fevereiro de 2011, foi editada Resolução 3.954, que alterou e consolidou as normas sobre correspondentes. As principais alterações introduzidas tiveram por objetivo a proteção do consumidor de serviços financeiros via correspondentes e a melhoria da qualidade do atendimento a ele prestado, a mitigação do risco de que os correspondentes sejam confundidos com instituições financeiras[9] e o aumento da capilaridade de pontos atendimento que operam o chamado câmbio manual, ou seja, a compra e venda de moeda estrangeira em transações de até US$3 mil.

No que concerne à qualidade do atendimento, foram estabelecidas obrigações tanto para o contratante quanto para o correspondente. O contratante deve, entre outras medidas, estabelecer plano de controle de qualidade da sua

---

[9] Mais detalhes sobre os riscos enfrentados pelo modelo de correspondentes, especialmente em relação a questões trabalhistas e de segurança das instalações, serão abordados no item 4 "Ameaças ao modelo".

rede de correspondentes e designar diretor por ela responsável. O correspondente, por sua vez, deve manter vínculo empregatício ou contratual com os membros de sua equipe que atuem no atendimento aos clientes. Caso tais profissionais prestem atendimento relativo a operações de crédito ou arrendamento mercantil, eles deverão ser considerados aptos em exame de certificação organizado por entidade de reconhecida capacidade técnica.[10] Além disso, o correspondente deverá apresentar aos clientes, quando da oferta de operações de financiamento ou arrendamento mercantil referentes a bens e serviços fornecidos pelo próprio correspondente, os planos oferecidos pela instituição contratante e demais instituições às quais o correspondente preste serviços. Tais medidas visam evitar abusos verificados na atuação de alguns profissionais que ficaram conhecidos como "pastinhas": pessoas físicas que atuam na oferta de crédito consignado. Foram constatadas situações em que tais profissionais vendiam produtos com valor acima do mercado, financiados a taxas elevadas, sobretudo a pensionistas e aposentados.

Entre as medidas introduzidas com o objetivo de diminuir o risco de que os funcionários da rede de correspondentes sejam considerados bancários pela justiça trabalhista estão a proibição de que o contrato de correspondente seja configurado como contrato de franquia, inclusão no contrato com o correspondente de que este tem pleno conhecimento de que está sujeito às penalidades legais relativas ao exercício de atividades privativas de instituições financeiras e vedação de utilização, pelo contratado, de instalações cuja configuração arquitetônica, logomarca e placas indicativas sejam similares àquelas adotadas em agências da instituição contratante.

Relativamente à permissão de que as casas lotéricas e agências dos correios sejam contratadas por instituições financeiras para realizar a compra e venda de moeda estrangeira, o objetivo foi reforçar a capilaridade do mercado e ampliar os postos que poderão atender os estrangeiros durante a Copa do Mundo de 2014 e as Olimpíadas de 2016, conforme informado por Geraldo Magela, chefe da Gerência-Executiva de Risco de Normatização de Câmbio e Capitais Estrangeiros do Banco Central do Brasil, em entrevista concedida ao jornal *Valor Econômico* de 25 de fevereiro de 2001.

---

[10] A Resolução nº 3.954/11 estabeleceu um prazo de três anos, após a publicação da resolução, para a entrada em vigor dessa exigência.

QUADRO 5.1 Resumo das normas sobre correspondentes

Normativo	Pontos principais
Resolução nº 43, de 28/12/1966	▪ Permite que estabelecimentos bancários contratem pessoas jurídicas para executar cobrança de títulos e ordens de pagamento.
Resolução nº 562, de 30/8/1979	▪ SCFIs podem contratar prestadoras de serviços para executar análise de crédito, serviços de cadastro, encaminhamento de pedidos de financiamento e cobrança amigável.
Resolução nº 2.166, de 30/6/1995	▪ BMCFIs podem contratar prestadoras de serviço e empresas comerciais vendedoras de bens financiados para executar os serviços mencionados na Resolução nº 562.
Resolução nº 2.640, de 25/8/1999	▪ Permite que BMCCs, BCCs e a Caixa contratem empresas para encaminhar pedidos de empréstimos e financiamentos, encaminhar propostas de abertura de contas bancárias, realizar saques e depósitos, pagar benefícios sociais e receber o pagamento de contas de água, luz e telefone etc. ▪ A contratação de correspondente para abertura e movimentação de contas depende de autorização do Banco Central e somente pode ocorrer em município que não tenha agência ou posto bancário.
Resolução nº 2.707, de 30/3/2000	▪ Extingue a exigência de que serviços de abertura e movimentação de contas só poderiam socorrer em municípios desassistidos de agência ou posto de atendimento bancário.
Resolução nº 2.953, de 25/4/2002	▪ Permite que o correspondente confira os dados da ficha-proposta de abertura de conta bancária, à vista da documentação competente, embora a responsabilidade pela abertura da conta continue sendo da instituição financeira.
Resolução nº 3.110, de 31/7/2003	▪ Amplia a lista de instituições financeiras que podem contratar correspondentes. ▪ Permite o encaminhamento de propostas de emissão de cartões de crédito via correspondentes.
Resolução nº 3.156, de 17/12/2003	▪ Permite que qualquer instituição autorizada a funcionar pelo Banco Central do Brasil, e não apenas IFs, contratem correspondentes.
Resolução nº 3.654, de 17/12/2008	▪ Extingue a necessidade de autorização prévia para contratar correspondentes para abrir contas e realizar depósitos e retiradas.
Resolução nº 3.954, de 24/02/2011	▪ Exige que o contratante estabeleça plano de controle de qualidade da sua rede de correspondente e designe diretor por ela responsável. ▪ Exige que os membros da equipe do correspondente, que prestem atendimento em operações de crédito ou arrendamento mercantil, deverão ser aprovados em exame de certificação organizado por entidade de reconhecida capacidade técnica. ▪ Permite que as casas lotéricas e agências dos correios sejam contratadas por instituições financeiras para realizar a compra e venda de moeda estrangeira em transações de até US$ 3 mil.

3. RESULTADOS ALCANÇADOS

Antes de mostrar os resultados alcançados pelos correspondentes, vale a pena contextualizar como se dava o atendimento nas agências bancárias, de populações não atrativas economicamente, previamente à utilização intensiva da rede de correspondentes. Antes de 1999, grandes contingentes de pessoas de baixa renda se locomoviam até a agência bancária mais próxima, muitas vezes não tão próxima assim, exclusivamente para pagar suas contas, em especial as de água ou energia elétrica. O custo operacional, "na boca do Caixa", em uma agência bancária é usualmente superior à tarifa paga ao banco, pelas concessionárias de água ou energia, para efetuar a arrecadação de tais convênios. Dessa forma, como se trata de uma operação deficitária, quanto mais contas o banco recebesse, maior seria a redução de sua margem operacional. Além disso, existiam efeitos indiretos, pois como as agências estavam sempre lotadas, os clientes economicamente viáveis também ficavam subatendidos e seu potencial de geração de receitas, subaproveitado. Para remediar a situação, os bancos mantinham caixas especiais voltados para pessoas jurídicas e até para clientes pessoas físicas de alta renda. Contudo, ainda assim uma parcela significativa da clientela, mesmo não sendo pobre, após ficar muito tempo na fila, quando chegava ao caixa queria apenas receber o salário, pagar contas e fazer transferências, pois não tinha mais tempo e/ou paciência para dialogar sobre a aquisição de outros produtos e serviços financeiros de valor agregado ofertados pelos bancos. Esse quadro revela o motivo pelo qual os clientes que se dirigiam às agências bancárias apenas para pagar contas eram altamente indesejáveis. Não raro, os bancos se recusavam a receber pagamento de contas de não correntistas. Diante desse quadro, pessoas de baixa renda se sentiam inferiorizadas diante do tratamento dado pelos bancos.

Adicionalmente, como as agências possuem pesada infraestrutura, elas são frequentemente instaladas em regiões mais centrais, próximas a grandes centros industriais ou comerciais, mas longe das residências de pessoas que trabalham em pequenas empresas ou no setor informal. Não raro, os mais pobres tinham de se deslocar por grandes distâncias para receber a aposentadoria e pagar suas contas, o que resultava em cansaço, perda de tempo e altos custos de transporte. Em algumas comunidades, localizadas a horas de carro ou barco da agência bancária mais próxima, muitas pessoas, principalmente idosas ou doentes, costumavam ceder seus cartões de débito, com as respectivas senhas, para outras pessoas que prestavam o serviço de fazer viagem e sacar o valor da aposentadoria, mediante retenção de parcela significativa do valor recebido. Diante disso, a prestação de serviços financeiros por uma mercearia ou drogaria, localizada na vizinhança dos clientes mais pobres, representa um real ganho de comodidade, tempo, dinheiro e até de dignidade, para tais pessoas. Em outras palavras, o pagamento de benefícios sociais e o recebimento de contas em correspondentes constitui-se serviço de grande utilidade para a população e seus resultados devem ser comemorados. Todavia, isso não invalida a necessidade de o modelo ser otimizado para oferecer uma gama mais ampla de produtos e serviços que, ao mesmo tempo, tragam mais benefícios à população e maior rentabilidade aos bancos e correspondentes.

A liberalização regulatória, ocorrida a partir de 1999, criou incentivos econômicos para a crescente utilização do canal dos correspondentes como forma de distribuir produtos e serviços financeiros a pessoas de menor poder aquisitivo, residentes tanto em grandes centros, quanto em regiões remotas e de baixa densidade populacional. Como já mencionado, em junho de 2010 existiam mais de 150 mil canais de acesso via correspondentes no território brasileiro. Atualmente, negócios tão diferentes entre si quanto lojas de material de construção, escritórios de contabilidade, imobiliárias, padarias, farmácias, açougues, sindicatos e casas lotéricas atuam como correspondentes. A multiplicidade de tipos de negócios amplia a possibilidade de que a população possa ter acesso a serviços financeiros perto de casa em qualquer um desses estabelecimentos que possa abrigar um POS.[11]

A quantidade de operações realizadas na rede de correspondentes impressiona. No ano de 2009, segundo informações do RIF,[12] cerca de 2,6 bilhões de transações foram realizadas em correspondentes. A Tabela 5.1 mostra as operações realizadas nos correspondentes segregadas por volume e por valor. Aproximadamente dois bilhões de transações foram referentes ao recebimento de boletos e convênios, os quais representaram um movimento financeiro de quase R$288 bilhões. Digno de nota é o aumento expressivo do volume de depósitos realizados na rede de correspondentes, que entre

---

[11] A sigla POS pode se referir tanto a *point of sale* quanto a *point of service*. No sentido utilizado no texto, refere-se mais especificamente a máquinas que aceitam pagamentos via cartões de débito ou crédito, e, mais recentemente, por meio de celular, e são capazes de realizar transações financeiras como recebimentos de contas e pagamento de benefícios, entre outras.

[12] Relatório de Inclusão Financeira, pág. 95, já mencionado na Nota 3.

2004 e 2009, apresentou um crescimento médio anual de quase 30%, chegando ao montante de R$45 bilhões, ao final do período.

Uma das principais críticas ao modelo dos correspondentes é de que esse canal, como visto no parágrafo anterior, é muito usado para pagamentos e transferências, mas pouco usado para crédito. Apesar de se tratar de uma crítica legítima, os recentes resultados alcançados na área do crédito via correspondentes podem estar sendo subestimados. A Tabela 5.1 mostra que, em 2009, R$16,6 bilhões em operações crédito tiveram sua origem em propostas encaminhadas via correspondentes. O Gráfico 5.1, por sua vez, mostra que desses R$16,6 bilhões, quase R$10 bilhões, principalmente em operações de crédito consignado e imobiliário, foram contratados na rede de correspondentes da Caixa. Esse valor representa um crescimento superior a 500% em relação ao ano anterior, quando R$1,5 bilhão em operações de crédito foram operacionalizados em correspondentes da Caixa. A tendência de alta continua em 2010, uma vez que até o dia 14 de dezembro foram realizadas, a partir de propostas encaminhadas por correspondentes da Caixa, operações de crédito em um montante superior a R$27,5 bilhões. Segundo informações fornecidas por Carlos Augusto Borges, vice-presidente de Atendimento da Caixa, mais de 280 mil contratos de financiamento imobiliário foram originados em imobiliárias que atuam como correspondentes daquela instituição. Como as imobiliárias têm como interesse a viabilização das vendas dos imóveis, elas recebem e organizam toda a documentação do cliente encaminhada ao setor de análise de crédito da Caixa. Em outras palavras, a imobiliária tem todo o interesse de ajudar o cliente a vencer a burocracia do financiamento. Segundo Borges, a Caixa deverá utilizar sua rede de correspondentes para, a partir de 2011, começar a conceder crédito dentro das regras do PMNPO.[13]

Tais resultados geram otimismo de que outras instituições possam estar se despertando para o enorme potencial de utilização da plataforma dos correspondentes para realizar operações de crédito, bem como para gerar outros negócios rentáveis para os bancos e úteis para a população.

---

[13] Programa Nacional de Microcrédito Produtivo Orientado (PNMPO), do Ministério do Trabalho e Emprego (MTE), instituído por meio da Lei nº 11.110, de 25 de abril de 2010.

TABELA 5.1 Operações realizadas nos correspondentes

Ano	Boletos e Convênios	Saldos e Extratos	Depósitos	Outras Financeiras[1]	Operações de Crédito	Transferências	Saques
Quantidade de operações (em milhares)							
2001	696.573	4.177	3.876	ND*	ND	0	1.345
2002	773.573	13.446	10.209	ND	ND	9	3.695
2003	873.167	28.710	24.667	ND	ND	71	138.235
2004	1.069.256	51.589	48.381	ND	ND	129	194.206
2005	1.518.522	85.229	71.374	ND	ND	127	128.204
2006	1.337.060	99.120	83.420	ND	ND	286	252.590
2007	1.611.450	134.637	98.964	ND	ND	513	299.984
2008	1.696.384	135.609	124.192	2.390	ND	272	336.440
2009	1.928.485	140.935	149.344	111	6.137	373	354.247
Valor das operações (em R$ milhões)							
2001	29.642,34		622,21	ND	ND	0,01	816,53
2002	36.436,81		1.721,40	ND	ND	4,41	3.029,24
2003	42.244,89		3.163,53	ND	ND	21,30	10.758,32
2004	87.239,70		12.903,96	ND	ND	67,51	23.928,23
2005	127.287,16		18.849,64	ND	ND	91,46	23.632,61
2006	137.509,51		22.404,98	ND	ND	385,24	42.621,33
2007	195.956,74		27.171,78	ND	ND	822,17	55.880,45
2008	232.455,17		34.495,71	3.502.23	ND	955,66	72.511,58
2009	287.916,11		45.256,70	2.249,87	16.629,48	668,19	88.127,80

Fonte: Banco Central do Brasil
[1]Segundo informações obtidas junto ao Banco Central, a coluna "outras operações financeiras" possui uma descrição bem genérica: qualquer outra operação que, não tendo sido abrangida pelos itens descriminados, impacte a conta corrente do cliente.
*D = Não disponível.

GRÁFICO 5.1 Operações de crédito em correspondentes da Caixa

valores em R$ milhões

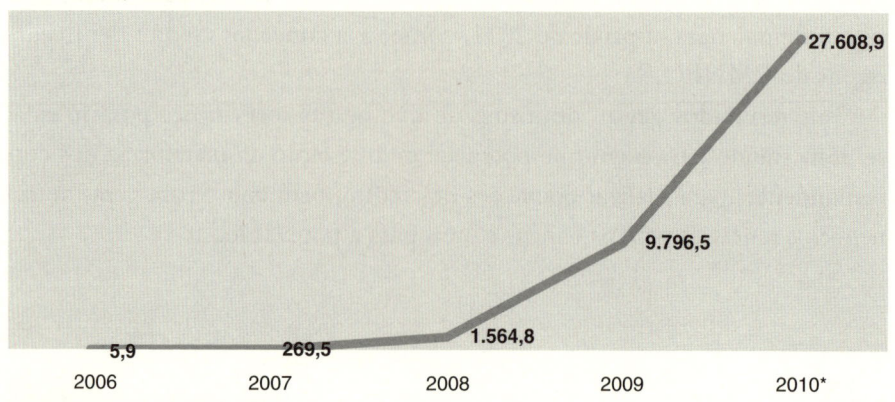

2006	2007	2008	2009	2010*
5,9	269,5	1.564,8	9.796,5	27.608,9

Fonte: Caixa Econômica Federal.
*Dados acumulados até 14/12/2010.

4. AMEAÇAS AO MODELO

Apesar dos benefícios que o modelo dos correspondentes trouxe a pessoas de baixa renda, têm surgido importantes ameaças que põem em risco a continuidade dos bons resultados.

Os principais riscos decorrem da falta de articulação entre reguladores e da insuficiente divulgação sobre as características do modelo de negócio dos correspondentes. Muitos desses problemas poderiam ser solucionados se os reguladores trabalhassem conjuntamente em caso de sobreposição de competências e fossem realizados eventos destinados a informar aos cidadãos e autoridades, especialmente do judiciário, sobre o funcionamento, os objetivos e benefícios dos correspondentes.

A seguir, são apresentadas, de forma resumida, as principais polêmicas envolvendo a atuação dos correspondentes no Brasil.

4.1 Proibição às farmácias e drogarias de prestar serviços financeiros

Em agosto de 2009, a Resolução da Diretoria Colegiada – RDC nº 44, da Agência Nacional de Vigilância Sanitária (Anvisa), art. 61, § 5º, vedou às farmácias e drogarias a venda de produtos e a prestação de serviços que não tenham relação direta com a saúde. Diante disso, passou a ser proibida nesses estabelecimentos a venda de diversos produtos de conveniência, como água, barras de cereal, sorvete, cartões telefônicos, a prestação de serviços financeiros, como recebimento de contas e pagamento de benefícios, e por fim, a venda, fora do balcão, de medicamentos que não necessitam de receita médica, ou seja, tais medicamentos deveriam ser retirados das gôndolas.

O diretor geral da Anvisa, Dirceu Raposo de Melo, em entrevista ao jornal *Valor Econômico*, de 16 de outubro de 2009, admitiu entender que a prestação de serviços financeiros não oferece riscos ao ambiente de saúde das farmácias. Contudo, segundo Raposo de Melo, a restrição foi mantida por decisão unânime dos 27 superintendentes regionais de vigilância sanitária. Na mesma reportagem, Frederico Queiroz Filho, diretor setorial de correspondentes da Federação Brasileira de Bancos (Febraban), informa que em cerca de 100 municípios sem agências bancárias, farmácias são os únicos provedores de serviços financeiros e que, no total, 10 mil farmácias atuam como correspondentes no Brasil. A RDC nº 44/2009 entrou em vigor em 18 de fevereiro de 2010. Todavia, diversas farmácias e drogarias continuam atuando como correspondentes e vendendo produtos de conveniência por força de decisões judiciais liminares obtidas no judiciário ou de leis estaduais, promulgadas antes do início da vigência da RDC nº 44, que permitem o exercício de tais atividades. Em 17 de setembro de 2010, o Superior Tribunal de Justiça (STJ) publicou acórdão, favorável à Associação Brasileira de Redes de Farmácias e Drogarias (Abrafarma), liberando a venda de produtos de conveniência e a prestação de serviços de recebimento de contas e recarga de celular, mas mantendo a decisão de que medicamentos não controlados devem permanecer atrás do balcão.

4.2 Questionamentos judiciais sobre direitos trabalhistas e segurança das instalações dos correspondentes

Ainda mais sérios que os problemas trazidos pela regulamentação da Anvisa são os riscos decorrentes da possibilidade de as pessoas jurídicas que atuam como correspondentes serem obrigadas a garantir a seus empregados os direitos trabalhistas da categoria sindical dos bancários, nos termos do art. 224 da *Consolidação das Leis do Trabalho (*CLT) e a atender às exigências de segurança dos estabelecimentos bancários prescritas na Lei nº 7.102/83, principalmente no que concerne à vigilância armada e à instalação de porta giratória blindada com detector de metais.

Caso tais exigências sejam implementadas, o segmento corre sério risco de sucumbir, uma vez que será retirada sua viga mestra, ou seja, a prestação de serviços financeiros a baixo custo à população de baixa renda. Ainda que alguns continuem atuando como correspondentes, os primeiros estabelecimentos a abandonar a atividade serão aqueles existentes em localidades pobres que até pouco tempo estavam desconectadas da rede nacional de pagamentos e recebimentos de recursos financeiros. Em outras palavras, os correspondentes perderão sua capacidade de levar produtos e serviços financeiros de forma sustentável a populações com pouco, inadequado ou nenhum acesso ao sistema financeiro.

Diversos ex-empregados de empresas que atuam como correspondentes têm acionado a justiça trabalhista exigindo o recebimento dos benefícios usufruídos pelos empregados dos bancos. Enquanto os tribunais não se decidirem pelo afastamento da aplicabilidade dos direitos trabalhistas dos bancários aos empregados dos correspondentes, haverá receio dos empresários em entrar ou aumentar a atuação na atividade.

A figura do correspondente não pode ser confundida com a da instituição em nome da qual ele presta serviços. O correspondente é apenas um elo que aproxima bancos e clientes, e que, para prestar tal serviço, recebe uma remuneração previamente acordada. Além disso, os correspondentes não exercem, por sua própria conta e risco, a coleta, intermediação ou aplicação de recursos financeiros próprios ou de terceiros, ou a custódia de valor de propriedade de terceiros, atividades que, de acordo com artigo 17 da Lei nº 4.595/64, caracterizam uma instituição financeira. Isto é, são os bancos e não seus correspondentes os que, em última instância, são responsabilizados e remunerados pelo risco do exercício da atividade típica de instituição financeira. Quando, por exemplo, um cliente efetua um depósito em um correspondente do banco no qual ele tem conta, é o banco, e não o correspondente, o responsável por garantir a devolução do dinheiro ao cliente.

Como já mencionado, a Resolução nº 3.954/11 introduziu algumas salvaguardas com o objetivo de mitigar o risco legal, sobretudo na esfera trabalhista. Contudo, ainda é cedo para julgar a eficácia de tais medidas.

Adicionalmente, a eventual exigência de realização de elevados gastos em segurança das instalações, em conformidade com as disposições da Lei nº 7.102/83, pode tornar inviável a atuação de pequenos empresários que prestam serviços de correspondente. Em alguns estados têm sido aprovadas leis que obrigam a contratação de vigilantes armados. Em outros, o Ministério Público Federal ou o Ministério Público do Trabalho tem ajuizado ação civil pública com o objetivo de garantir as mesmas medidas de segurança existentes nos bancos.

Vale lembrar que a Lei nº 7.102/83 dispõe sobre segurança em estabelecimentos financeiros e não em empresas comerciais e de prestação de serviços. Em muitos casos, a questão é de segurança pública e não de segurança das instalações. Vale lembrar que, especialmente em grandes cidades, empresas comerciais, como padarias, farmácias ou mercearias, mesmo quando não atuam como correspondentes, são alvo constante de assaltos, o que também põe em risco os clientes que frequentam tais estabelecimentos. Nem por isso tais empresas são obrigadas a instalar portas giratórias ou manter vigilância armada.

Deve-se ter em mente que a instalação de dispositivos de segurança é do interesse do empresário que presta serviços de correspondente. Em caso de ser roubado o dinheiro do caixa do estabelecimento, o prejuízo será do empresário e não do banco ou do cliente desse banco. Por esse motivo, muitos empresários, especialmente donos de lotéricas localizadas em grandes centros e que, portanto, movimentam grandes somas de dinheiro, têm feito, por iniciativa própria, investimentos em segurança. Entretanto, não é recomendável exigir, de forma desproporcional, que pequenos estabelecimentos, como a padaria da esquina, que movimentam modesta quantidade de recursos, sejam obrigados a realizar pesados (e quase sempre desnecessários) investimentos em segurança.

4. PERSPECTIVAS E DESAFIOS

Apesar dos inegáveis avanços obtidos pelo modelo dos correspondentes na extensão da oferta de produtos e serviços a populações carentes e/ou residentes em regiões remotas, o potencial de desse canal está sendo subutilizado.

O número de 150 mil pontos de atendimento salta aos olhos, mas quando comparado aos mais de 3,5 milhões de POS[14] e aos quase 195 milhões de linhas de telefonia celular,[15] constata-se que a oferta de produtos e serviços financeiros via correspondentes está longe de atingir a ubiquidade. Não só há espaço para ampliação da rede de atendimento, mas também para a diversificação de produtos e serviços financeiros adequados aos diversos públicos atendidos por esse canal.

Mais especificamente, os bancos podem utilizar sua rede de correspondentes para tirar proveito do potencial de consumo e poupança obtido pelas classes C e D nos últimos anos. Estudo da Fundação Getúlio Vargas (2010) mostra que, entre 2003 e 2009, cerca de 29 milhões de pessoas ingressaram na classe C (renda mensal entre R$1.126 e R$4.854). Boa parte desse crescimento pode ser explicado, não pelo crescimento vegetativo da população, mas por sua melhoria de vida, haja vista que, no mesmo período, 2,4 milhões de pessoas deixaram a classe D (renda mensal entre R$705 e R$1.126) e 20,5 milhões

---

[14] *Fonte*: Relatório de Inclusão Financeira (Banco Central do Brasil, 2010), p. 60. Disponível no endereço eletrônico: http://www.bcb.gov.br/Nor/relincfin/relatorio_inclusao_financeira.pdf.
[15] *Fonte*: Anatel (outubro de 2010). Disponível no endereço eletrônico http://www.anatel.gov.br/Portal/exibirPortalNoticias.do?acao=carregaNoticia&codigo=21613.

deixaram a classe E (renda mensal até R$705). Além disso, segundo o mesmo estudo, entre 2001 e 2009, a renda *per capita* dos 10% mais ricos cresceu 1,49% ao ano, enquanto a renda dos 10% mais pobres cresceu 6,79% ao ano. Levantamento feito pela consultoria Data Popular[16] estima que o potencial de consumo das classes C e D representa um mercado consumidor da ordem de R$834 bilhões. Apenas os integrantes da classe D deveriam gastar R$381,2 bilhões em 2010, montante superior ao que tinham disponível para consumo nas classes A (R$216,1 bilhões) e B (R$329,5 bilhões).

Empresas de diversos setores têm adaptado suas linhas de produtos ou criado novas linhas para atender esse público emergente cuja renda ultrapassou a fronteira da subsistência, gerando excedentes que podem ser consumidos – opção mais óbvia e preferencial desse público – ou poupados – o que requer maior investimento em educação financeira.

Relatório especial sobre telecomunicações em mercados emergentes, publicado na revista *The Economist* de 24 de setembro de 2009, mostra caso exemplar de como a terceirização dos serviços de Tecnologia da Informação (TI), Serviço de Atendimento ao Cliente (SAC) e construção e manutenção da rede de antenas gerou ganhos de escala que permitiram que empresas indianas de telefonia celular, mesmo com uma receita mensal por cliente entre 80% e 90% inferior àquela verificada nos países desenvolvidos, atingissem margens operacionais da ordem de 40%. Dessa forma, boa parte do risco de lidar com o rápido crescimento da base de assinantes foi delegado a terceiros, o que possibilitou que as empresas de telecomunicações indianas se concentrassem em marketing e estratégia.

De forma similar, ao se valer da plataforma de atendimento dos correspondentes, os bancos reduzem drasticamente seus custos para operar e ampliar a rede de atendimento e podem concentrar seus esforços em desenvolver e promover produtos que caiam no gosto do público de menor renda e gerem altas margens operacionais. Nesse sentido, ao utilizar os correspondentes apenas para pagamento de contas ou boletos e, dessa forma, esvaziar suas agências, os bancos estão deixando de explorar esse canal para oferecer produtos e serviços de valor agregado às dezenas de milhões de pessoas com pouco ou nenhum acesso ao sistema financeiro, o que representa um mercado inexplorado com potencial de gerar bilhões em receitas.

---

[16] *Fonte*: Matéria "Descubra a classe D – a letra do dinheiro", publicada na revista *IstoÉ Dinheiro*, edição 647, de 25 de fevereiro de 2010.

É possível vislumbrar um cenário de grandes mudanças, em que a plataforma de baixo custo dos correspondentes seja usada para oferecer a populações de baixa renda uma ampla gama de produtos, inclusive padronizados, utilizando critérios de avaliação objetiva, como *credit scoring* e *bureaus* de crédito, e mediante o uso intensivo de celulares, cartões pré-pagos, de débito e crédito. Nesse quesito, a criação do cadastro positivo pela Medida Provisória nº 518, em 30 de dezembro de 2010, poderá alavancar a oferta de crédito no país, inclusive via correspondentes.

Ao desenvolver produtos e serviços para esse novo público, os bancos devem garantir que tais produtos e serviços, simultaneamente, atendam adequadamente às necessidades específicas dessas pessoas, sejam por elas percebidos como úteis e estejam à mão para serem utilizados quando e onde se fizerem necessários.

Produtos adequados às necessidades do público de baixa renda devem ser concebidos levando-se em consideração o estilo de vida e as características pessoais e regionais. Por exemplo, em regiões sujeitas a desastres naturais, abrem-se oportunidades para oferta de seguros que, na hipótese de ocorrência de tais eventos, possibilitem aos atingidos consertar suas casas, comprar novos móveis ou instrumentos de trabalho e garantir uma renda até que tenham condição de voltar a produzir. Em regiões em que as pessoas possuem rendas sazonais, como em cidades turísticas, podem ser oferecidos produtos de poupança para garantir que as pessoas possuam dinheiro nos meses em que não há trabalho. Em regiões onde ocorrem festas de curta duração, como o carnaval, ao se conceder crédito a artesãos para a compra de insumos voltados à produção de artigos festivos, deve-se respeitar o ciclo do capital de giro desse tipo de negócio, ou seja, não é adequado começar a cobrar as parcelas do empréstimo antes que se dê o início da venda da produção. Nesse caso, deve ser oferecida uma carência até que a pessoa comece a vender sua produção. Além disso, não se deve considerar que as populações de baixa renda constituem um público uniforme. Deve-se levar em consideração a existência de subgrupos urbanos ou rurais, atuantes no mercado formal ou informal, empregados ou empreendedores, casados ou solteiros, com ou sem filhos, jovens ou maduros, compostos por mulheres ou homens, etc. Dessa maneira, a segmentação pode levar ao desenvolvimento de produtos de prateleira que possam ser personalizados ou, como dito no jargão dos administradores, "customizados" para atender os diversos públicos não atendidos no sistema financeiro tradicional.

Muitas vezes os benefícios decorrentes da aquisição de determinado produto ou serviço financeiro podem não ser tão evidentes à primeira vista para um público com baixo nível de instrução e não acostumado com o (e até desconfiados do) assédio dos bancos. Portanto, não basta desenvolver produtos adequados a determinado público. Deve ser posta em prática uma estratégia de marketing, veiculada em linguagem acessível, que convença tais pessoas de que os produtos oferecidos são instrumentos poderosos para, por exemplo, mitigar riscos, atenuar os sintomas da pobreza, gerar renda ou, em suma, melhorar suas vidas.

As necessidades do público de baixa renda são quase sempre urgentes, portanto, se no mercado formal a obtenção de um empréstimo, a retirada de dinheiro da poupança ou o recebimento de indenização for burocrático, demorado ou distante, os pobres continuarão recorrendo a mecanismos informais para satisfazer suas necessidades. Em virtude disso, também não basta que os produtos sejam adequados e tenham sua utilidade reconhecida pelas pessoas pobres. É necessário que os produtos e serviços financeiros voltados ao público de baixa renda estejam à sua disposição para aquisição imediata quando se fizerem necessários.

Como citado no início do capítulo, estudos recentes demonstram que pessoas não atendidas no sistema financeiro tradicional utilizam mecanismos informais de crédito e poupança, muitas vezes caros e inseguros, que emulam produtos e serviços do mercado formal. A questão é: Por que tais pessoas utilizam tais mecanismos informais enquanto produtos formais, como as contas simplificadas, permanecem inativos? A resposta pode estar no fato de que a informalidade traz consigo flexibilidade e comodidade que, muitas vezes, os produtos formais não oferecem. Cabe aos bancos emular tais produtos informais, de modo a oferecer produtos regulares tão flexíveis e cômodos que levem os clientes de baixa renda a adotá-los.

Para que a ubiquidade se torne realidade, os bancos terão que cada vez mais se parecer com fábricas que buscam criar produtos e serviços financeiros inovadores que os diferenciem da concorrência, enquanto a tarefa de distribuir tais produtos e serviços financeiros será delegada a empresas de outros setores. Dessa forma, ainda há grande espaço para a massificação da oferta de produtos e serviços financeiros. Assim como uma pessoa que vai ao supermercado escolhe um marca de sabão em pó entre diversas marcas, de igual modo o consumidor de serviços financeiros, ao ir a um supermercado, deveria poder escolher entre os vários kits de abertura de conta ou apólices de microsseguro que viessem a ser oferecidas por um dos bancos que distribuem seus produtos e serviços nesse supermercado.

Outro importante instrumento para desburocratizar e garantir que o cliente possa utilizar os serviços financeiros quase imediatamente ao surgimento de uma necessidade consiste no uso do telefone celular. O sucesso do já mencionado M-Pesa mostra como o uso do celular pode ser útil para atingir milhões de pessoas desbancarizadas. Utilizar o canal dos correspondentes combinado ao uso do celular oferece inúmeras possibilidades no Brasil que, segundo informações da Agência Nacional de Telecomunicações (Anatel),[17] possuía, em outubro de 2010, teledensidade de 100,44 acessos (número de linhas de celular ativas) por 100 habitantes. Mesmo nas regiões Norte e Nordeste, com menor penetração do telefone celular, são verificadas altas taxas de teledensidade, no valor de 83,95 e 83,16, respectivamente.

Um dos ganhos iniciais da utilização do celular para realizar pagamentos e recebimentos na rede de correspondentes seria que a quantidade de numerário nos estabelecimentos poderia ser sensivelmente reduzida, o que atenuaria um dos grandes problemas enfrentados pelos correspondentes: a exigência de aumento da segurança das instalações.

De fato, iniciativas começam a surgir no Brasil no intuito de utilizar o potencial que o *mobile banking* (serviços financeiros via celular) tem a oferecer. Com a edição da Resolução nº 550 da Anatel, em 22 de novembro de 2010, empresas comerciais e do setor financeiro agora podem alugar parte da capacidade da rede de operadoras de telefonia celular, de modo a se tornarem operadoras de redes virtuais de telefonia móvel (MVNOs – Mobile Virtual Network Operator). Dessa forma, os bancos poderão utilizar essa plataforma para oferecer diversos serviços financeiros via celular. Caso seja bem explorada a atuação como operadora virtual, os bancos brasileiros podem atingir resultados ainda mais expressivos do que os obtidos pela Safaricom, que, por ser uma empresa de telecomunicações, não tem tanta expertise no desenvolvimento de produtos e serviços financeiros. Aliás, a Safaricom implementou o serviço de transferências apenas como forma de ampliar a venda de créditos para os celulares pré-pagos e talvez não terá interesse em

---

[17] Notícia disponível em: http://www.anatel.gov.br/Portal/exibirPortalNoticias.do?acao=carreg aNoticia&codigo=21613.

se aprofundar no desenvolvimento de serviços financeiros que a afastem de seu *core business*.

Na verdade, os bancos brasileiros já começam a se mover no intuito de tirar proveito da telefonia móvel. Em 29 de setembro de 2010, ou seja, antes da edição da publicação da Resolução nº 550 da Anatel, o Banco do Brasil, a empresa de telefonia celular Oi e a credenciadora de cartões Cielo firmaram acordo para permitir a integração dos serviços prestados pelas três empresas. Dessa forma, a intenção é atingir a convergência entre celular, cartões (de débito, crédito e pré-pagos) e POS. Haverá soluções de pagamento móvel envolvendo tecnologias mais sofisticadas, como a NFC (Near Field Communication) – que permite o pagamento via aproximação do celular a outro celular ou POS, o que requer a utilização de celulares mais modernos – e tecnologias já estabelecidas, como o SMS (Standard Message Service), ou seja, pagamento via mensagens de texto.

O objetivo é que a nova tecnologia possibilite o processamento de pagamentos de menor valor, como os verificados com feirantes, taxistas, vendedores ambulantes etc. Acordo similar firmado entre o Banco Itaú, a empresa de cartão de crédito Mastercard, a operadora de telefonia móvel Vivo e a credenciadora Redecard foi anunciado em 30 de novembro de 2010. A Caixa também está implementando ações relacionadas com o *mobile payment* que têm o potencial de alcançar os beneficiários do programa Bolsa Família. Os cerca de 12,5 milhões de famílias que recebem o benefício pela Caixa, majoritariamente por meio de sua rede de correspondentes, o fazem por meio de uma conta simplificada e recebem um cartão de débito para movimentá-la, ou seja, não existe mais a necessidade de sacar todo o dinheiro da conta no dia em que o benefício é depositado. Em breve será possível que essas famílias possam usar, além do cartão que já possuem, o celular para realizar pagamentos em estabelecimentos comerciais e de prestação de serviços credenciados que possuem as máquinas da credenciadora de cartões Redecard. As chamadas "maquininhas" de POS também poderão ser substituídas por celulares, de modo que um grande número de pequenos comerciantes possa vender produtos e receber os pagamentos diretamente no celular.

Isso abre espaço para que os beneficiários do Bolsa Família passem a reconhecer que não vale a pena sacar todo o dinheiro do programa e correr o risco de transportar dinheiro ou guardá-lo em casa, quando é possível usar o celular como carteira para fazer compras ou pagar contas nos correspondentes, inclusive mantendo parte do dinheiro na conta, como forma de poupar e receber juros.

Aplicações que envolvam *mobile banking* e correspondentes podem oferecer grandes possibilidades. Um cliente que vá a uma mercearia que atue como correspondente de um banco poderá usar o celular para pagar uma conta de energia elétrica, a compra de mantimentos, a aquisição de um microsseguro e, ainda, depositar em uma conta de poupança os centavos necessários ao arredondamento do valor total, sendo este último um serviço que já é operado pela Safaricom, no Quênia.

4. CONSIDERAÇÕES FINAIS

O entendimento e o atendimento das necessidades financeiras das pessoas mais pobres ainda é um processo que está longe de ser concluído. O estágio em que se encontra a prestação de serviços financeiros via correspondentes, em especial a pessoas de baixa de renda, é fruto de décadas de liberalização regulatória e aperfeiçoamento do modelo. O canal dos correspondentes, caso vença as ameaças aos bons resultados já alcançados, passe por modernização que otimize sua utilização e seja combinado com outras tecnologias de inclusão financeira, poderá ser um importante instrumento para alcançar, em bases economicamente sustentáveis, segmentos historicamente não atendidos pelo sistema financeiro tradicional.

Referências

AGÊNCIA NACIONAL DE TELECOMUNICAÇÕES. "Brasil ultrapassa um celular por habitante". Publicada em 18 de novembro de 2010. Disponível em: < http://www.anatel.gov.br/Portal/exibirPortalNoticias.do?acao=carregaNoticia&codigo=21613>. Acesso em 25 de dezembro de 2010.

BANCO CENTRAL DO BRASIL. "Relatório de Atividades da Diretoria de Fiscalização – 1995-2002". Disponível em http://www.bc.gov.br/ftp/defis/RelAtiv8/Defis_Relatorio_Atividades.pdf.

_____. "Relatório de Inclusão Financeira – Volume 1 – Número 1". Disponível em <http://www.bcb.gov.br/Nor/relincfin/relatorio_inclusao_financeira.pdf>.

COLLINS, Daryl; MORDUCK, Jonathan; RUTHERFORD, Stuart; RUTHVEN, Orlanda. *Portfolios of the Poor: How the World's Poor Live on $2 a Day*. Princeton University Press. Princeton: New Jersey. 2009.

DEMIRGÜÇ-KUNT, Asli; BECK, Thorsen; HONOHAN, Patrick. *Finance for all?: policies and pitfalls in expanding access*. Washington, D.C.: World Bank, 2008. Disponível em < http://siteresources.worldbank.org/INTFINFORALL/Resources/4099583-1194373512632/FFA_book.pdf>.

FUNDAÇÃO GETÚLIO VARGAS. Marcelo Cortes Néri (Coordenador). "A nova classe média: O lado brilhante dos pobres". Rio de Janeiro: FGV/CPS, 2010. Disponível em < http://www.fgv.br/cps/ncm/>.

GALVÃO, Arnaldo. "Nova regra da Anvisa põe farmácias em pé de guerra". *Valor Econômico*, São Paulo, 16 de novembro de 2009. Caderno Empresas. Disponível para assinantes em < http://www.valoronline.com.br/impresso/empresas/102/100152/nova-regra-da-anvisa-poe-farmacias-em-pe-de-guerra>.

ISTO É DINHEIRO. "Descubra a classe D – a letra do dinheiro". São Paulo: Editora Três, nº 647, 25/09/2010. Disponível em < http://www.istoedinheiro.com.br/noticias/5820_DESCUBRA+A+CLASSE+D+A+LETRA+DO+DINHEIRO>.

MAS, Ignacio; SIEDEK, Hannah. "Banking Through Networks Of Retail Agents". Focus Note 47. Washington, D.C.: CGAP. Maio de 2008. Disponível em < http://www.cgap.org/gm/document-1.9.3922/FN47.pdf>.

MCKAY, Claudia; PICKENS, Mark. (2010). "Branchless Banking 2010: Who's Served? At What Prices? What's Next?". Focus Note 66. Washington, D.C.: CGAP. Setembro de 2010. Disponível em <http://www.cgap.org/gm/document-1.9.47614/FN66_Rev1.pdf>.

THE ECONOMIST. "The Mother of Invention: Networks Operators in the Poor World Are Cutting Costs and Increasing Access in Innovative Ways". Relatório especial sobre empresas de telecomunicações em mercados emergentes. Matéria publicada na versão impressa de 24 de setembro de 2009. Disponível em < http://www.economist.com/node/14483880 >.

THE ECONOMIST. "The New Masters of Management". Seção Leaders. Matéria publicada na versão impressa de 15 de abril de 2010. Disponível em < http://www.economist.com/node/15908408>.

CAPÍTULO 6

Desafios para a inclusão financeira no Brasil: o caso das sociedades de crédito ao microempreendedor e da empresa de pequeno porte

**ALEXANDRE DA SILVA RODRIGUES E
ALESSANDRA VON BOROWSKI DODL**[1]

1. INTRODUÇÃO

O desenvolvimento do sistema financeiro[2] tem recebido crescente atenção de formuladores de políticas públicas, acadêmicos e da comunidade internacional, em decorrência de sua importância para a promoção do crescimento econômico.

Sistemas financeiros desenvolvidos são diversificados, líquidos, acessíveis e eficientes. Essencialmente, reduzem a assimetria de informação e os custos de transação existentes no mercado, fricções que restringem a alocação ótima

---

[1] Os autores agradecem os comentários e as importantes contribuições de Alexandre Martins Bastos, Cláudio Filgueiras Pacheco Moreira, Marcelo Gonzaga Rocha, Rubens de Andrade Neto, Paulo Munhoz e Alexandre Darzé. Os erros e omissões remanescentes, no entanto, são de responsabilidade dos autores.

[2] A análise conduzida neste capítulo se baseia, em grande parte, no Relatório de Desenvolvimento Financeiro (2010), do Fórum Econômico Mundial. De acordo com esse documento, para entender e medir o grau de desenvolvimento financeiro é necessário considerar todos os diferentes fatores que juntos contribuem para o grau de disponibilidade e eficiência da oferta de serviços financeiros (tradução livre dos autores).

de recursos para os melhores projetos, e proveem ampla estrutura de serviços para os agentes econômicos, como poupança, pagamentos e seguros, servindo ao maior número possível de pessoas.[3]

Para a alocação eficiente de recursos, barreiras que impeçam ou dificultem o acesso de agentes econômicos ao sistema financeiro devem ser minimizadas. Para que isso ocorra, os sistemas financeiros necessitam de integração entre seus ambientes micro, meso e macro.[4]

Iniciativas de sucesso em diversos países têm descortinado a relevância da coordenação interna dos atores e da tecnologia na prestação de serviços financeiros, com a inclusão de milhões de pessoas. Do Brasil, o modelo de correspondentes tem sido reconhecido como uma abordagem inovadora, utilizada como referência internacionalmente. Sua contribuição, como canal de distribuição, levou acesso a serviços financeiros a diversos municípios brasileiros.

No entanto, com base na estabilidade monetária e financeira, na qualidade de tecnologia da informação e comunicação e no sistema de pagamentos brasileiro, espera-se que um patamar mais alto de desenvolvimento para o sistema financeiro seja alcançado no cenário interno.[5]

Referenciado nesses parâmetros, este capítulo tem o objetivo de analisar o estágio atual de fatores que contribuem para a inclusão financeira[6] e identificar entraves existentes no Brasil. Para tanto, utiliza-se como fio condutor da análise as Sociedades de Crédito ao Microempreendedor e à Empresa de Pequeno Porte (SCMEPPs), por serem instituições de capital privado, com fins de lucro, reguladas e supervisionadas pelo Banco Central do Brasil (BCB) e dedicadas ao atendimento de pessoas físicas e jurídicas de micro e pequeno porte.[7]

Além desta introdução, o capítulo está composto pela seção 2, que aborda o desenvolvimento do sistema financeiro, sob o enfoque da inclusão financeira e do contexto brasileiro; pela seção 3, a qual desenvolve uma análise do segmento das SCMEPPs; e pela conclusão.

---

[3] Ver Demirgüç-Kunt *et al.* (2008).
[4] Helms (2006).
[5] Demirgüç-Kunt *et al.* (2008, p. 190) apresentam um comparativo entre países, por meio de uma medida de acesso a serviços financeiros pela população adulta, em que o Brasil sustenta o indicador de 43%; África do Sul (46%); Rússia (69%) e Índia (48%).
[6] Ambiente institucional para iniciativas que buscam ampliação e melhora do acesso financeiro e eficiência na provisão de produtos e serviços financeiros por essas iniciativas.
[7] Conforme artigo 1º da Lei nº 10.194/2001, com redação dada pela Lei nº 11.524/2007.

2. DESENVOLVIMENTO DO SISTEMA FINANCEIRO

2.1 O papel da inclusão financeira

A ocorrência de choques externos que promovem variações bruscas na atividade produtiva gera consequências devastadoras nas classes mais baixas de renda em função de problemas econômicos (diminuição no ritmo de crescimento) e financeiros, de curtíssimo prazo. A urgência imposta pela necessidade de liquidez para fazer frente a compromissos pode levar à venda de ativos produtivos, o que potencialmente compromete a subsistência de uma família por longo período.

Somados a choques que afetam a economia de um país ou de uma comunidade, existem os eventos que promovem grandes oscilações no fluxo financeiro de forma individualizada. Esses eventos podem ser planejados, como casamento, ou inesperados, como doença, morte ou perda de emprego. Em todas essas situações, o fato gerador da desestabilização pode provocar efeitos de curto, médio e longo prazos, dependendo das fontes de recursos suplementares disponíveis. Em caso de eventos que afetam uma família, o prejuízo ocasionado se restringe a um pequeno grupo de pessoas; em caso de choques de maior envergadura, como uma crise financeira global, o contingente potencial alcança bilhões de indivíduos.

Pesquisas recentes têm ressaltado a importância de ampla gama de serviços financeiros acessíveis a populações de baixa renda,[8] afastando-se do modelo existente no início das atividades que se convencionou chamar de "microcrédito". Nas décadas de 1970 e 1980, iniciativas pioneiras de provisão de crédito a microempreendedores[9] chamaram a atenção pela metodologia inovadora de grupos solidários, agentes de crédito, prestações mais frequentes do que as utilizadas pelo sistema de crédito tradicional e montantes crescentes de operação. Havia um contexto histórico de experiências fracassadas de concessão

---

[8] Demirgüç-Kunt et al. (2008); Helms (2006); Collins et al. (2009); Armendáriz e Morduch (2010).
[9] Nem todas as iniciativas de microcrédito usavam todos os mecanismos mencionados, como a metodologia de grupo solidário. Como exemplos de empreendimentos que inovaram na concessão de crédito para pessoas de baixa renda: União Nordestina de Assistência a Pequenas Organizações – UNO/Brasil, 1973 (Schreiber, 1975) e Grameen Bank – Bangladesh, 1976 (www.grameen-info.org).

de crédito público, principalmente no ambiente rural, que representava um modelo a ser superado. Da mesma forma, não havia conhecimento acumulado por pesquisas relacionadas com a prestação de serviços financeiros à população de baixa renda, como nos dias atuais. Hoje, estudos empíricos evidenciam que crédito para atividade econômica é apenas um dos vários produtos demandados por famílias de baixa renda.

Collins et al. (2009)[10] caracterizam de forma clara a "irregularidade" e a "imprevisibilidade" dos fluxos financeiros das famílias de baixa renda, evidenciando a premência de produtos e serviços adequados para essa parcela da população.[11] Fontes diferentes de pesquisa apontam para um mesmo número de adultos sem acesso a serviços financeiros básicos em países em desenvolvimento, ao redor de 2,5 bilhões de pessoas.[12]

No passado, teorias de desenvolvimento davam suporte à ideia de que desigualdade no curto prazo era uma etapa no processo de desenvolvimento. De forma crescente, entretanto, tem sido reconhecida a capacidade contributiva da distribuição de renda no crescimento econômico. Políticas públicas que promovem a redistribuição de renda têm recebido destaque em diferentes países, indo ao encontro dessa nova abordagem. Contudo, medidas redistributivas promovidas pelo governo, mediante subsídios, não são autossustentáveis e necessitam de contínua renovação. A permanência de ações como essas torna difícil o rompimento da inércia da dependência.[13]

Diante da complexidade do tema, que envolve inclusão financeira para o alcance de eficiência no sistema financeiro e, consequentemente, crescimento e desenvolvimento econômico, diferentes domínios[14] precisam

---

[10] "Portfolios of the Poor", Collins et al. (2009), baseia-se em um trabalho de pesquisa conduzido em Bangladesh, África do Sul e Índia, utilizando a metodologia de diários financeiros.

[11] Todas as famílias estudadas em "Portfolios of the Poor" demonstraram intensa movimentação financeira ao longo do ano, com utilização de mecanismos formais e informais. Uma contribuição importante do trabalho de Collins et al. (2009) é a constatação de que, para conhecer o comportamento financeiro das famílias de baixa renda, seu padrão de consumo, investimento e gestão, é necessário um acompanhamento frequente. A acumulação de ativos (variação) ao final de cada ano não reflete a complexidade de transações realizadas diariamente por essas famílias.

[12] WBG Financial Access (2009 Report) – 2,7 bilhões da população adulta; Mackinsey/FAI (October 2009 paper) – 2,5 bilhões da população adulta; e Demirgüç-Kunt et al. (2007) – 70% da população (World Bank Group Team Compilation *apud* Stein et al., 2010).

[13] Ver Demirgüç-Kunt et al. (2008).

[14] Como o setor financeiro e o de telecomunicações.

estar em consonância, de modo a produzir sinergias e superar gargalos ou inconsistências.[15]

Legisladores e supervisores (nível macro) têm grande responsabilidade na formatação de um ambiente institucional estável, mas que favoreça a inovação. Para que isso ocorra, é necessário conhecer as tecnologias novas e acompanhar sua evolução, a ponto de saber como, quando e onde interferir. Os provedores de serviços financeiros (nível micro), da mesma forma, precisam conhecer a demanda e estruturar produtos convenientes às suas necessidades, suportados por controles internos e sistemas de informações gerenciais adequados. Respaldando o funcionamento eficiente desses dois níveis, áreas relacionadas com a infraestrutura, como tecnologia da informação e comunicação, contribuem com estabilidade (mediante confiabilidade no fornecimento de produtos e serviços de qualidade) e inovação (através de ganhos de produtividade, redução de custos e maior velocidade nas transações).

FIGURA 6.1 Sistema financeiro inclusivo

Nível Macro (legislação, regulação, supervisão)

Nível Meso (serviços de suporte e infraestrutura)

Nível Micro (provedores de serviços *financeiros*)

Clientes

Fonte: Helms, 2006 (p. 14).

---

[15] Traduz-se na necessidade de diálogo e coordenação entre os níveis micro, meso e macro do sistema financeiro, tendo como foco de atuação o cliente. Como exemplos positivos de coordenação entre os atores, o modelo de correspondentes no Brasil; M-Pesa no Quênia; Smart Money e G-Cash nas Filipinas; a estrutura de *bureaus* de crédito na Bolívia e as ações de inclusão financeira no México.

Corroborando a estrutura de análise apresentada, o Relatório de Desenvolvimento Financeiro do Fórum Econômico Mundial (2010) analisa o nível de desenvolvimento financeiro de 57 países com base no Índice de Desenvolvimento Financeiro (IDF), composto por sete pilares, agrupados em três categorias: i) fatores, políticas e instituições; ii) intermediação financeira; e iii) acesso financeiro.

O relatório aborda desenvolvimento financeiro como fatores, políticas e instituições que levam à intermediação e a mercados financeiros efetivos, bem como a amplo e disponível acesso a capital e serviços financeiros (tradução livre dos autores).

Essa perspectiva de análise mais ampla do sistema financeiro, em contraposição à abordagem tradicional de utilizar ativos financeiros em relação ao Produto Interno Bruto (PIB), é suportada por estudos que mostram que não existe, necessariamente, forte relação entre tamanho e disponibilidade de ativos financeiros e acesso a esses pela população como um todo (usuários finais).[16]

Por último, no que tange à inclusão financeira como parte integrante do conceito de desenvolvimento financeiro, e, por consequência, parte da agenda de reformas que visam ao crescimento econômico, ressalta-se que o conhecimento das melhores tecnologias não garante que essas sejam implementadas. Como e quando alterar as regras depende dos atores envolvidos e da coordenação entre grupos com interesses e atuações diversas.[17]

De acordo com relatório do Banco Mundial/IFC[18] (2009, p. 1 – tradução dos autores):

> A infraestrutura financeira é parte central de todos os sistemas financeiros. A qualidade da infraestrutura financeira determina a eficiência da intermediação, a habilidade dos credores em avaliar o risco e dos tomadores em obter crédito, seguro e outros produtos financeiros a preços competitivos. Fortalecer a infraestrutura financeira demanda tempo, recursos e vontade política (...).

---

[16] Ver Demirgüç et al. (2008).

[17] Kroszner e Strahan (2001) analisam a importância dos grupos de interesse e da ideologia na construção de regras no sistema financeiro. Abordam as reformas regulatórias implementadas no sistema financeiro norte-americano, e o papel desempenhado pela tecnologia. Demirgüç-Kunt et al. (2008) mencionam a necessidade de alinhamento de interesses entre reguladores e mercado para que ações efetivas ocorram na esteira das reformas.

[18] De acordo com o mesmo relatório, a infraestrutura financeira é o alicerce para o sistema financeiro, englobando instituições, informações, tecnologias, regras e padrões, os quais possibilitam a intermediação financeira (tradução dos autores).

2.2 O contexto brasileiro

Com as regras que passaram a coordenar o ambiente de serviços financeiros a partir do Plano Real (1994), os bancos, acostumados com rentabilidade e risco baixo por meio da concessão de crédito ao setor público e ganhos de *floating*, enfrentaram um novo desafio sob a estabilidade monetária. Estruturas ineficientes vieram à tona e uma fase de reorganização do Sistema Financeiro Nacional foi necessária.

Como parte importante desse processo, que ocorreu de forma concomitante à consolidação do processo de estabilidade monetária, foram implementados programas de reestruturação, como o Programa de Estímulo à Reestruturação e ao Fortalecimento do Sistema Financeiro Nacional (Proer), em 1995, e o Programa de Incentivo à Redução da Participação do Setor Público Estadual na Atividade Bancária (Proes), em 1996.

Ainda em 1994, o Brasil implementou o Acordo de Basileia[19] (estabelecido no âmbito do Banco de Compensações Internacionais em 1988), incorporando seus princípios e regras à atuação das instituições financeiras em operação no mercado brasileiro, reforçando as demais medidas tomadas com o objetivo de gerar mais estabilidade financeira para o setor.

Em 1999, um novo arcabouço normativo para operações de crédito (conjunto de regras regido pela Resolução nº 2.682/1999) foi instituído, indo ao encontro das tendências internacionais dos processos de regulação, afastando-se da abordagem de *compliance*, e adotando o enfoque no risco. Na sequência, foi estruturado o Sistema de Pagamentos Brasileiro, baseado na compensação das transações interbancárias em tempo real (2002), com minimização do risco de liquidez, e, portanto, do risco sistêmico.[20]

Paralelamente à questão da solidez do sistema financeiro, na década de 1990, discussões envolvendo atores públicos e privados abordaram questões relacionadas com a importância de proporcionar o acesso a serviços financeiros para a população não atendida pela estrutura vigente no sistema financeiro tradicional.

---

[19] No Brasil, o Conselho Monetário Nacional, juntamente com o BCB, tem adotado padrões internacionais de regulação prudencial (Acordos de Basileia – I e II), com medidas ainda mais rigorosas (exigência de capital superior a ditada pelo acordo), que realçam o aspecto conservador da regulação brasileira.

[20] Banco Central do Brasil (disponível em www.bcb.gov.br).

Com participação essencial nesse momento, o Conselho da Comunidade Solidária[21] foi responsável pela promoção das Rodadas de Interlocução Política, das quais o microcrédito fazia parte da pauta de debates.[22]

Entre os diversos avanços e inovações que foram gerados na esteira dessas discussões, destaca-se a evolução normativa dos correspondentes e das cooperativas de crédito e a criação das Organizações da Sociedade Civil de Interesse Público (OSCIPs)[23] e Sociedades de Crédito ao Microempreendedor.[24]

Esses movimentos internos não ocorreram de forma isolada, visto que várias iniciativas de concessão de crédito para empreendedores vinham sendo disseminadas no cenário internacional. Embora baseado em experiências internacionais, foram incorporadas feições típicas do contexto nacional ao arcabouço institucional interno, como a forte presença do Estado, através da incidência de controles rígidos.

As SCMEPPS foram concebidas com a possibilidade única de concessão de crédito produtivo, com determinação de nicho, limite máximo de concessão de crédito por cliente e restrição geográfica. Entretanto, à época de sua criação, o modelo representava uma primeira tentativa de fomentar a atividade econômica de pessoas de baixa renda, via concessão de crédito por iniciativas privadas com fins de lucro.

Na década seguinte, continuaram a ser implementadas medidas visando à ampliação do acesso a serviços financeiros, tais como a modernização da legislação das cooperativas de crédito, e a instituição do Programa Nacional do Microcrédito Produtivo Orientado (PNMPO),[25] cujo objetivo, conforme

---

[21] Instituído pelo Decreto nº 1.366/1995.

[22] Ver Barone et al. (2002) disponível em http://www.bcb.gov.br/htms/public/microcredito/microcredito.pdf).

[23] Lei 9.790/1999.

[24] À época, eram chamadas dessa forma. Essa denominação só veio a ser alterada a partir da vigência da Lei nº 11.524/2007, em decorrência da ampliação das possibilidades de público-alvo, englobando as empresas de pequeno porte.

[25] O PNMPO prevê metodologia de concessão de crédito baseada no relacionamento direto com os tomadores de recursos no local onde é realizada a atividade econômica, durante todo o período do contrato, visando garantir a sustentabilidade do empreendimento. As instituições de microcrédito produtivo orientado devem ser cadastradas no Ministério do Trabalho e Emprego. De acordo com a Lei nº 11.110/2005, são consideradas instituições de microcrédito produtivo orientado: as cooperativas singulares de crédito, as agências de fomento, as SCMEPPs e as OSCIPs.

descrito no artigo 1º da Medida Provisória nº 226/2004 (convertida na Lei nº 11.110/2005), é "incentivar a geração de emprego e renda entre os microempreendedores populares, através da disponibilização de recursos provenientes, inicialmente, do Fundo de Amparo ao Trabalhador (FAT) e de parcelas de depósitos à vista (DPA) destinados ao microcrédito".[26]

De forma geral, portanto, o Brasil construiu um cenário propício para transações financeiras mais seguras, suportado tanto pelo aspecto tecnológico, como pelo regulatório, e iniciou uma fase de reestruturação do cenário de serviços financeiros.

Entretanto, com base no conceito de desenvolvimento financeiro, o Brasil se localiza na metade inferior do *ranking* de 57 países analisados no Relatório de Desenvolvimento Financeiro, do Fórum Econômico Mundial (2010), ocupando a 32ª posição, com a nota 3,53,[27] sugerindo a necessidade de ações que promovam os vários aspectos que suportam uma adequada infraestrutura financeira.

Entre os comentários constantes no relatório, contrapõe-se o desempenho positivo da estabilidade financeira com o do ambiente institucional no Brasil, com fragilidades, entre outros pontos, em questões legais e regulatórias, a exemplo da carga de regulação pública extremamente alta.[28]

Em específico quanto à provisão de serviços financeiros a segmentos de baixa renda, relatório publicado recentemente, Microscópio Global sobre o Ambiente de Negócios para as Microfinanças[29] (2010), apresenta o Brasil na

---

[26] Com a entrada em vigor da Lei nº 12.249/2010, foi acrescida mais uma fonte de *funding*: recursos do orçamento geral da União e Fundos Constitucionais de Financiamento, somente para operações de microcrédito rural, no âmbito do Programa Nacional de Fortalecimento da Agricultura Familiar (Pronaf).

[27] A nota varia de 1 a 7, sendo 7 a melhor. A avaliação do Brasil nos sete pilares que embasam o cálculo do IDF é a seguinte: i)ambiente institucional: 44º (3,61); ii) ambiente de negócio: 49º (3,80); iii) estabilidade financeira: 10º (5,15); iv)serviços financeiros bancários: 38º (3,22); v) serviços financeiros não bancários: 12º (3,56); vi) mercados financeiros: 34º (1,93); e vii) acesso financeiro: 27º (3,42).

[28] Ver Relatório de Desenvolvimento Financeiro, Fórum Econômico Mundial (2010 – capítulo 1.1) e Capítulo 10 deste livro.

[29] Trabalho realizado pela Economist Intelligence Unit (*The Economist*), patrocinado por: FOMIN/BID, CAF, Governo da Holanda e IFC. A avaliação é feita com base em 13 indicadores agrupados em três categorias (com os respectivos pesos na nota final): estrutura regulatória (40%), clima de investimento (20%) e desenvolvimento institucional (40%). A nota geral e a de cada grupo variam entre 0 e 100, sendo 100 a melhor.

26ª posição, com 45 pontos.[30] Entre 54 países em desenvolvimento, nas três categorias que compõem o índice geral, o Brasil alcançou 50 pontos/26ª posição (**estrutura regulatória**); 58,3 pontos/6ª posição (**clima de investimento**); e 33,3 pontos/23ª posição (**desenvolvimento institucional**).

3. SOCIEDADES DE CRÉDITO AO MICROEMPREENDEDOR E À EMPRESA DE PEQUENO PORTE

3.1 Concepção legal e regulatória

As Sociedades de Crédito ao Microempreendedor e à Empresa de Pequeno Porte (SCMEPPs) foram criadas pela Medida Provisória nº 1.894-19/1999, convertida na Lei nº 10.194/2001, tendo como objetivo exclusivo a concessão de financiamentos a pessoas físicas e a microempresas.[31]

Em 2 de agosto de 1999, o Conselho Monetário Nacional (CMN) editou a Resolução nº 2.627, que regulava a atuação das SCMEPPs, estabelecendo valor máximo de responsabilidade por cliente de R$10 mil, patrimônio líquido (PL) mínimo de R$100 mil e limite de endividamento de cinco vezes o PL. Adicionalmente, foram proibidas a captação de depósitos interfinanceiros (DI) e de recursos com o público. A Resolução nº 2.627 determinava ainda que a instituição definisse sua área geográfica de atuação em seu estatuto social.

Em 26 de julho de 2001, o CMN revogou a Resolução nº 2.627/1999, por meio da Resolução nº 2.874, a qual acabou com a regra de limitação da área de atuação e permitiu que o controle das SCMEPPs fosse exercido por OSCIPs, desde que referidas entidades desenvolvessem atividades de crédito compatíveis com o objeto social das SCMEPPs e não conferissem

---
[30] Para o Microscópio (2010, pág. 69), instituições de microfinanças são definidas como entidades que concedem "microcréditos", ou seja, operações de crédito a trabalhadores não assalariados que normalmente representam até 250% do PIB *per capita* (tradução livre dos autores).
[31] Segundo Andrade Neto (2009), grande parte dos interessados em participar do segmento era oriunda de empresas de *factoring*, com experiência anterior na área comercial de bancos privados, com *expertise*, portanto, em operações de crédito oferecidas pelas instituições financeiras tradicionais.

ao setor público qualquer poder de gestão ou veto na condução de suas atividades.[32]

Outra importante alteração prevista na Resolução nº 2.874/2001 foi a criação do Posto de Atendimento de Microcrédito (PAM). Os PAMs poderiam ser instalados por quaisquer instituições financeiras, desde que praticassem operações de financiamentos ou prestação de garantias a pessoas físicas, para aplicação em atividade econômica, de pequeno porte, e a microempresas.

Após dois anos, foi editada a Medida Provisória nº 122/2003 (convertida na Lei nº 10.735/2003), que determinou a aplicação de parcela dos recursos captados por Bancos Comerciais, Bancos Múltiplos com Carteira Comercial, Caixa Econômica Federal e Cooperativas de Crédito de Pequenos Empresários, Microempresários ou Microempreendedores e de Livre Admissão de Associados em operações de crédito destinadas à população de baixa renda e a microempreendedores. Através da Resolução nº 3.109/2003, o CMN fixou essa parcela em 2% dos DPA, estabeleceu tetos para taxa de juros, valor máximo de crédito e de taxa de abertura de crédito (TAC), bem como prazo mínimo de operação, conforme previsão legal. Entre outros dispositivos, a resolução previu, como uma das formas de cumprimento da exigibilidade, o repasse para as SCMEPPs via depósito interfinanceiro vinculado a operações de microfinanças (DIM).

Na sequência, foi editada a Medida Provisória nº 226/2004 (convertida na Lei nº 11.110/2005), que, além de instituir o Programa Nacional do Microcrédito Produtivo Orientado (PNMPO), excluiu as cooperativas de crédito da exigibilidade de aplicação dos 2% dos DPA, prevista na Lei nº 10.735/2003.

Na mesma data da Medida Provisória nº 226/2004, foi editado o Decreto nº 5.288, regulamentando a aplicação de seus dispositivos. Esse decreto determinou que seriam consideradas pessoas físicas e jurídicas empreendedoras de atividades

---

[32] Anteriormente, conforme disposto no artigo 2º da Resolução nº 2.627/1999, era facultada a transformação em SCMEPPs de organizações que tivessem por objeto exclusivo a atuação no segmento de microcrédito e cujas operações estivessem de acordo com o disposto na referida norma. Essa previsão normativa proporcionava a transformação de OSCIPs de microcrédito em SCMEPPs, o que nunca aconteceu. Da mesma forma, não há casos de OSCIPs exercendo controle de SCMEPPS. Existem pontos na base legal que geram discussões entre os stakeholders no que se refere à efetiva viabilidade desses movimentos, como a possibilidade de perda do certificado de OSCIP e a consequente transferência do patrimônio adquirido com recursos públicos para outra entidade também certificada, de preferência com a mesma finalidade – Lei nº 9.790/1999.

produtivas de pequeno porte aquelas com renda bruta anual[33] de até R$60 mil. Com a edição do Decreto nº 6.607/2008, esse limite passou a ser de R$120 mil.

Revogando a Resolução nº 3.109/2003, a Resolução nº 3.310/2005 incorporou, entre outros pontos, as operações de microcrédito concedidas no âmbito do PNMPO. Dessa forma, o artigo 2º da referida resolução trouxe a seguinte redação:

> Art. 2º Para efeito do disposto nesta resolução, consideram-se operações de microcrédito aquelas realizadas com:
> I – pessoas físicas, detentoras de contas especiais de depósitos de que trata a Resolução 3.211, de 30 de junho de 2004, ou titulares de outras contas de depósitos que, em conjunto com as demais aplicações por elas mantidas na instituição financeira, tenham saldo médio mensal inferior a R$1.000,00 (mil reais);
> II – pessoas físicas, para viabilizar empreendimentos de natureza profissional, comercial ou industrial, de pequeno porte, e com pessoas jurídicas classificadas como microempresas na forma da legislação e regulamentação em vigor;
> III – pessoas físicas de baixa renda, detentoras ou não de depósitos e de aplicações financeiras de pequeno valor, que se enquadrem no art. 3º, inciso I, da Lei Complementar 111, de 6 de julho de 2001;
> IV – pessoas físicas e jurídicas empreendedoras de atividades produtivas de pequeno porte, com renda anual bruta de até R$60.000,00 (sessenta mil reais).

Dentre os quatro incisos, apenas o II e o IV se aplicam às SCMEPPs, por serem destinados a financiamento de atividade econômica.

Com a edição da Resolução nº 3.422/2006, foi revogada a Resolução nº 3.310/2005. Os limites de valor de operação por cliente e de endividamento máximo foram alterados, bem como o estabelecimento de receita bruta anual para enquadramento no inciso IV do artigo 2º, que passou a ser remetido para o determinado pelo Decreto nº 5.288/2004.

A Resolução nº 3.706/2009 alterou a Resolução nº 3.422/2006, estabelecendo novos limites de valor de operação por cliente e de endividamento.

---

[33] Embora sejam conceitos distintos sob o ponto de vista econômico, a interpretação dada é de que, neste caso, a renda bruta é equivalente à receita bruta (tema objeto de discussão entre *stakeholders*).

O Conselho Deliberativo do Fundo de Amparo ao Trabalhador (Codefat) atualmente disciplina a utilização dos recursos do FAT, no âmbito do PNMPO, através da Resolução nº 511/2006,[34] que fixa os limites de valor, prazo e taxa de juros das operações.

Em 24 de setembro de 2007, foi publicada a Lei nº 11.524, que alterou a Lei nº 10.194/2001, permitindo a realização de operações com empresas de pequeno porte, ampliando o nicho de atuação das SCMEPPs. Após oito meses, o CMN publicou a Resolução nº 3.567/2008, cujas principais inovações foram: i) elevar o limite de capital realizado e de patrimônio líquido mínimo para R$200 mil; ii) determinar o fim do teto máximo de R$10 mil para concessão de empréstimos a cada cliente, substituindo-o por um limite prudencial[35] de exposição por cliente de 5% do patrimônio líquido, ajustado pelas contas de resultado, para operações de crédito, coobrigação por cessões de crédito e prestação de garantias; iii) aumentar o limite de endividamento, que passou a ser de 10 vezes o patrimônio líquido.

3.2 Análise dos dados

Na data-base junho de 2010, das 44 SCMEPPs autorizadas a funcionar,[36] apenas 40 possuíam operações de crédito (conta 3.1 do Cosif),[37] cujo saldo total alcançava R$77,76 milhões. Desse valor, cinco instituições respondiam por 71%, e uma única entre essas, por 41%.[38]

Sete instituições apresentavam carteira acima de R$3 milhões, e cinco, entre R$1 milhão e R$2 milhões.[39] Essa estratificação, enfatizada pelo *outlier*

---

[34] Essa Resolução revogou a Resolução Codefat nº 449/2005.
[35] Ver Andrade Neto (2009).
[36] Fonte da informação: BCB.
[37] Plano Contábil das Instituições do Sistema Financeiro Nacional, instituído pela Circular nº 1.273/1987.
[38] 12 SCMEPPs representavam 89% da carteira total em junho de 2010.
[39] 14 instituições possuíam carteira de crédito inferior a R$200 mil. Dessas, cinco iniciaram suas operações de crédito recentemente (2009 ou 2010), enquanto nove apresentam data de início de atividades anterior a fevereiro de 2006. Duas SCMEPPs entre essas nove apresentavam patrimônio líquido inferior a R$200 mil na data em referência, nível mínimo estabelecido pela Resolução nº 3.567/2008. Em junho de 2010, seis SCMEPPs estavam desenquadradas do valor mínimo de PL, e outras quatro se desenquadravam com o ajuste do seu PL pelas contas de resultado. No total, portanto, 10 SCMEPPs estavam em desacordo com o artigo 4º, inciso I, da Resolução nº 3.567/2008 na data-base junho de 2010.

GRÁFICO 6.1 Dispersão da participação na carteira de crédito das 40 SCMEPPs (conta 3.1 do Cosif)

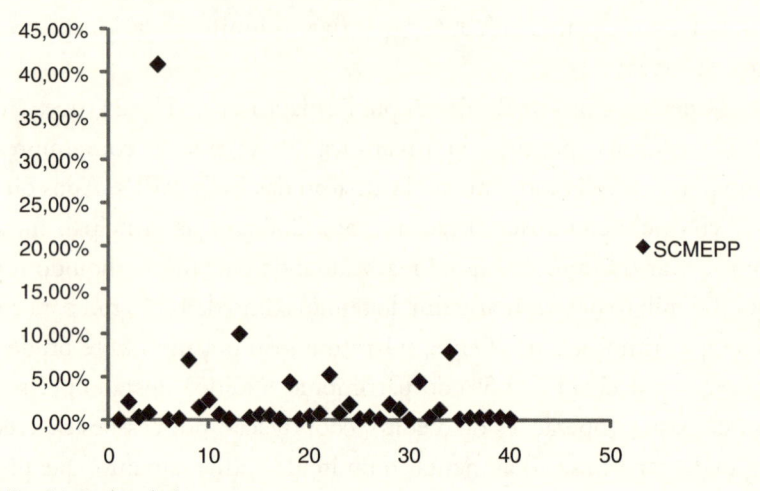

Fonte: BCB – elaboração própria

representado pela maior SCMEPP, evidencia a concentração de crédito no segmento, conforme demonstrado no Gráfico 6.1.

Quanto à evolução da carteira de crédito consolidada para o segmento, entre dezembro de 2007 e junho de 2010, houve expansão até dezembro de 2009 (50%), alcançando R$92,3 milhões (o saldo era de R$61,7 milhões em dezembro de 2007), e redução de 16% no semestre seguinte (saldo de R$77,8 milhões em junho de 2010).

Esse declínio no valor da carteira consolidada entre dezembro de 2009 e junho de 2010 se deveu à transformação da "Shopcred Sociedade de Crédito ao Microempreendedor Ltda." em "Santana S.A. – Crédito, Financiamento e Investimento" (SCFI), segunda maior carteira de crédito das SCMEPPs em dezembro de 2009.[40] Contudo, ao se analisar a carteira de crédito das 12 maiores SCMEPPs (*ranking* de acordo com a conta 3.1 em

---

[40] Seu processo de transformação foi aprovado pelo BCB em fevereiro de 2010. Em abril de 2009, foi aprovada a transformação da "Socinal – Sociedade de Crédito ao Microempreendedor Ltda." em "Socinal S.A. – Crédito, Financiamento e Investimento", cuja carteira de crédito era de R$9,5 milhões em dezembro de 2008; entretanto, mesmo com sua saída do segmento, o saldo agregado da conta 3.1 não mostrou variação negativa.

junho de 2010), de dezembro de 2009 a junho de 2010, verifica-se expansão de 5,5%.[41]

Com relação à qualidade da carteira de crédito, utilizando como *proxy* para carteira em risco os saldos das operações de crédito de "C" a "H" (subcontas 3.1),[42] verifica-se que o indicador[43] tem oscilado entre 31% e 35%, no período entre dezembro de 2007 (34,35%) a junho de 2010 (34,34%), em bases semestrais.

A *proxy* para taxa de juros das operações de crédito,[44] em nível consolidado, gerou os valores de 68,09% e 72,31%, respectivamente para 2008 e 2009. Entretanto, o ROE (*Return on Equity* – Retorno sobre o Patrimônio) para os mesmos anos resultou em 11,07% e 11,41%. Ao analisar os demonstrativos consolidados para o segmento, verifica-se que a soma das "despesas administrativas" e de "provisão e ajustes patrimoniais" representava 77,25% e 75,32% das receitas operacionais, com as despesas de "provisão e ajustes patrimoniais" sendo responsáveis por 47,91% e 46,86% no indicador. Assumindo a classificação exclusivamente por atraso, expõe-se um problema de eficiência no segmento.

Para uma visão um pouco mais clara quanto ao ponto mencionado acima, obteve-se o indicador de eficiência "despesas administrativas e com provisão" em relação à carteira média, 79,86% e 81,08%, em 2008 e 2009,

---

[41] De dezembro de 2009 a junho de 2010, três SCMEPPs iniciaram suas operações de crédito e duas pararam (uma foi a Shopcred, que se transformou em Santana SCFI e a outra só apresentou operações de crédito em junho e dezembro de 2009, em bases semestrais, tendo iniciado suas atividades nesse ano).

[42] Classificação das operações de crédito de acordo com a Resolução nº 2.682/1999. As operações são classificadas em "C" a partir de 30 dias de atraso. Nessa *proxy*, está se assumindo que as operações das SCMEPPs são classificadas nos níveis de risco "apenas" por atraso (considerando o disposto no artigo 5º da mesma resolução, com modificação pela Resolução nº 2.697/2000). Nesse caso, portanto, trabalha-se com a hipótese de que o endividamento total por cliente é inferior a R$50 mil.

[43] Para os indicadores envolvendo mais de um período, optou-se por expurgar a "Socinal" da série (transformada em SCFI em abril/2009), para minimizar a influência nas análises. Houve variação no número de SCMEPPs causada por outras instituições, mas que, pelo seu porte, não afeta de forma significativa os resultados.

[44] Conta 7.1.1 (soma dos dois semestres do ano em consideração)/Conta 3.1(saldo médio entre dezembro do ano anterior e o do ano de referência). Deve-se ressaltar que a Resolução nº 2.682/1999 proíbe o reconhecimento de receitas com operações de crédito com atraso igual ou superior a 60 dias, o que, portanto, assume valores não pagos reconhecidos como resultado, distorcendo o resultado da *proxy*.

respectivamente.[45] De acordo com os demonstrativos consolidados, as receitas com operações de crédito não cobrem as despesas administrativas e de provisões e ajustes patrimoniais.

Para compreender esse resultado, analisou-se a composição das receitas operacionais em suas principais rubricas, chegando-se ao exposto no Gráfico 6.2.

GRÁFICO 6.2 Participação das principais rubricas nas Receitas Operacionais (conta 7.1 do Cosif)

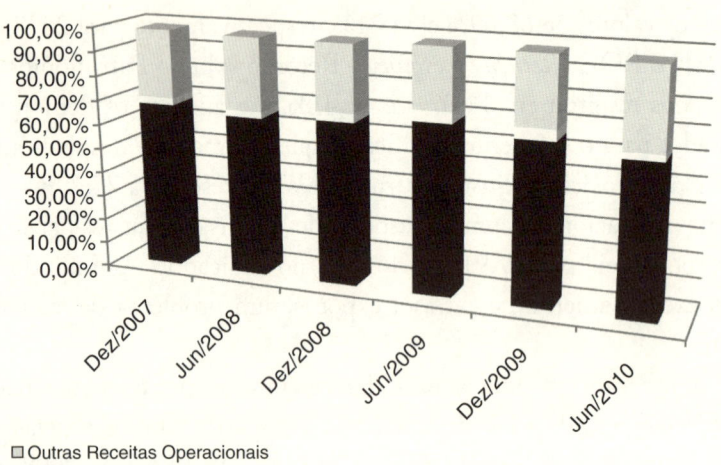

☐ Outras Receitas Operacionais
☐ Rendas de Prestação de Serviços
■ Rendas de Ops de Crédito

Fonte: BCB – elaboração própria.

De dezembro de 2007 a junho de 2010, as "rendas de operações de crédito" contribuíram com valores entre 61,19% e 69,12% das "receitas operacionais"; "outras receitas operacionais",[46] entre 24,73% a 32,61%; e "rendas de

---

[45] Total das contas 8.1.7 e 8.1.8 do Cosif (somados os saldos dos dois semestres para cada ano) em relação à média da conta 3.1 entre dezembro do ano anterior e dezembro do ano de referência.

[46] As informações contábeis públicas vão até o nível três de detalhamento, ou seja, subcontas mais específicas não são de conhecimento público. Contudo, de acordo com o Cosif, a conta 7.1.9 (Outras receitas operacionais), para o atributo "J" – referentes às SCMEPPs, é composta de rendas de direitos a receber de operações de venda ou de transferência de ativos financeiros; lucros em operações de venda ou de transferência de ativos financeiros; recuperação de créditos baixados como prejuízo; recuperação de encargos e despesas; rendas de créditos vinculados ao Banco Central; reversão de provisões operacionais; e outras rendas operacionais.

prestação de serviços",[47] entre 2,51% a 4,58%. Em junho de 2010, as rendas de prestação de serviço apresentaram queda de participação, após três semestres consecutivos de expansão; contudo, deve-se ressaltar que a Shopcred (transformada em SCFI em fevereiro de 2010) contava com grande contribuição das "rendas de prestação de serviços" em suas receitas operacionais (27,77%, 31,13% e 25,20% em dezembro de 2008, junho de 2009 e dezembro de 2009, respectivamente).

Em termos agregados, o resultado líquido do segmento foi de R$4,6 milhões e R$6,3 milhões, para 2008 e 2009. Entretanto, a maior SCMEPP, no mesmo período, teve resultado de R$5,8 milhões e R$8,6 milhões, indicando, portanto, que o restante do mercado apresentou prejuízo, em nível consolidado.

Com 41% da carteira de crédito do segmento em junho de 2010, a maior SCMEPP possuía 50,68% de sua carteira classificada entre os níveis "C" e "H" (variando entre 47,25% e 54,61% no período dezembro de 2007 a dezembro de 2009). Em junho de 2010, suas receitas operacionais somavam R$33,2 milhões, sendo 59,07% de rendas de operações de crédito e 40,93% de outras receitas operacionais. Para 2008 e 2009, respectivamente, a *proxy* para taxa de juros resultava em 117,24% e 129,29%, a relação "despesas administrativas e aprovisionamento e ajustes patrimoniais" e "carteira média", em 132,51% e 136,16% e o ROE em 68,42% e 74,69%.

Verifica-se, portanto, que os indicadores dessa SCMEPP divergem bastante daqueles apresentados de forma agregada pelo conjunto de instituições do segmento.[48]

A seguir, são apresentados quatro gráficos referentes apenas às SCMEPPs que possuem carteira de crédito acima de R$1 milhão,[49] apresentando carteira em risco em junho de 2010, e indicador de eficiência, *proxy* de taxa de juros e ROE relativos aos anos de 2008 e 2009.

---

[47] A conta 7.1.7 (Rendas de prestação de serviços), para o atributo "J" – referentes às SCMEPPs, é composta de rendas de tarifas bancárias – PF; rendas de tarifas bancárias – PJ; e rendas de outros serviços.

[48] Para visualizar a contraposição com o agregado do segmento, em 2009: *proxy* para taxa de juros (72,31%); ROE (11,41%); despesas administrativas e com provisão em relação à carteira média (81,08%). Em junho de 2010, *proxy* para carteira em risco (34,34%).

[49] Uma das SCMEPPs que apresenta carteira de crédito acima de R$1 milhão foi excluída da análise porque iniciou as suas atividades em 2009, não possuindo dados suficientes para uma comparação de séries históricas.

GRÁFICO 6.3 Carteira em risco das SCMEPPs com carteira de crédito acima de R$1 milhão

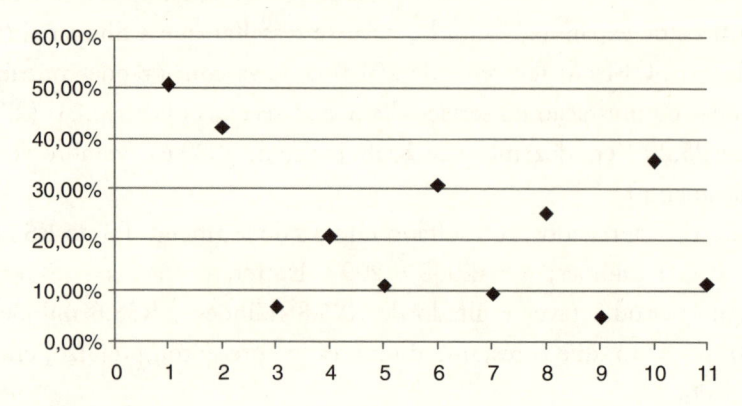

Fonte: BCB – elaboração própria.

GRÁFICO 6.4 Indicador de eficiência[50] das SCMEPPs com carteira de crédito acima de R$1 milhão

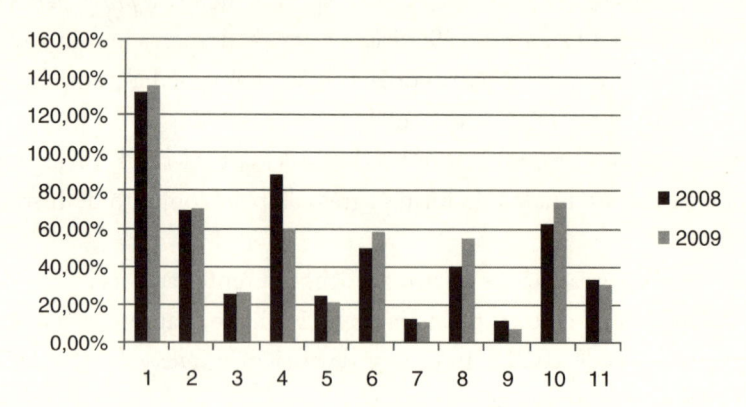

Fonte: BCB – elaboração própria.

---

[50] Quanto maior o índice, menor a eficiência.

GRÁFICO 6.5 *Proxy* de taxa de juros das SCMEPPs com carteira de crédito acima de R$1 milhão

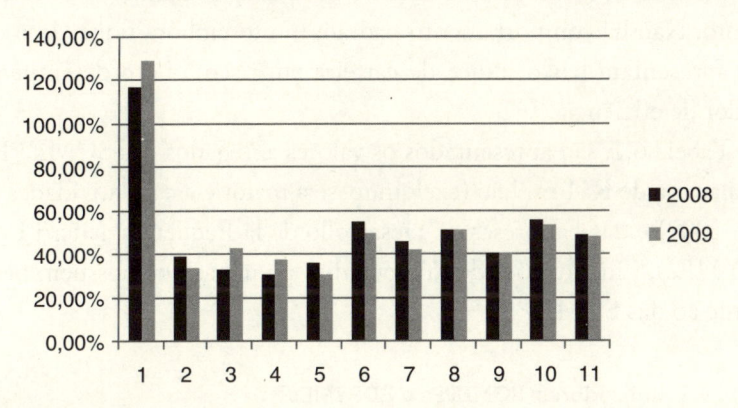

Fonte: BCB – elaboração própria.

GRÁFICO 6.6 ROE das SCMEPPs com carteira de crédito acima de R$1 milhão

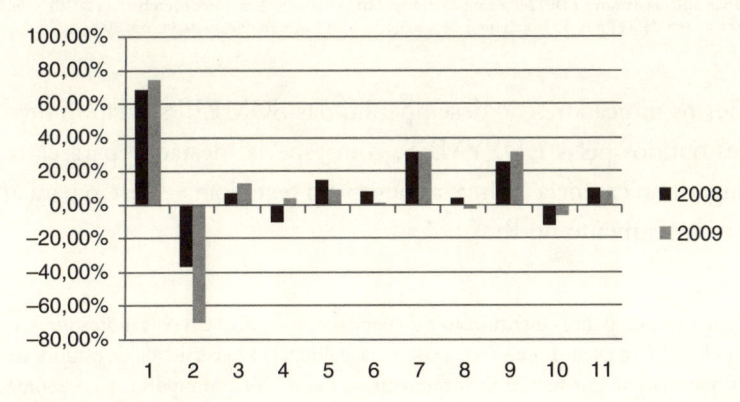

Fonte: BCB – elaboração própria.

Verifica-se divergência acentuada dos indicadores da maior SCMEPP em relação às demais, mesmo considerando-se apenas as maiores instituições do segmento. Não há comportamento padrão, muito embora fique claro que algumas apresentam baixo índice de carteira em risco e bom desempenho no indicador de eficiência.[51]

Na Tabela 6.1, são apresentados os valores agregados das SCMEPPs com carteira acima de R$1 milhão (excluindo-se a maior e a com atividades iniciadas em 2009) e das Empresas de Desarrollo de la Pequeña y Micro Empresa (EDPYMEs),[52] instituições de microcrédito peruanas que possuem perfil semelhante ao das SCMEPPs.[53]

TABELA 6.1 Indicadores: SCMEPPs e EDPYMEs[54]

Indicador	SCMEPPs (%)	EDPYMEs (%)
Carteira em risco (junho/2010)	23,02	5,31
Proxy de taxa de juros (2009)	40,05	33,67
Indicador de eficiência (2009)	51,14	25,54
ROE (2009)	-7,24	7,74

Fonte: BCB e MixMarket – elaboração própria.
Consideradas apenas as nove EDPYMEs com dados no MixMarket (acesso em dezembro de 2010); e as SCMEPPs com carteira acima de R$1 milhão (excluindo-se a maior e a com atividades iniciadas em 2009).

Todos os indicadores de desempenho das SCMEPPs estão muito aquém daqueles obtidos pelas EDPYMES, com especial destaque para carteira em risco, sugerindo carência de investimento em tecnologia e gestão para aprimoramento do segmento no Brasil.[55]

---

[51] Um segmento com poucas instituições e dispersão significativa em seus indicadores, conforme demonstrado, com mais de dez anos de existência, evidencia a necessidade de estudos mais aprofundados que ensejem adequação na infraestrutura financeira que suporta seu desempenho.

[52] Instituições cuja especialidade consiste em conceder financiamento preferencialmente para empresários de micro e pequenas empresas. Também são autorizadas a realizar outras operações, que não somente crédito, como prestar serviços de assessoria financeira; efetuar cobranças, pagamentos e transferência de fundos; promover operações de comércio exterior; e arrendamento financeiro (Lei 26702 e modificações, http://www.sbs.gob.pe/repositorioaps/0/0/jer/regu_leygralbancseguro/2010/LeyGenral_09-12-2010.pdf).

[53] O Peru tem sustentado a 1ª posição entre os países analisados no Relatório Microscópio Global sobre o Ambiente de Negócios para as Microfinanças (2008 a 2010) – informação disponível em http://www.eiu.com/site_info.asp?info_name=global_microscope_2010&page=noads&rf=0.

[54] (http://www.mixmarket.org/mfi/country/Peru?page=1).

[55] Ver Andrade Neto (2009).

No que tange à área geográfica de atuação, as SCMEPPs estão concentradas em apenas quatro estados, que, juntos, detêm 71% do total de instituições do segmento em junho de 2010.[56] No entanto, as normas preveem mecanismos de penetração geográfica, que são os correspondentes e os Postos de Atendimento de Microcrédito (PAMs).

Analisando os dados referentes a esses canais de distribuição,[57] foram identificados 13 PAMs em funcionamento em junho de 2010. Apenas três pertenciam a duas SCMEPPs, sendo os demais pertencentes a três instituições financeiras públicas. Além disso, apenas uma SCMEPP possuía correspondentes cadastrados nessa data, num total de 37 pontos de atendimento.

3.3 Ambiente institucional

As SCMEPPs foram idealizadas para serem instituições financeiras especializadas na concessão de financiamento a pequenos empreendedores e microempresas e, posteriormente, também a empresas de pequeno porte.

Passados 12 anos desde a sua criação, muito pouco se avançou na construção de um ambiente institucional propício para uma atuação mais eficiente das SCMEPPs, apesar das alterações em leis e normativos do CMN/BCB e Codefat, conforme abordado no item 3.1.

Com relação à infraestrutura financeira, existem vários aspectos a serem considerados para sua adequada avaliação. No entanto, por uma questão de prioridade, esta seção aborda o ambiente legal e normativo que delineia a atuação das SCMEPPs.

Um primeiro ponto é a inexistência de um *bureau* de crédito[58] que englobe informações positivas para pequenas transações.[59] Esse tema deve ser tratado

---

[56] Conforme dados do BCB, os estados de São Paulo, Minas Gerais, Rio de Janeiro e Paraná detêm cerca de 71% do total de SCMEPPS, ao passo que as regiões Norte e Nordeste contam com apenas 13%. Das 27 Unidades da Federação, 14 não contam com sequer uma instituição.
[57] *Fonte*: BCB.
[58] Em 30 de dezembro de 2010, foi editada a Medida Provisória nº 518, que "Disciplina a formação e consulta a bancos de dados com informações de adimplemento, de pessoas naturais ou de pessoas jurídicas, para formação de histórico de crédito". Disponível em www.planalto.gov.br.
[59] O Sistema de Informações de Crédito (SCR) do BCB provê informações negativas e positivas, mas individualizadas para clientes com obrigações iguais ou superiores a R$5 mil. Está disponível apenas para instituições reguladas e supervisionadas pelo BCB.

de forma sistemática na medida em que sua contribuição agrega valor ao contexto em que ocorrem as transações. O assunto tem sido amplamente discutido na literatura e sua importância resulta, entre outros, do fato de clientes desprovidos de colateral poderem utilizar seu ativo reputacional como meio de "encurtar" o tempo que a instituição financeira leva para conhecer seu cliente. A estrutura de *bureau* de crédito mais apropriada para determinado mercado demanda estudos e esforços coordenados entre os *stakeholders*.

Outro ponto se refere a produtos e serviços, no qual a literatura da área (mencionada na seção 2 deste capítulo) evidencia que famílias de baixa renda não necessitam exclusivamente de crédito produtivo, mas também de crédito para consumo, instrumentos de poupança, remessas ou transferências e seguros, conclusão que deve ser estendida às micro e pequenas empresas. No caso do PNMPO, por exemplo, os limites de definição de cliente e operação são tão baixos que elegem como clientes um grupo bem específico de "empreendedores com receita bruta anual" de R$120 mil,[60] cujas operações não podem ultrapassar R$15 mil.

No caso das SCMEPPs, duas inconsistências se formam diante do exposto até aqui:

a) seu estreito escopo de atuação vai de encontro à concepção atual sobre acesso a serviços financeiros que contribuem para um sistema inclusivo e eficiente, por meio de produtos e serviços diversificados;

b) não encontra sustentação no programa oficial do governo que promove crédito para empreendedores, considerando condições extremamente rígidas, que engessam as possibilidades de inovações.

Hoje, as SCMEPPs estão autorizadas a conceder crédito produtivo a empreendedores e micro e pequenas empresas. De forma prática, isso gera um perfil de receita bruta por cliente de até R$2,4 milhões por ano (uma média de R$200 mil por mês). Para viabilizar essas operações, as SCMEPPs contam com poucas alternativas de *funding* (capital próprio, empréstimos de

---

[60] De acordo com o Relatório de Desenvolvimento Financeiro (2010), o PIB *per capita* do Brasil em 2009 era de US$8.220,40, o que gera um valor de R$14.306,78, utilizando a cotação real/dólar americano de 31 de dezembro de 2009. (http://www4.bcb.gov.br/pec/conversao/Resultado.asp?idpai=convmoed). O PNMPO utiliza o valor máximo de operação individual de R$ 15 mil, o que equivale a somente 104,8% do PIB *per capita*, de acordo com o dado apresentado para 2009. As definições para operações de microcrédito variam, mas, a título de referência, a nota de rodapé nº 30 deste capítulo menciona o valor máximo de 250% do PIB *per capita* (Relatório Microscópio), o que geraria um valor de R$35,8 mil.

instituições financeiras e de desenvolvimento nacionais e internacionais, fundos oficiais e DIM),[61] estando expressamente proibidas de captar recursos de terceiros mediante oferta pública.

Dentre as opções mencionadas de *funding*, os capitais de terceiros (endividamento), essencialmente, dividem-se entre recursos livres e direcionados.[62] Desses, os livres são os provenientes de instituições financeiras, de desenvolvimento e de fundos oficiais, desde que de livre pactuação das taxas de juros, e os direcionados, os que apresentam condições de taxa preestabelecidas, ou seja, hoje, basicamente, PNMPO.

O *funding* livre depende de condições de mercado. Por serem as SCMEPPs instituições que atualmente ofertam praticamente um único serviço (concessão de crédito e prestação de garantia), seu negócio se caracteriza por vendas a prazo e baixíssima diversificação de produto, o que, em tese, sugere um mercado de risco elevado. Os recursos do PNMPO estão pautados, no contexto urbano, no FAT e nos 2% dos DPA, regulados, respectivamente, pelo Codefat[63] e pelo CMN,[64] tendo como normas-base o Decreto nº 5.288/2004 e a Lei nº 11.110/2005, com as respectivas alterações.

Especificamente sobre as SCMEPPs, estas são consideradas na legislação instituições de microcrédito produtivo orientado, portanto, entidades integrantes e estratégicas do PNMPO. O Decreto nº 5.288/2004 é o responsável pela determinação dos clientes que se enquadram no PNMPO, que hoje são as pessoas físicas e jurídicas empreendedoras de atividades produtivas de pequeno porte com receita bruta anual de até R$120 mil (limite alterado pelo Decreto nº 6.607/2008), gerando uma média de receita mensal de R$10 mil.

Existem diversas opções para canalizar aos clientes esses recursos, oriundos de instituições públicas federais e instituições financeiras que captam DPA,[65] sendo uma delas via SCMEPPs, podendo contar com a participação de agentes

---

[61] Já existe em funcionamento no Brasil Fundo de Investimento em Direitos Creditórios (FIDC), cujas quotas são lastreadas em operações concedidas por SCMEPP. Para mais detalhes, ver www.mixmarket.org.

[62] A utilização dos termos "livre" e direcionado" é mais conveniente do que "recursos públicos" e privados" porque parte do endividamento pode vir de instituições privadas, mas por determinação do Estado, o que distorce a análise sobre a natureza do *funding*. Recursos direcionados são aqueles em que a taxa pactuada é determinada em norma, não sendo de livre negociação entre as partes.

[63] Resolução nº 511/2006.

[64] Resolução nº 3.422/2006, alterada pela Resolução nº 3.706/2009.

[65] Exceto as cooperativas de crédito.

de intermediação. Esses repasses podem ocorrer por meio de DIM ou compra de carteira.

Assumindo a inexistência de quaisquer outras restrições nas relações estabelecidas pelos atores envolvidos, como se dá a convergência de normas nesse contexto? Com base no exposto, as SCMEPPs estão por lei e por resolução do CMN destinadas a atender, via financiamento produtivo, empreendedores e micro e pequenas empresas, portanto, com receita bruta anual de até R$2,4 milhões, conforme definição da Lei Complementar nº 123/2006. O PNMPO determina que os clientes a serem atendidos pelo programa não podem apresentar receita bruta anual superior a R$120 mil. Por mês, o cliente de uma SCMEPP pode ter uma receita de até R$200 mil, e pelo PNMPO, de até R$10 mil. Ambas as ampliações de escopo (Resolução nº 3.567/2008, passando a incorporar as empresas de pequeno porte no nicho das SCMEPPs, e Decreto nº 6.607/2008, estabelecendo receita anual máxima em R$120 mil) ocorreram em 2008.[66] Hoje, os limites máximos de operação por cliente, no âmbito do PNMPO, estão em R$10 mil (FAT) e R$15 mil (2% DPA).[67]

Considerando, portanto, que as SCMEPPs, como instituições operadoras de microcrédito produtivo, venham a fazer uso dos recursos direcionados pelo PNMPO em suas operações, o valor de limite máximo de receita bruta anual prevista no programa corresponde a 5% do limite máximo que caracteriza seus clientes. Ainda, de um máximo de receita bruta média mensal de R$200 mil, seus clientes só podem obter operações de até R$15 mil ou R$10 mil.

Parte significativa dos clientes potenciais das SCMEPPs, determinados em lei e resolução, não se enquadra no PNMPO. Com isso, as fontes de *funding* de terceiros se restringem. No limite, assumindo que os recursos do PNMPO não se aplicam às SCMEPPs (ou apenas de forma marginal), restam recursos livres (instituições financeiras, de desenvolvimento e fundos internacionais) e os recursos direcionados dos DPA do artigo 2º, inciso II da Resolução nº 3.422/2006, que limitam as operações em R$5 mil por cliente (pessoas físicas e jurídicas classificadas como microempresas).[68]

---

[66] A Resolução nº 3.567 foi editada em 29 de maio de 2008 e o Decreto nº 6.607 em 21 de outubro de 2008.
[67] Conforme definido pelas Resoluções nº 511/2006 do Codefat e nº 3.706/2009 do CMN.
[68] A título de ilustração, conforme informações obtidas junto a ABSCM, SCMEPPs com aproximadamente 11% de participação na carteira de crédito em junho de 2010 apresentavam valor médio de operação por cliente de R$13,7 mil em novembro de 2010.

Como se trata de entidade cujo negócio embute elevado nível de risco pelo simples fato de suas operações serem 100% a prazo ("vendem" crédito) e cujo escopo de produtos é bastante limitado, espera-se que os contratos estabelecidos com recursos livres também apresentem algumas dificuldades, reduzindo a eficiência do mercado.

Para verificação do exposto, foram obtidas as seguintes informações da ABSCM:[69]

TABELA 6.2 Fonte de recursos das instituições filiadas à ABSCM

Fonte de recursos	Quantidade de instituições
Recursos próprios	35
Bancos comerciais	32
Depósitos interfinanceiros de microcrédito	0
BNDES	1
CEF (FAT)	3
Fundos Internacionais	2
FIDC	1

Fonte: ABSCM – elaboração própria.
A ABSCM conta com 35 instituições associadas.

Para complementar a análise, por meio dos dados contábeis do conjunto das SCMEPPs no período de dezembro de 2007 a junho de 2010, verificou-se que apenas uma instituição, não filiada à ABSCM, faz captação de recursos via DIM.

Ainda, como forma de analisar o grau de coordenação e parcerias estabelecido no mercado envolvendo as SCMEPPs, foi calculada uma *proxy* para o nível de endividamento[70] do conjunto dessas instituições entre dezembro de 2007 e junho de 2010. No período analisado, a variação foi de 0,52 a 0,79, ou seja, bem abaixo do valor permitido pela Resolução nº 3.567/2008 do CMN (indicador máximo igual a 10). As SCMEPPs sequer captam montante equivalente ao seu PL.

---

[69] Informações obtidas por meio de entrevista por telefone com Marcelo Rocha, presidente da Associação Brasileira de Sociedades de Crédito ao Microempreendedor e à Empresa de Pequeno Porte, em 19 de outubro de 2010, e por consulta ao mesmo por e-mail.
[70] Conta 4.0 (Passivo Circulante e Exigível a Longo Prazo)/Conta 6.0 (Patrimônio Líquido) do Cosif. A Resolução nº 3.567/2008 determina que, no cálculo do limite de endividamento, sejam somadas ao passivo circulante as coobrigações por cessão de créditos e as garantias prestadas, e descontadas as aplicações em títulos públicos federais.

4. CONSIDERAÇÕES FINAIS

Cada vez mais se consolida o entendimento de que o acesso a serviços financeiros pela população tradicionalmente excluída é variável essencial para que seja alcançado um sistema financeiro desenvolvido.

Não obstante avanços significativos em algumas áreas específicas, como no caso dos correspondentes e das cooperativas de crédito, o Brasil ainda se encontra em posição bastante desconfortável em *ranking* internacional sobre microfinanças.

No caso específico das SCMEPPs, o atual modelo, caracterizado por forte restrição em relação à captação de recursos e pela pouca diversificação de serviços oferecidos aos clientes, onde o Estado inclusive busca, em alguns casos, direcionar a alocação de recursos e fixar teto para as taxas de juros, mostra-se inadequado em face da realidade atual do segmento e da concepção sobre acesso a produtos e serviços financeiros diversificados.

No entanto, a simples e generalizada autorização para captar poupança popular ou a ampliação desmesurada do leque de serviços a serem oferecidos aos clientes não suplantaria as restrições existentes para as SCMEPPs, haja vista os padrões e resultados divergentes no segmento.

Por outro lado, manter a inércia, interrompida apenas por medidas esporádicas, dificulta a ocorrência de mudanças significativas nos resultados agregados do segmento e engessa as possibilidades de inovação.

Com base na breve análise realizada neste capítulo, não se pode eleger um responsável pelos resultados do segmento até o momento. No entanto, a fragilidade da infraestrutura financeira, manifestada inclusive pela incongruência entre as normas, resta evidente.

Identifica-se uma necessidade premente de simplificação e aperfeiçoamento do marco regulatório, a demandar uma ação coordenada de diversos órgãos e esferas do poder público, de forma a diminuir as restrições operacionais que inibem o incremento da eficiência do segmento e a evitar contradições normativas, que geram insegurança em potenciais investidores e dificultam o alcance da desejada sinergia entre os atores de mercado.

Um exemplo de ação nesses moldes pode ser encontrado no processo de mudança da legislação das cooperativas de crédito, em que diversas barreiras (por exemplo, quanto ao público a ser atendido e tipos de operações permitidas) foram sendo paulatinamente diminuídas ou eliminadas ao longo do tempo, contribuindo para criar um ambiente institucional mais adequado para o desenvolvimento do segmento.

Outro ponto a ser atacado é a falta de uma definição mais clara a respeito do papel a ser desempenhado pelas SCMEPPs no Sistema Financeiro Nacional e da forma com que essas instituições podem contribuir para facilitar o acesso aos diversos serviços financeiros, pois ao mesmo tempo em que foi ampliado recentemente o seu público potencial, com a inclusão das empresas de pequeno porte, os seus principais produtos não estão estruturados para atender a essa demanda, vide as limitações de valor das operações no âmbito do PNMPO.

Além dessas questões normativas, a análise dos indicadores das SCMEPPs evidencia problemas relacionados com a eficiência e a dificuldade de geração de resultados positivos, apontando para a necessidade de melhorias em tecnologia e gestão, a serem implementadas pelos operadores.

Ainda que outras pesquisas sejam necessárias para que se possa avançar em um diagnóstico detalhado do segmento, experiências exitosas, envolvendo microcrédito, modelo de correspondentes e de cooperativas de crédito no Brasil, bem como a literatura da área, sugerem que a articulação dos *stakeholders*, de forma coordenada e cumulativa, seja uma alternativa viável e consistente para a superação dos gargalos existentes.

Referências

ANDRADE NETO, R. (2009). "Sociedades de Crédito ao Microempreendedor e à Empresa de Pequeno Porte: história e perspectiva". Perspectivas e Desafios para Inclusão Financeira no Brasil: visão de diferentes atores. Org. Feltrim, Ventura, Dodl. Banco Central do Brasil.

ARMENDÁRIZ, B., MORDUCH, J. (2010). "The Economics Of Microfinance". 2ª ed. Massachusetts Institute of Technology.

BANCO CENTRAL DO BRASIL. Resolução CMN nº 2.627, de 2 de agosto de 1999.

_____. Resolução CMN nº 2.682, de 21 de dezembro de 1999.

_____. Resolução CMN nº 2.874, de 26 de julho de 2001.

_____. Resolução CMN nº 3.109, de 24 de julho de 2003.

_____. Resolução CMN nº 3.310, de 31 de agosto de 2005.

_____. Resolução CMN nº 3.422, de 30 de novembro de 2006.

_____. Resolução CMN nº 3.567, de 29 de maio de 2008.

_____. Resolução CMN nº 3.706, de 27 de março de 2009.

_____. Resolução CMN nº 2.697, de 24 de fevereiro de 2000.
_____. Circular nº 1.273, de 29 de dezembro de 1987.
BARONE, F. M.; LIMA, P. F.; DANTAS, V.; REZENDE, V. (2002). "Introdução ao Microcrédito". Conselho da Comunidade Solidária. Disponível em http://www.bcb.gov.br/htms/public/microcredito/microcredito.pdf.
COLLINS, D.; MORDUCH, J.; RUTHERFORD, S.; RUTHVEN, O. (2009). "Portfolios of the poor: how the world's poor live on two dollars a day". Princeton University Press.
DEMIRGÜÇ-KUNT, A.; BECK, T.; HONOHAN, P. (2008). "Finance for all?: policies and pitfalls in expanding access". The World Bank.
ECONOMIST INTELLIGENCE UNIT – The Economist. "The global microscope on the microfinance business environment 2010". Disponível em http://www.eiu.com/site_info.asp?info_name=global_microscope_2010&page=noads&rf=0.
HELMS, B. (2006). "Access for all: building inclusive financial systems". Consultative Group to Assist the Poor. Banco Mundial. The World Bank.
INTERNATIONAL FINANCE CORPORATION (2009). The World Bank, "Financial Infrastructure: Building Access Through Transparent and Stable Financial Systems". Financial Infrastructure Policy and Research Series.
KROSZNER, R. S. e STRAHAN, P. E. (2001). "Obstacles to Optimal Policy: The Interplay of Politics and Economics in Shaping Bank Supervision and Regulation Reforms". Prudential Supervision: what works and what doesn't. NBER.
MINISTÉRIO DO TRABALHO E EMPREGO. Resolução Codefat nº 449, de 29 de agosto de 2005.
_____. Resolução Codefat nº 511, de 18 de outubro de 2006.
PRESIDÊNCIA DA REPÚBLICA FEDERATIVA DO BRASIL. Lei nº 9.790, de 23 de março de 1999.
_____. Lei nº 10.194, de 14 de fevereiro de 2001.
_____. Lei nº 10.735, de 11 de setembro de 2003.
_____. Lei nº 11.110, de 25 de abril de 2005.
_____. Lei Complementar nº 123, de 14 de dezembro de 2006.
_____. Lei nº 11.524, de 24 de setembro de 2007.
_____. Lei nº 12.249, de 11 de junho de 2010.
_____. Medida Provisória nº 1.894-19, de 29 de junho de 1999.
_____. Medida Provisória nº 122, de 25 de junho de 2003.
_____. Medida Provisória nº 226, de 29 de novembro de 2004.
_____. Medida Provisória nº 518, de 30 de dezembro de 2010.
_____. Decreto nº 1.366, de 12 de janeiro de 1995.
_____. Decreto nº 5.288, de 29 de novembro de 2004.
_____. Decreto nº 6.607, de 21 de outubro de 2008.
SCHREIBER, J.G. (1975). "Análise de Custo Benefício do Programa UNO". Dissertação de Mestrado. Universidade Federal de Pernambuco.
STEIN, P.; RANDHAWA, B.; BILANDZIC, N. (2010). "Toward Universal Access: Addressing the Global Challenge of Financial Inclusion". Postcrisis growth and development: a development agenda for the G-20. The World Bank.

SUPERINTENDENCIA DE BANCA, SEGUROS Y AFP. Ley nº 26702, del 6 de diciembre de 1996. Peru.
WEF (2010). "The Financial Development Report 2010", disponível em http://www.weforum.org/reports/financial-development-report-2010?fo=1.

Sites

http://www.grameen-info.org
http://www.mixmarket.org
http://www.bcb.gov.br

CAPÍTULO 7

A eficiência no Sistema de Pagamentos Brasileiro e suas perspectivas

EDER FABRÍCIO SANTOS SOUZA

1. VISÃO GERAL SOBRE TROCAS, MOEDA E PAGAMENTOS: UMA BREVE HISTÓRIA DA EFICIÊNCIA

Um conceito intuitivo e essencial que está por trás de praticamente toda formulação teórica em economia é a **troca**. Aprendemos que, desde os primórdios da humanidade, as pessoas adotam esse mecanismo para obterem bens que não possuem, mas que gostariam de possuir, desde que abrindo mão de bens que possuam, mas dos quais aceitem se desfazer. Se nas formas de organização social mais primitivas a prática comum eram as trocas diretas de um bem material por outro (escambo), a introdução da **moeda** nesse mecanismo contornou várias ineficiências, desde a falta de unidades de valor padronizadas, fracionáveis e de ampla aceitação, até as preocupações com a durabilidade e a portabilidade do bem. Assim, a tecnologia "moeda" fez surgir uma categoria particular de troca: o **pagamento**. Intuitivamente, pagamento é a "entrega de moeda" na troca por um bem (ou, ainda, por outra forma de moeda).

QUADRO 7.1 Definição formal de pagamento, pelo BIS

> Pela definição formal do BIS, "*payment is the payer's transfer of a monetary claim on a party acceptable to the payee. Typically, claims take the form of banknotes or deposit balances held at a financial institution or at a central bank*".
> (http://www.bis.org/publ/cpss00b.pdf)

Mais adiante, com a inserção da tecnologia "banco" como instituição para depósito de valores, a tecnologia "moeda" passou por uma importante inovação: deixou de ter unicamente a forma de papel-moeda (aí incluída também a moeda metálica) para assumir também a forma de um simples registro em uma instituição financeira (que evoluiu das anotações nos "caderninhos" dos banqueiros de séculos atrás até os atuais registros em grandes bases de dados computadorizadas). Assim, grande parte do estoque de moeda nas sociedades "desmaterializou-se", passando do "meio físico" ao "meio eletrônico", e, para que as pessoas tivessem confiança tanto na aceitação pública quanto na inviolabilidade dos registros nas instituições financeiras, vinculadores dos valores depositados a seus respectivos depositantes, tornaram-se necessários arranjos tanto institucionais quanto tecnológicos que fomentassem essa confiança.

A transformação na forma da moeda, do meio físico para o meio eletrônico, induziu também ao mesmo caminho as formas de pagamento – tecnicamente chamadas "instrumentos de pagamento". Inicialmente os cheques e posteriormente as formas eletrônicas de pagamento (cartões de débito e crédito, transferências eletrônicas, DOCs, TEDs, TECs) foram os mecanismos adotados para que se pudesse, cada vez mais, se eliminar as ineficiências da moeda física nas transações.

QUADRO 7.2 DOCs, bloquetos, TEDs e TECs

> No Brasil, as transferências interbancárias podem ser realizadas por quatro instrumentos: DOC (Documento de Crédito), caso o valor seja inferior a R$ 5 mil; bloquetos de cobrança, para pagamentos com código de barras; TED (Transferência Eletrônica Disponível), para qualquer valor; ou TEC (Transferência Especial de Crédito), para vários pagamentos em um único lote.
> (http://www.bcb.gov.br/htms/spb/Diagnostico%20do%20Sistema%20de%20Pagamentos%20de%20Varejo%20no%20Brasil.pdf)

Hoje se observa que, nas sociedades em que os arranjos institucionais e tecnológicos voltados para formas eletrônicas de pagamento demonstram elevado grau de confiabilidade, seu uso tem crescido intensamente, em detrimento do uso de "instrumentos de papel" (tanto papel-moeda quanto cheques), que tende a se manter estagnado ou em declínio.

GRÁFICO 7.1 Uso dos instrumentos de pagamento – Quantidade de transações (milhões)

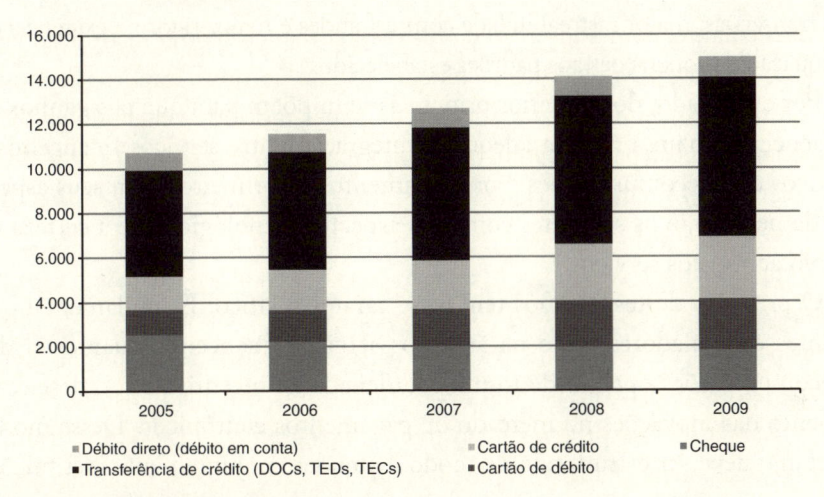

- Débito direto (débito em conta)
- Transferência de crédito (DOCs, TEDs, TECs)
- Cartão de crédito
- Cartão de débito
- Cheque

Fonte: Banco Central do Brasil e bancos.

GRÁFICO 7.2 Uso dos instrumentos de pagamento – Valor das transações (R$ bilhões)

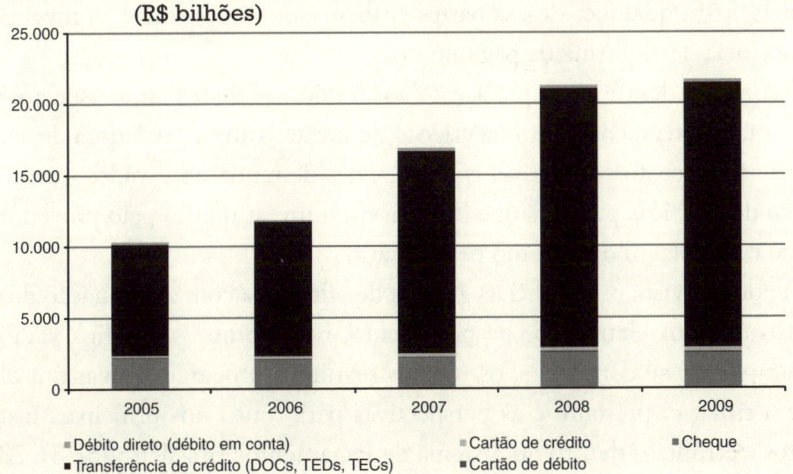

- Débito direto (débito em conta)
- Transferência de crédito (DOCs, TEDs, TECs)
- Cartão de crédito
- Cartão de débito
- Cheque

Fonte: Banco Central do Brasil e bancos.

Se a transição do escambo para o uso de moeda trouxe os ganhos de eficiência mencionados anteriormente (unidades de valor padronizadas, fracionáveis e de ampla aceitação, com maior durabilidade e portabilidade), a transição dos "instrumentos de papel" para os "instrumentos eletrônicos" trouxe ou tem potencial para trazer outros mais. De imediato, a simples substituição de tráfego físico de papeis por tráfego de dados já embute, por si só, menos custo e mais rapidez às transações. Além disso, arranjos institucionais e tecnológicos adequados podem prover ainda, para esse "tráfego de dados", maior segurança, certeza e integridade nas transações, maior rastreabilidade contra fraudes e maior rigor na exigência de adequação das operações aos padrões estabelecidos.

Por outro lado, dois desafios principais se impõem para que tais ganhos de eficiência venham à tona: a adequada integração entre serviços financeiros e serviços de telecomunicações e processamento (os primeiros com seus aspectos de negócio, e os seguintes com seus aspectos tecnológicos); e a certeza de amplo acesso aos serviços.

O primeiro destes desafios tem forte caráter político. É fundamental que agentes e reguladores tanto na área dos serviços financeiros quanto na das telecomunicações operem de forma coordenada ao incentivarem o desenvolvimento das inovações no mercado de pagamentos eletrônicos. Desse modo, o arranjo deve ser estruturado de modo a atender conjuntamente instituições financeiras ofertantes de serviços de pagamento, provedores de serviços de telecomunicação e processamento, bancos centrais e agências reguladoras de telecomunicações. Arranjos que não sejam atrativos ou que tenham grandes ineficiências para qualquer dessas partes acabam por comprometer o nível geral de eficiência dessa forma de pagamento.

O segundo desafio – amplo acesso aos serviços – abarca tanto aspectos políticos quanto técnicos, tanto na criação de infraestrutura provedora de acesso aos serviços a custo compatível com os níveis de renda observados quanto na adoção de políticas públicas que incentivem o investimento pelo provedor do serviço e viabilizem o consumo pelo usuário.

Tendo em vista os potenciais ganhos de eficiência com a ampliação do uso de instrumentos eletrônicos de pagamento, bem como os desafios para que essa ampliação se concretize, os tópicos seguintes procuram lançar um olhar sobre a situação presente e as perspectivas para o uso dos principais instrumentos eletrônicos dentro do Sistema de Pagamentos Brasileiro (SPB). Além disso, são brevemente tratadas algumas experiências internacionais na área.

QUADRO 7.3 Resumo dos Ganhos (efetivos e potenciais) e desafios dos instrumentos eletrônicos de pagamento

Ganhos efetivos e potenciais	Desafios
■ Substituição de tráfego físico de papeis por tráfego de dados; ■ Menor custo; ■ Maior rapidez; ■ Maior segurança, certeza e nível de integridade nas transações; ■ Maior rastreabilidade; ■ Maior rigor na exigência de adequação aos padrões estabelecidos.	■ Integração entre negócio financeiro e negócio telecomunicações; ■ Amplo acesso.

2. O SPB E OS PAGAMENTOS DE VAREJO: FOCO NA SEGURANÇA *VERSUS* FOCO NA EFICIÊNCIA

No Brasil, uma reformulação no sistema de pagamentos implantada em 2002 incorporou ao sistema financeiro do país um novo desenho institucional e tecnológico com grande nível de segurança contra riscos de liquidez, de crédito, operacionais ou legais em pagamentos interbancários de grandes volumes financeiros. Nesse novo desenho, o SPB passou a contar com a Rede do Sistema Financeiro Nacional (RSFN), infraestrutura dedicada, para conexão entre: instituições financeiras; Sistema de Transferência de Reservas (STR), do Banco Central, que é um sistema eletrônico para liquidação de pagamentos em tempo real e por valores brutos entre as instituições financeiras; câmaras de transferência de fundos, tais como Compe para compensação de cheques, e o Sitraf para fluxo de TEDs por exemplo; e câmaras para liquidação de ativos financeiros, tais como o Selic para títulos públicos federais, a CBLC para ações, a BMF-Câmbio para operações com câmbio, e a BMF-Derivativos para operações com derivativos. Um esquema completo pode ser visto em http://www.bcb.gov.br/?SPBLIQVISAO. A principal preocupação no desenho desse sistema foi eliminar vulnerabilidades a que ficavam expostas transações interbancárias de grandes volumes no arranjo anterior.

Assegurado o alto padrão de segurança nas transações de grande valor e passada a fase de acomodação do mercado ao novo arranjo, um novo objetivo do SPB passou a ser o aumento da eficiência no que se chamam "pagamentos de varejo", ou seja, os pagamentos presentes no cotidiano de pessoas e empresas não financeiras, que normalmente envolvem valores menores mas que são em quantidade bem maior do que os grandes fluxos interbancários. Buscar arranjos eficientes para pagamentos com cartões de débito, cartões de crédito, boletos bancários (tecnicamente chamados bloquetos de cobrança), pagamentos via telefonia móvel e até mesmo cheques passou a ser uma nova meta.

QUADRO 7.4 Comparativo entre pagamentos interbancários e pagamentos de varejo

Pagamentos interbancários de grande valor	Pagamentos de varejo
Foco na segurança (contra os riscos de liquidez, crédito, operacionais e legais).	Foco na eficiência (rapidez, praticidade, acessibilidade, custo).
Poucas transações, mas com valores financeiros maiores.	Muitas transações, mas com valores financeiros menores.

Com base nessa diretriz de busca por eficiência nos pagamentos de varejo, algumas ações importantes têm sido tomadas ultimamente, tanto por reguladores quanto até mesmo por agentes dos mercados, no sentido de incentivar a competição e as inovações envolvendo instrumentos eletrônicos de pagamento. Alguns exemplos: o fim de acordos de exclusividade que existiam entre credenciadores de cartões (fornecedores das máquinas para os comerciantes) e bandeiras, ocorrido após repercussão do Relatório sobre a Indústria de Cartões de Pagamento divulgado em 2009 pelo Banco Central, pela Secretaria Especial de Acompanhamento Econômico e pela Secretaria de Direito Econômico; a criação do Débito Direto Autorizado (DDA) para pagamentos envolvendo bloquetos de cobrança (boletos bancários), proposto pela Câmara Interbancária de Pagamentos; e as frequentes discussões sobre modelos de pagamentos via telefonia móvel, propostas pelos diversos agentes interessados.

Nos próximos tópicos, um detalhamento do cenário brasileiro sobre cada um dos principais instrumentos de pagamento abrigados no SPB.

3. O MERCADO DE CARTÕES

O que se chama "mercado de cartões" engloba, na verdade, ao menos quatro segmentos distintos: cartões de débito; cartões de crédito; cartões de loja; cartões para serviços. Os cartões de débito são associados a uma bandeira e oferecidos por bancos a seus correntistas e poupadores, para que possam efetuar seus pagamentos a estabelecimentos credenciados para aceitação da bandeira vinculada ao cartão, via débito direto em suas contas. Os cartões de crédito também são associados a bandeiras e são oferecidos a clientes (correntistas ou não) para pagamentos, ao banco emissor do cartão, de uma fatura que agrega as despesas efetuadas com o cartão ao longo do mês, também em estabelecimentos comerciais credenciados para aceitação daquela bandeira. Os cartões de loja são emitidos por instituições financeiras ante contrato com empresas varejistas (comumente instituições financeiras ligadas à própria holding controladora do varejista), objetivando fidelizar o cliente e expor a marca, podendo ou não associá-lo a uma grande bandeira, e podendo ou não restringir seu uso às lojas do varejista "emissor". Por fim, os cartões de serviço, utilizados principalmente para alimentação e transportes, são cartões pré-pagos, que carregam certo valor financeiro (previamente comprado pelo usuário ou creditado por empresas como benefício trabalhista) que vai sendo debitado a cada uso.

A literatura microeconômica (Rochet e Tirole, 2002; Evans e Schmalensee, 2005) costuma modelar o mercado de cartões a partir da "teoria de mercado de dois lados", em que o ofertante de um bem precisa atender de forma simultânea e coordenada a dois tipos distintos de agentes demandantes: o comerciante, que precisa aceitar o uso de cartões como forma de pagamento; e o consumidor final, que precisa aderir ao uso de cartões para seus pagamentos. Assim, o ofertante precisa definir não apenas o preço que irá cobrar de um único tipo de demandante, mas sim uma distribuição de preços que cobrará de cada um dos tipos. À medida que foi se sofisticando, esse mercado se consolidou sob dois arranjos. No mais simples deles, que tem como principal representante em escala mundial a American Express, o mesmo agente faz a interface de negociação com os "dois lados" do mercado: o comerciante e o consumidor final. Já no arranjo que acabou se tornando o mais usual, e que é praticado pelas duas principais empresas do setor (Visa e Mastercard), o agente que opera como "bandeira" do cartão articula-se não diretamente com o comerciante e o consumidor final, mas com dois agentes intermediários: um banco emissor de cartões para o consumidor final e uma empresa adquirente (também chamada credenciadora) cujo negócio é formar uma base de comerciantes que aceitem pagamentos com cartões em seus estabelecimentos. Como a "bandeira" precisa estabelecer uma estrutura de preços entre os dois lados do mercado de modo que a adesão se torne atraente para ambos, o modelo que acabou por consolidar-se na prática foi o adquirente cobrar do comerciante uma taxa de desconto sobre o valor da venda e o emissor cobrar do adquirente uma taxa de intercâmbio.

QUADRO 7.5 Taxa de intercâmbio

> Existe na literatura microeconômica (Baxter, 1983; Carlton e Frankel, 1995; Rochet e Tirole, 2002; Schmalensee, 2002; Guthrie e Wright, 2003; Hayashi, 2005) vasta discussão teórica acerca da taxa de intercâmbio, analisando-se se ela é indispensável para o equilíbrio do mercado de dois lados ou se é somente um custo adicional – e, portanto, uma ineficiência – que se incorporou ao modelo ao longo de sua evolução histórica. No campo teórico, é um debate que segue vivo, ainda sem predominância de nenhuma das posições sobre a outra. No mundo concreto, taxas de intercâmbio são largamente utilizadas.

O que se observa na prática, no mercado de cartões, é que enquanto o "lado comerciante" é submetido a custos por vezes bastante elevados, o "lado consumidor" costuma ser favorecido, inclusive com recebimento de bônus (pontos para trocas por passagens aéreas são o exemplo mais comum). Essa é uma situação prevista na teoria do mercado de dois lados: o lado com menor sensibilidade a preço acaba, de certa forma, "subsidiando" benefícios para o lado mais sensível.

FIGURA 7.1 Esquema das taxas de desconto e intercâmbio

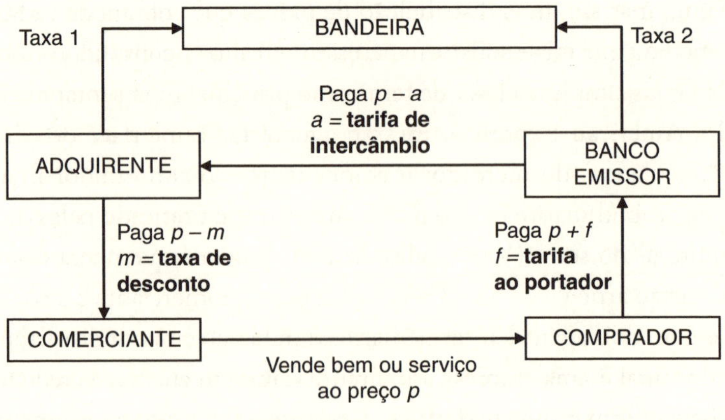

```
        Taxa 1 →  [ BANDEIRA ]  ← Taxa 2
                  
                  Paga p – a
                  a = tarifa de
                  intercâmbio
   [ ADQUIRENTE ] ←─────────── [ BANCO
                                 EMISSOR ]
        │                          │
   Paga p – m                  Paga p + f
   m = taxa de                 f = tarifa
   desconto                    ao portador
        ↓                          ↓
   [ COMERCIANTE ] ──────────→ [ COMPRADOR ]
                  Vende bem ou serviço
                  ao preço p
```

Fonte: Relatório sobre a indústria de cartões de pagamento (BCB/SEAE/SDE).

Além da taxa de intercâmbio, cujo caráter de ineficiência é ainda grande ponto de discórdia, dois aspectos são mais enfaticamente apontados como ineficiências no mercado de cartões: a "regra do não sobrepreço" e a falta de interoperabilidade entre agentes.

A regra do não sobrepreço proíbe que os preços de bens sejam diferenciados em função dos instrumentos de pagamento utilizados na sua compra. Diversos estudos (Carlton e Frankel, 1995; Rochet e Tirole, 2002; Wright, 2003; Katz, 2001), além de experiências de alguns países (como Holanda, Suécia, Reino Unido e Austrália), apontam no sentido de que a permissão do sobrepreço promove ganho de eficiência, pois elimina o efeito de consumidores usuários de cartão acabarem sendo "subsidiados" pelos consumidores não usuários, uma vez que os custos incorridos ao comerciante pela aceitação dos cartões se refletem no preço final do bem.

Já a falta de interoperabilidade foi um problema recentemente corrigido no mercado de cartões no Brasil, mas ainda persistente, por exemplo, no uso de ATMs, que será tratado no tópico seguinte. Trata-se da não utilização da infraestrutura tecnológica de um agente por parte de outros agentes. Ações no intuito de contornar essa ineficiência têm sido realizadas nos últimos tempos, como, por exemplo, a possibilidade de compartilhamento de terminais POS das adquirentes Cielo e Redecard tanto pela bandeira Visa quanto pela bandeira Mastercard.

Além das ineficiências listadas até aqui, comuns a todo o mercado de cartões, dois outros aspectos são frequentemente apontados como ineficiências: os custos elevados para o comerciante (notadamente taxa de desconto e aluguel do POS), no caso de cartões de débito e crédito; e o prazo para recebimento do pagamento pelo credenciador (média de 30 dias no Brasil, contra média de 2 dias no exterior), no caso de cartões de crédito. Tais problemas são inclusive apontados por comerciantes como justificativa para adoção da prática do sobrepreço (mesmo sob reprovação das interpretações jurídicas) em diversos setores da economia. No caso dos custos, especialmente sobre o aluguel de terminais POS, a interoperabilidade vem sendo apontada como solução possível.

Quanto ao mercado brasileiro de cartões de débito, houve uma importante iniciativa no sentido de superar deficiências de aceso: a regulamentação que tornou obrigatória a emissão gratuita, associada a toda conta corrente em banco comercial, de cartão com função débito (Resolução nº 3.518 do Conselho Monetário Nacional, de dezembro de 2007).

Cartões de loja trazem para o centro do negócio um objetivo que extrapola o resultado financeiro puramente: conhecer o cliente, além de buscar a fidelização. Mantendo um cadastro ativo de seus clientes e incentivando-o a usar o cartão da loja, o varejista consegue criar um vínculo mais "fiel" com o cliente manter um rastreamento de seus hábitos e preferências de consumo que sejam relacionados especificamente com sua categoria de produtos e serviços, e sem necessariamente ter que compartilhar essa base de informações com grandes bancos emissores ou mesmo bandeiras de cartões. Embora não tenha feito parte dos levantamentos e análises estatísticas presentes no "Relatório sobre a Indústria de Cartões de Pagamentos" divulgado pelo Banco Central em 2009/2010, o segmento de cartões de loja tem crescido a olhos vistos, evidenciando inclusive a defasagem que ainda existe em termos de presença junto ao público entre o "front" loja e o "front" bancos para oferta de serviços financeiros.

Por fim, os cartões de serviços concentram-se principalmente nos segmentos de alimentação e transporte público. No setor de alimentação, existem no Brasil poucas bandeiras especializadas, que negociam de modo a manter em equilíbrio a aceitação por parte dos estabelecimentos de serviços de refeições e a adoção por parte de pessoas jurídicas que distribuem os cartões a seus funcionários, sob a forma de benefício trabalhista. No setor de transportes, existe a particularidade de haver em uma das pontas um prestador de serviço público, o que cria uma figura de "monopólio de aceitação", ou seja, uma situação em que a aceitação de um cartão é restrita, por exemplo, a um serviço específico de ônibus ou metrô. Mas há experimentos interessantes, que propõem romper com essa característica, como o cartão Libercard (http://www.libercard.com.br/), usado nas linhas de ônibus no município de Fortaleza, e extensível a uso em algumas lojas.

QUADRO 7.6 Cartões de acesso a eventos esportivos ou artísticos

> Uma categoria não mencionada aqui foram cartões de acesso a eventos esportivos ou artísticos. Dependendo da configuração do esquema, podem assemelhar-se à lógica dos cartões de loja, pela busca da fidelização, ou de serviços, pelo "monopólio da aceitação".

O Quadro 7.7 sintetiza ineficiências de cada tipo de cartão analisado.

QUADRO 7.7 Ineficiências no mercado de cartões

	Débito	Crédito	Loja	Serviços
Deficiência de interoperabilidade	Sim, até jul/2010	Sim, até jul/2010	Não se aplica	Sim
Regra do não sobrepreço	Sim	Sim	Sim	Em alguns casos
Demora até a liquidação final da transação (recebimento pelo lojista)	Não	Sim	Não	Não
Tarifa de intercâmbio	Em discussão	Em discussão	Não se aplica	Não se aplica

INTERNET BANKING, ATMS E CORRESPONDENTES

Além dos cartões e seus respectivos terminais POS, outros canais para pagamentos e serviços bancários que têm mostrado grande crescimento e provido ganhos de eficiência são os correspondentes, os terminais de autoatendimento (Automated Teller Machines – ATMs) e o acesso a instituições financeiras via internet. Os Gráficos 7.3 e 7.4 mostram o crescimento recente de cada um desses canais no Brasil.

Os Gráficos 7.3 e 7.4, embora cubram um período curto, já evidenciam um crescimento dos canais Internet (acesso remoto) e Correspondentes maior que o crescimento dos demais canais. Em especial, o Gráfico 7.4 revela que os Correspondentes tornaram-se o principal canal para pagamento de contas

GRÁFICO 7.3 Quantidade de transações por canal de acesso (milhões)

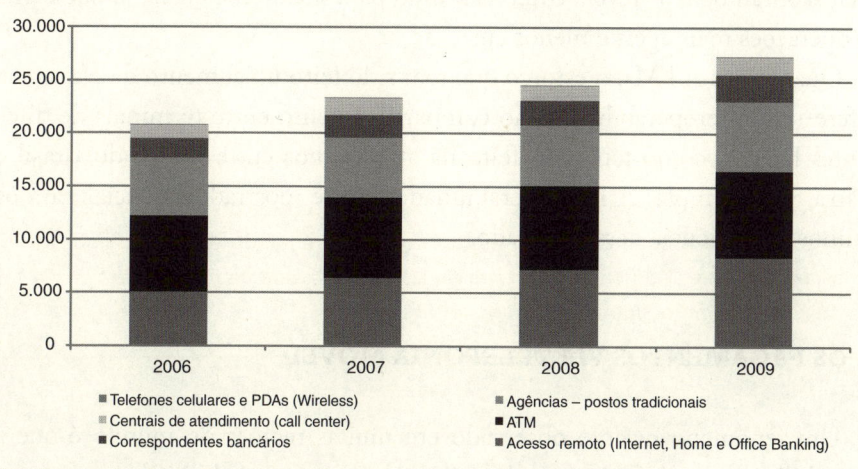

- Telefones celulares e PDAs (Wireless)
- Centrais de atendimento (call center)
- Correspondentes bancários
- Agências – postos tradicionais
- ATM
- Acesso remoto (Internet, Home e Office Banking)

Fonte: Bancos e TecBan.

GRÁFICO 7.4 Canal de acesso utilizado pelo usuário para pagamento de conta, de tributo e transferência de crédito(quantidade em milhões)

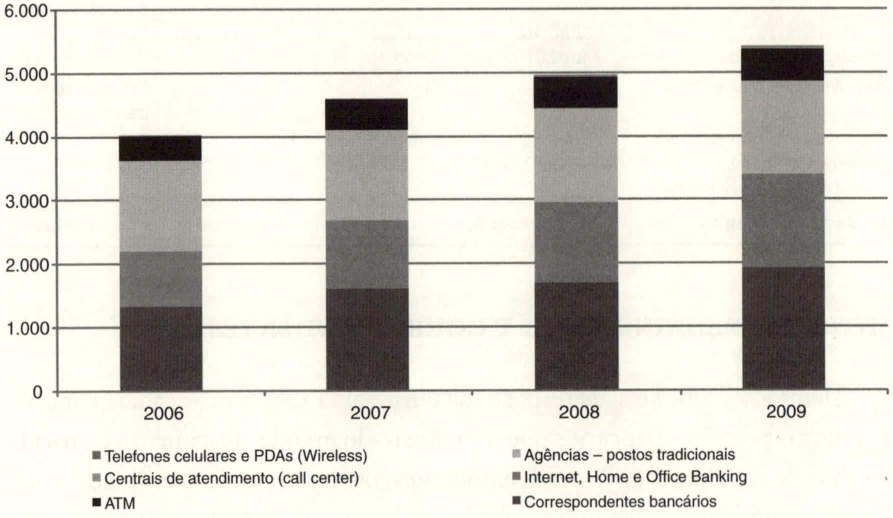
6.000
5.000
4.000
3.000
2.000
1.000
0
2006
2007
2008
2009
Telefones celulares e PDAs (Wireless)
Centrais de atendimento (call center)
ATM
Agências – postos tradicionais
Internet, Home e Office Banking
Correspondentes bancários

Fonte: Bancos e TecBan.

e tributos e transferências de crédito. Como esse canal prescinde de formas de relacionamento bancário direto (como existência de conta corrente), isso sugere que seu uso tem favorecido especialmente a população não bancarizada.

A elevação percebida no uso do canal internet para pagamentos e transações bancárias, ainda que supostamente associada à população que já tem amplo acesso a serviços financeiros e, portanto, não relacionada com o aspecto da inclusão, também se revela como caminho para maior eficiência, já que torna as operações mais ágeis e menos custosas.

Quanto aos ATMs, o esforço que tem sido feito no aumento da eficiência refere-se à interoperabilidade, ao compartilhamento entre terminais de diferentes bancos, como tem sido feito há alguns anos entre Banco do Brasil e Caixa, por exemplo. A interoperabilidade tem se mostrado essencial para os ganhos de eficiência nesse mercado.

4. OS PAGAMENTOS VIA TELEFONIA MÓVEL

Um fenômeno recente observado em muitas regiões do mundo é que a acessibilidade à telefonia móvel está maior que a acessibilidade ao sistema bancário. Os gráficos, com dados de densidade da telefonia móvel e de bancarização em diversas regiões do mundo, sugerem que a predominância dos celulares seja um fenômeno global.

GRÁFICO 7.5 Linhas de telefonia móvel e bancarização em diversas regiões do mundo (para cada 100 habitantes ou 100 famílias)

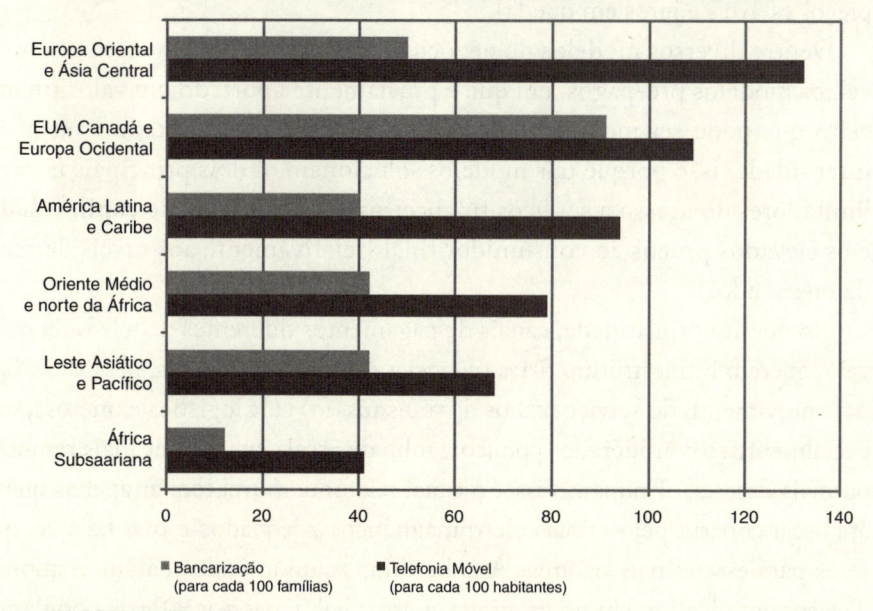

- Bancarização (para cada 100 famílias)
- Telefonia Móvel (para cada 100 habitantes)

Fontes: ITU, CGAP e análise própria.

QUADRO 7.8 Estatísticas para o Brasil

> No caso brasileiro, a densidade de celulares (número de linhas por habitante) chegou a 100% em novembro de 2010, com a particularidade de que o percentual dessas linhas que é do tipo pré-pago é superior a 80%.
> (http://www.teleco.com.br/ncel.asp)

Como forma de aproveitar esse fenômeno, uma ferramenta que tem despertado muita atenção para seu potencial de benefício social e desenvolvimento de negócios é o uso da telefonia móvel para pagamentos. Para muitos especialistas, esse novo canal de pagamentos tem potencial para atacar simultaneamente duas questões: pelo lado da demanda, a inclusão financeira, ou seja, o acesso a serviços de pagamento (e, em um segundo momento, até mesmo a serviços bancários em geral) pela parcela não bancarizada da população; e, pelo lado da oferta, a possibilidade de novos produtos financeiros e expansão da base de clientes de instituições financeiras e de operações de microcrédito (produtos cada vez mais relevantes nos resultados contábeis de bancos em cenários de preços estáveis e juros em queda).

Dentre diversos modelos de negócio para pagamentos via telefonia móvel, os modelos pré-pagos, em que é previamente aportado um valor financeiro que pode ser movimentado pelo celular, têm despontado com mais intensidade. Isso porque tais modelos solucionam os dois principais fatores limitadores do acesso a serviços financeiros: a necessidade de **capilaridade** e os elevados **preços** ao consumidor final (relativamente aos níveis de renda observados).

No quesito capilaridade, canais de pagamentos diferentes da telefonia móvel requerem infraestrutura física (agências ou correspondentes, pessoal *in loco* para provimento do serviço, cabos de transmissão) cuja logística é onerosa, especialmente se considerado o pouco ganho de escala em regiões mais remotas ou mais desertas. Enquanto isso, o canal telefonia móvel requer apenas que a área seja coberta pelos sinais eletromagnéticos adequados e que haja receptores para esses sinais na área. A cobertura, segundo dados da International Telecommunication Union, já atinge as áreas habitadas por 90% da população mundial (http://www.itu.int/ITU-D/ict/statistics/). A presença dos "receptores" pode ser medida pela densidade de linhas telefônicas móveis, que, conforme já mostrado, já é bem elevada no país.

QUADRO 7.9 Ressalva sobre capilaridade e teledensidade

> Uma ressalva a ser feita é que mesmo a grande capilaridade observada para telefones celulares ainda sofre obviamente com as dificuldades logísticas, haja vista que, embora a teledensidade no Brasil como um todo tenha chegado a 100%, ela ainda fica próxima apenas a 80% nas regiões Norte e Nordeste.
> (http://www.teleco.com.br/ncel.asp).

No quesito preços, tem havido busca por soluções como a criação da conta simplificada no Brasil (formalmente chamada de "conta especial de depósitos à vista e de depósitos de poupança" e com características definidas na Resolução nº 3.211 do Conselho Monetário Nacional, de 2004), que é um tipo de conta bancária com exigências mais simples de serem atendidas pela população de baixa renda. Mas o uso da telefonia móvel como canal de pagamento e potencial "agente bancarizador" também soluciona o problema quando adotado em formatos pré-pagos, já que também não exige custos de acesso e já que o "front" operadoras de telefonia móvel tem mostrado mais eficiência em termos de presença junto ao público do que o "front" bancos (tal como já comentado sobre o "front" lojas).

Estudo feito para a Febraban apontou a interoperabilidade como um dos fatores fundamentais para que o mercado de pagamentos via telefonia móvel de fato se desenvolva. O mesmo estudo apontou ainda quatro segmentos que responderiam por 75% das transações consideradas como de alto potencial de migração do pagamento físico para o pagamento eletrônico: transporte público, pagamentos a profissionais autônomos, pequeno varejo, e consumo básico pela população de baixa renda. Dada a maior densidade de celulares do que de cartões como "ferramenta eletrônica", pode-se considerar que boa parte desse potencial migratório possa ser canalizada para pagamentos via telefonia móvel.

Internacionalmente, casos de sucesso muito conhecidos são o M-Pesa no Quênia (esquema de pagamentos via celular operado pela provedora de telefonia Safaricom), o Smart Money nas Filipinas (operado pela provedora Smart) e o Wizzit e a parceria Standard Bank/MTN na África do Sul. No Brasil, embora existam algumas empresas atuando nesse mercado, ele ainda não conquistou uma dimensão significativa.

Basicamente, esses modelos funcionam com os números identificadores de linhas de celulares (de quem paga e de quem recebe) fazendo o papel que usualmente caberia aos números identificadores de conta bancária ou de cartão de crédito. Exemplo: em vez de a operação ser comandada como uma transferência de fundos da conta bancária 99999 para a conta bancária 00000, ou do cartão de crédito 22222 para a conta 33333, a transferência é comandada como da linha de telefonia celular 77777 para a linha 88888. Depois, a efetiva liquidação financeira dá-se via operadora telefônica (por meio de débito sobre valores pré-pagos ou por cobrança posterior na fatura) ou via banco (situação em que a conta do cliente fica associada a uma linha de celular com funcionalidade de pagamento).

QUADRO 7.10 Informações sobre o M-Pesa

> No caso do M-Pesa, da Safaricom, um fenômeno curioso que se observa é o uso de tal instrumento para transferências de dinheiro e para saques, com intenso uso de pessoas enviando dinheiro a parentes que vivam em regiões mais pobres. Esse tipo de uso impõe que se empregue a figura de um "correspondente" ou "representante autorizado" da empresa, que possa prover o dinheiro à pessoa recebedora. Acaba, então, por ser um mecanismo de pagamento via telefonia móvel associado com correspondentes. Em alguns casos, esses correspondentes acabam fazendo o papel que seria normalmente de um ATM.
>
> Depois do sucesso do M-Pesa, a Safaricom lançou também o M-Kescho, que já é uma conta bancária, associada ao Equity Bank do Quênia e disponível para pagamentos e depósitos via M-Pesa. Clientes M-Kescho têm acesso a poupança, microcrédito e seguro contra acidentes pessoais, com valores máximos limitados.
>
> (http://www.safaricom.co.ke/index.php?id=263).

A troca de mensagens é geralmente feita por SMS trafegando nas redes das operadoras de telefonia móvel. Assim, para os usuários, a operação consiste essencialmente em informar a identificação da linha recebedora do pagamento (já que a identificação da linha remetente é automática), o valor transacionado e uma senha para checagem contra fraude. Depois, pagador e recebedor recebem confirmação via SMS da operação.

Se, por um lado, esse padrão de comunicação via SMS tem a vantagem de tais mensagens terem à disposição um canal de banda eletromagnética específico e ainda muito distante de ter sua capacidade limite atingida, o que permite melhor nível de serviço e menor risco de gargalos, atrasos ou perda de dados, por outro lado, é um padrão tecnológico muito vulnerável a captura e decodificação dos dados, o que o torna menos seguro frente a outras possibilidades tecnológicas.

Observando-se os casos mencionados, duas coisas chamam atenção. Primeiramente a variedade de arranjos entre instituições financeiras e provedores de serviços de telefonia móvel sobre como se dá a liquidação financeira da operação e como cada um desses agentes é remunerado. Segundo, o fato de o crescimento desse mercado ter sido mais exuberante exatamente em nações ainda em estágios de desenvolvimento mais precários quanto à infraestrutura tecnológica e avanço econômico, com Quênia e Filipinas, por exemplo, "largando à frente" dos BRICs.

QUADRO 7.11 Aplicabilidade das tecnologias móveis a soluções de pagamento

> Outras possibilidades que estão em discussão é o uso, no desenho dos modelos de pagamentos via telefonia móvel, de tecnologias melhores hoje disponíveis, tais como WAP/Web, aplicações embarcadas nos próprios "SIM cards" dos aparelhos celulares e aplicativos móveis específicos, desenvolvidos, às vezes, pelas próprias instituições financeiras ou operadoras de telefonia. Se essas soluções superam o SMS em termos de segurança e funcionalidade, perdem em termos de penetração, já que não estão presentes em qualquer aparelho. No entanto, considerando-se a queda de custo na tecnologia embarcada nos aparelhos, não é irreal pensar em regulamentações no mercado de telefonia que busquem a popularização também dessas tecnologias mais seguras.

Quanto ao primeiro aspecto, da "prevalência" das instituições financeiras ou dos operadores de telefonia no arranjo, nota-se que, nos modelos do Quênia e das Filipinas, a prevalência foi de operadores de telefonia: eles, já com negócios, marcas e bases de clientes fortes, desenvolveram o novo produto, vinculando-os às suas respectivas marcas. No caso do M-Pesa, a própria liquidação dos pagamentos transita essencialmente pelo operador telefônico. Já na África do Sul, nota-se uma prevalância do segmento financeiro no desenho do negócio, tanto no caso da Wizzit quanto no da parceria entre Standard Bank e a operadora MTN. A dúvida que se coloca é se essa "prevalência" nos arranjos de pagamentos móveis deriva de uma própria prevalência no poderio econômico de um e outro setor. No Brasil, os experimentos que têm sido feitos passam por todos esses formatos: desde a prevalência do operador telefônico (caso do OiPaggo) até a do setor financeiro (casos de parcerias feitas pela Vivo com Bradesco e Itaú-Unibanco). Sabidamente, no caso brasileiro, o poderio do setor financeiro é maior que o do setor telefônico. Resta ver se isso resultará em um arranjo no mercado de pagamentos móveis em que a "prevalência" fique com o segmento financeiro.

QUADRO 7.12 Nota sobre casos brasileiros

> As parcerias da Vivo com Bradesco e Itaú-Unibanco seguem, respectivamente, modelos *revenue share* e *profit share*, outro ponto para o qual é muito importante a discussão entre todos os participantes quanto ao desenho do negócio.

Quanto ao fato de o sucesso desse mercado estar se mostrando maior em países com desenvolvimento tanto econômico quanto de infraestrutura tecnológica mais precária, algumas hipóteses podem ser sugeridas para explicá-lo. O benefício que o instrumento traz à população que não tem acesso a bancos, mas tem acesso a celulares é a face mais evidente desse processo. Entretanto, por si só, é insuficiente para "explicar" o porquê da grande adesão ao instrumento no Quênia, mas não no Brasil, por exemplo. Pelo lado da demanda, é possível que o aculturamento ao novo instrumento e a desinformação sejam fatores relevantes. Sabidamente, a deficiência de educação financeira ainda é um imperativo entre a população brasileira, em especial entre a população com maior potencial de ser beneficiada pelos pagamentos móveis. Pelo lado da oferta, alguns dos principais potenciais participantes do mercado mantêm certo "compasso de espera" em relação a um marco regulatório melhor definido para os arranjos pré-pagos (entendidos como mais promissores) de pagamentos móveis.

Em uma tentativa tanto de aumentar a eficiência desonerando o processo quanto de atuar sobre a desinformação e o aculturamento, o governo federal decidiu lançar chamada pública a que empresas interessadas proponham projetos-pilotos para que pagamentos feitos a famílias inscritas no Cadastro Único de Programas Sociais do Governo Federal (que são justamente famílias com renda mensal per capita inferior a meio salário mínimo – e notadamente com menor acesso a serviços financeiros) possam ser movimentados por meio de telefones celulares.

Ao mesmo tempo, no que tange a regulamentação, a Agência Nacional de Telecomunicações (Anatel), por meio da Resolução 550, de novembro de 2010, aprovou a possibilidade de empresas não telefônicas (inclusive bancos) associarem-se a operadores de telecomunicações para oferecerem diretamente serviços de telefonia a seus clientes, o que é uma medida no sentido de trazer os usuários de telefonia "para dentro das agências bancárias", ou seja, de tentar aculturar a serviços financeiros uma população até então habituada apenas a serviços telefônicos. Mais uma vez, restará ver os resultados.

5. CONSIDERAÇÕES FINAIS

Após discutidos os cenários de evolução recente e perspectivas em cada um dos principais instrumentos de pagamento no varejo, podem-se observar dois pontos comuns no que se refere a aumentar a eficiência desses mercados: a ação coordenada entre os diversos participantes e reguladores e a interoperabilidade.

Se já tivemos bons avanços de eficiência quando do uso crescente de instrumentos eletrônicos de pagamento, dos acessos via internet e dos correspondentes como importante canal para a população não bancarizada, cabem agora esforços para que esses ganhos de eficiência sejam ainda maiores, com atuação dos agentes reguladores na busca de soluções de coordenação de agentes e de compartilhamento de infraestrutura, que possibilitem alavancagem ainda maior de instrumentos como cartões e pagamentos por telefonia móvel.

Ao mesmo tempo, com o fenômeno da "chegada da classe C ao mercado", é interessante que haja esforço dos próprios bancos em melhorar seus canais de relacionamento com toda uma população de potenciais clientes, sendo mais atuantes no "front", como o têm feito lojas e operadoras de telefonia.

A busca por eficiência nos pagamentos de varejo, com todo o seu potencial de ganhos sociais, inclusão financeira e bons negócios, tem sido um dos desafios mais interessantes enfrentados por reguladores e participantes do mercado. Aproveitar as possibilidades trazidas pelas novas tecnologias de informação e comunicação é uma oportunidade que deve ser enfrentada de forma articulada e cooperativa pelos diversos agentes, com compartilhamento de infraestrutura e esquemas de interoperabilidade, que permitam redução de custos fixos, ganhos de escala e consequente barateamento do preço final para o usuário.

Referências

AGÊNCIA NACIONAL DE TELECOMUNICAÇÕES. Resolução nº 550. Novembro de 2010.
BANCO CENTRAL DO BRASIL. Diagnóstico do Sistema de Pagamentos de Varejo do Brasil. 2005.
BANCO CENTRAL DO BRASIL. Diagnóstico do Sistema de Pagamentos de Varejo do Brasil – Adendo estatístico – 2009.
BANCO CENTRAL DO BRASIL. Modernização dos instrumentos de pagamento de varejo no Brasil. 2005.
BANCO CENTRAL DO BRASIL; SECRETARIA DE ACOMPANHAMENTO ECONÔMICO. Relatório sobre a indústria de cartões de pagamento. 2009.
BANCO CENTRAL DO BRASIL. Uso dos instrumentos de pagamento. 2006.
BAXTER, W.F. "Bank interchange of transactional paper: legal perspectives". *Journal of Law and Economics*, Chicago, vol. 26, nº 3, p. 541-588, outubro de 1983.

CARLTON, Dennis W.; FRANKEL, Alan. S. The antitrust economics of credit card networks. *Antitrust Law Journal*, vol. 63, nº 2, p. 643-668, maio de 1995.

CONSELHO MONETÁRIO NACIONAL. Resolução nº 3.211. Julho de 2004.

CONSELHO MONETÁRIO NACIONAL. Resolução nº 3.518. Dezembro de 2007.

DINIZ, Eduardo. "Tecnologia e finanças inclusivas". Apresentação para Câmara Americana de Comércio em São Paulo. Março de 2010.

EVANS, David; SCHMALENSEE, Richard. "The industrial organization of markets with two-sided platforms". Cambridge: National Bureau of Economic Research, 2005. (NBER Working Paper, 11603).

GUTHRIE, Graeme; WRIGHT, Julian. "Competing payment schemes". Auckland: University of Auckland, Department of Economics, 2003. (Working Paper, 245).

HAYASHI, Fumiko. "Network competition and merchant discount fees". Kansas City: Federal Reserve Bank, 2005.

KATZ, Michael. "Reform of credit card schemes in Australia II: network effects, interchange fees, and no-surcharge rules in the Australian credit and charge card industry". Sydney: Reserve Bank of Australia, 2001.

MINISTÉRIO DO DESENVOLVIMENTO SOCIAL E COMBATE À FOME. SECRETARIA NACIONAL DE RENDA DE CIDADANIA. "Inclusão financeira das famílias do Cadastro Único, utilizando a parceria entre bancos e operadoras de telefonia móvel". Brasília, DF. Dezembro de 2010.

ROCHET, Jean-Charles; TIROLE, Jean. Cooperation among competitors: the economics of payment card associations. *Rand Journal of Economics*, Toulouse, vol. 33, nº 4, p. 549-570, 2002.

SCHMALENSEE, Richard. Payment systems and interchange fees. *Journal of Industrial Economics*, Oxford, vol. 50, nº 2, p. 103-122, junho de 2002.

WRIGHT, Julian. Optimal card payment systems. *European Economic Review*, Auckland, vol. 47, nº 4, p. 587-612. Agosto de 2003.

CAPÍTULO 8

Educação financeira: a eficiência na outra ponta*

LIANA RIBEIRO-DOS-SANTOS

A educação financeira é o processo pelo qual os indivíduos melhoram sua compreensão sobre os produtos financeiros, seus conceitos e riscos, de maneira que possam desenvolver habilidades e confiança necessários para a tomada de decisões fundamentadas e com segurança, melhorando seu bem-estar financeiro.
OCDE

Educação financeira é um conceito amplo, que abrange o desenvolvimento das habilidades pessoais para atingir seus objetivos financeiros, incluindo a capacidade de elaborar orçamentos e fluxo de caixa pessoal, bem como a de gerenciar dívidas, poupança, investimentos e seguros. A capacitação financeira implica transmitir aos indivíduos o conhecimento, a compreensão, as habilidades e as competências necessárias para lidar com os problemas financeiros, de modo a que possam avaliar as opções disponíveis, identificar a mais adequada a suas necessidades e, como consequência, aperfeiçoar a sua capacidade de organizar melhor suas finanças.

Tais aprimoramentos na organização financeira se traduzem em mudanças no comportamento financeiro e na forma de tomada das decisões financeiras que, a partir da compreensão dos conceitos financeiros, são incorporados à rotina. No âmbito individual, desenvolve-se então um ciclo positivo, que inclui um aperfeiçoamento de seus conhecimentos e uma melhoria no bem-estar financeiro das pessoas.

---

*O conteúdo deste capítulo é de exclusiva responsabilidade do seu autor e não reflete necessariamente, o posicionamento ou a visão do Banco Central do Brasil ou de seus membros.

DE QUE MANEIRA A EDUCAÇÃO FINANCEIRA CONTRIBUI PARA A EFICIÊNCIA DO SISTEMA?

Fox, Hoffman e Welch (2004) afirmam que a educação financeira possui também implicações macroeconômicas, pois cidadãos financeiramente educados contribuem para a eficiência do sistema, promovendo o bem-estar econômico geral.

As melhorias no conhecimento financeiro da população representam um passo em direção a um sistema financeiro eficiente, pois o comportamento financeiro saudável, com base em decisões conscientes, é o alicerce para transações equilibradas entre as partes. (Observa-se correlação positiva entre a educação financeira e o comportamento financeiro das pessoas.)

Diversos estudos mostram que a educação financeira contribui para que as pessoas adotem práticas mais adequadas de comportamento financeiro e, como consequência de tais transformações, alcancem resultados mais positivos em suas vidas financeiras, como a aquisição de uma quantidade maior de bens, e a atenuação das dificuldades financeiras.

A ampliação no nível de conhecimento financeiro da população colabora para a inclusão plena desses novos clientes no sistema, representando um avanço para a sociedade brasileira. No tocante às microfinanças, a inclusão representa um poderoso aliado na luta contra a pobreza, constituindo um fator de aumento da renda e de construção de um patrimônio capaz de proteger seu detentor contra choques externos (Helms, 2006).

Joo e Garman (1998) pesquisaram a relação entre bem-estar financeiro pessoal e produtividade no ambiente de trabalho, e concluíram que o bem-estar financeiro contribui para tornar os trabalhadores mais produtivos.

Pesquisa realizada com alunos dos cursos de graduação em Administração e Ciências Contábeis em uma universidade de São Paulo revelou que o conhecimento sobre finanças, adquirido na universidade, influencia positivamente na qualidade da tomada de decisões financeiras (Lucci et al., 2006).

Ao adotarem um comportamento financeiro com base em decisões fundamentadas, as pessoas são capazes de traçar uma estratégia de prosperidade, utilizando a poupança, os investimentos, e fazendo uso do crédito consciente, contribuindo, assim, para a criação de riqueza individual, que gera impactos sobre o plano social.

De acordo com a teoria do mercado eficiente, os preços dos ativos refletem todas as informações disponíveis. Se, por um lado, a disponibilidade de informações é um requisito para um mercado eficiente, por outro lado, a assimetria de informações compromete a sua eficiência. Entretanto, a disponibilidade de informações não assegura que seu detentor faça um bom uso delas, ou seja, existe um *gap* entre disponibilidade de informações financeiras e educação financeira.

A educação financeira implica na capacitação dos indivíduos para a compreensão das informações financeiras disponíveis, e para a tomada da decisão mais conveniente para seu problema. Indivíduos que apresentem deficiências na educação financeira estão em posição de nítida desvantagem, o que contribui, assim, para a ineficiência do sistema.

A recente crise financeira trouxe à tona uma questão que, já há algum tempo, vem se inserindo gradativamente na agenda de governos, das empresas privadas e da academia: os graves efeitos da ausência de educação financeira da população em geral. Além disso, revelou a vulnerabilidade das famílias, fragilidade esta revelada pela aquisição de produtos financeiros inadequados (OCDEa, 2009).

Há evidencias de que o cliente de produtos e serviços financeiros com um menor grau de conhecimento financeiro esteja mais exposto aos riscos deste mercado, e de que a administração ineficiente dos recursos torne os consumidores vulneráveis às crises financeiras mais graves (Braunstein e Welch, 2002).

O problema acontece porque as pessoas desconhecem os riscos embutidos nos produtos financeiros que estão adquirindo, como, por exemplo, no caso de créditos que ultrapassem a sua capacidade financeira, e que sejam oferecidos com juros pós-fixados. Com o aumento das taxas de juros, o cliente acaba por ficar inadimplente, não conseguindo honrar seus compromissos. Na crise de *subprime* nos Estados Unidos, muitos clientes se encontravam nessa situação, o que levou à quebra de instituições financeiras e a uma crise de confiança em seu sistema financeiro, com repercussão nos mercados de todo o mundo e na crise econômica de 2008.

A oferta abundante de investimentos e ao mesmo tempo mais complexa, exige dos clientes um nível de conhecimento mais aprofundado (Greenspan, 2001). Estudos revelam que a ausência de educação financeira afeta, em maior grau, alguns subgrupos demográficos, tais como mulheres, minorias, pessoas com menor nível de renda e educação (Lusardi e Mitchel, 2007; Beal e Delpachitra, 2003), grupos dos jovens (Johnson e Sherraden, 2007) e de desempregados (Commonwealth Bank Foundation (CBF), 2004). Um estudo com empregados americanos também revelou um baixo nível de conhecimento financeiro nesse grupo (Chen e Volpe, 2005).

No caso brasileiro, a contribuição da educação financeira para a eficiência do sistema é relevante. Os recentes avanços nos níveis de renda e de emprego formal, aliados ao aumento da expectativa de vida, contribuem para a inserção, no sistema, de um número cada vez maior de pessoas, que, em grande parte dos casos, apresentam uma deficiência na educação financeira, o que as impede de compreender os diversos produtos e serviços disponíveis.

QUAL O IMPACTO DA INSERÇÃO DESSES NOVOS CLIENTES NO SISTEMA FINANCEIRO, À LUZ DOS DESAFIOS DA EDUCAÇÃO FINANCEIRA?

A chegada de novos clientes ao sistema financeiro é uma realidade brasileira que decorre da estabilização econômica e das melhorias nos padrões sociais da população. Um novo conjunto de pessoas se insere num mercado maduro e hostil, e o sistema deve estar preparado para receber esses clientes, com características e necessidades próprias à sua realidade. Embora a compreensão desses clientes financeiros seja essencial, ainda há poucos dados sobre o comportamento de consumo dos brasileiros pobres (Rocha e Silva, 2008), e, em particular, sobre seu comportamento financeiro.

O acesso de um número cada vez maior de pessoas ao sistema financeiro impõe modificações prementes na "infraestrutura financeira", incluindo-se aí os aspectos regulatórios, e, sobretudo, nas instituições financeiras interessadas em atender a esse público, bem como na própria educação financeira.

No âmbito da regulação, a atenção deve estar voltada para o perigo da transferência dos riscos para as pessoas despreparadas para enfrentar os desafios desse mercado. A ausência de instrumentos legais adequados permite o fluxo desses riscos entre os diversos participantes do sistema, direcionando-os para setores menos monitorados.

Ao tutelar os interesses do público que tem de lidar com um sistema financeiro complexo, a regulação também deve estar direcionada para aspectos relacionados com a transparência e a divulgação de informações de forma simples e clara, mostrando os riscos inerentes aos produtos e serviços.

A regulação também pode servir como mola propulsora para o desenvolvimento de instrumentos de mercado. No caso do mercado de crédito, o avanço na direção da criação do cadastro positivo de crédito pode representar um ganho para os clientes. Trata-se de um banco de dados com informações autorizadas pelo cliente sobre seu comportamento como pagador, que auxilia as instituições financeiras a conhecerem melhor seus clientes. Atualmente, os instrumentos de análise de clientes são limitados às informações sobre dívidas vencidas, inadimplência e atrasos. Um cadastro positivo é capaz de mostrar as informações positivas sobre os clientes, havendo uma expectativa de redução das taxas de juros para esses bons clientes.

A adequação das instituições financeiras é necessária para receber esses novos clientes. Por um lado, eles representam uma oportunidade de ampliar sua base de clientes, embora, por outro, eles tragam alguns desafios, como: promover adaptações em seus sistemas, processos e controles de crédito, customizar seus produtos, serviços e canais de atendimento, e aperfeiçoar seus mecanismos de cobrança.

Os modelos de concessão e gestão do risco de crédito exigem adaptações, uma vez que esses tomadores de crédito não dispõem de informações históricas sobre suas operações, e possuem um nível menor de educação financeira (BCB, 2010). Um exemplo de concessão de crédito bem sucedida é o crédito solidário, onde um grupo de pessoas é responsável mutuamente pela devolução, transferindo a responsabilidade do banco para o grupo. Este modelo foi introduzido nos anos 1970 pelo Grameen Bank, em Bangladesh, e tem sido adotado por instituições voltadas a esse público ao redor do mundo, inclusive no Brasil.

O acesso dessas pessoas ao sistema financeiro exige um esforço de compreensão das necessidades desse grupo, que possa ensejar a criação de um mix de produtos e serviços financeiros adequado para atender às suas demandas particulares. Desde o início do desenvolvimento do microcrédito até os dias atuais, especialistas perceberam que as demandas desse grupo ultrapassam a simples necessidade de crédito (Armendáriz e Morduch, 2010). Produtos de investimentos e seguros são alternativas importantes.

Para ofertar tais produtos e serviços, os canais de distribuição também necessitam de adaptação. Um exemplo inovador no Brasil, que contribuiu para o aumento da base de clientes no mercado financeiro, foi a autorização das instituições financeiras a utilizarem os correspondentes como um canal de distribuição. Eles viabilizaram o acesso de clientes em locais onde os bancos não mantenham uma estrutura de agência. Em 2005, eram 69.546 e, em 2009, 149.507, sendo a maior rede de atendimento em quantidade, dentre as opções disponíveis (Febraban, 2010).

A regulação e a adaptação das instituições financeiras para atender esses novos clientes são condições necessárias, mas não suficientes, para incorporar esse grupo. Na busca por um sistema financeiro eficiente, é imprescindível almejar melhores níveis de educação financeira. O oferecimento de um mundo novo para pessoas despreparadas para usufruir plenamente de seus recursos constitui um problema e um desafio a serem enfrentados.

Concomitantemente ao acesso ao sistema financeiro, é necessário proporcionar uma educação financeira às pessoas, permitindo-lhes adquirir um grau de conhecimento razoável sobre as relações financeiras e econômicas que influenciam suas vidas, e capacitando-as a optar pelos caminhos mais convenientes às suas necessidades.

Além dos fatores relativos à infraestrutura financeira – regulação, às instituições financeiras e à educação financeira, a entrada desses novos clientes no mundo financeiro tem um impacto relevante na vida dessas pessoas. Sob a ótica da demanda de recursos, o acesso ao crédito viabiliza a realização de projetos de curto e de longo prazos, como: aquisição ou reforma de moradia, criação ou ampliação de negócios, dentre outros.

Sob a ótica da poupança, os investimentos tornam possível a organização financeira para o futuro, preparando os indivíduos para momentos de dificuldade, aposentadoria ou realização de sonhos. No caso particular da aposentadoria, os avanços na medicina e as melhorias nas condições de vida estão provocando mudança significativa na estrutura etária da população brasileira, o que dificulta a sustentação das entidades responsáveis pela previdência. Por esse motivo, as responsabilidades individuais aumentam, obrigando as pessoas a criarem seus próprios investimentos de longo prazo, com vistas à manutenção de níveis adequados de vida na idade senil (Chan, Silva e Martins, 2007).

Sob a ótica dos riscos a que estão expostos os bens, a vida e a saúde no cotidiano, os seguros constituem a proteção necessária para minimizá-los. Esses produtos financeiros permitem a transferência e mitigação desses riscos.

Um sistema financeiro eficiente deve prover serviços e produtos diversificados e abrangentes, atingindo todos os níveis da sociedade, desde as classes mais pobres. Um sistema financeiro inclusivo deve servir aos pobres, e ser integrado ao sistema financeiro do país (Helms, 2006).

Ao viabilizar o pleno acesso de todos ao sistema financeiro, deve-se, no curto prazo, alcançar menores custos de transação e permitir melhorias nos níveis de renda, ampliando as oportunidades de tomada de ações empreendedoras por parte das pessoas. No médio e longo prazos, um sistema eficiente traduz-se em um ambiente próspero e competitivo, com igualdade de oportunidades para os participantes.

A garantia de uma ampla oferta de serviços financeiros e, também, do acesso a eles, potencializa os efeitos positivos de políticas monetária e fiscal eficientes sobre o desenvolvimento socioeconômico de países como o Brasil (Tombini, 2006).

DE QUE FORMA O NOSSO SISTEMA FINANCEIRO, QUE BUSCA A EFICIÊNCIA, ESTÁ PREPARADO PARA ATENDER A ESSA DEMANDA?

O sistema financeiro brasileiro apresentou, nas últimas décadas, uma significativa ampliação na oferta de produtos e serviços. Alguns exemplos são: a criação das contas-correntes simplificadas, voltadas para pessoas físicas, o crédito consignado, o Tesouro Direto para investimento em títulos públicos federais, os fundos de investimentos com portfólios variados, os planos de previdência e os microsseguros.

O mercado de crédito, em particular, sofreu uma expansão relevante após a estabilização econômica, permitindo que uma parcela representativa da sociedade brasileira, que, até então, se encontrava excluída do sistema bancário, fosse nele introduzida. Em junho de 2005, o estoque de crédito total do Sistema Financeiro Nacional (SFN) totalizava R$607 bilhões. Já em junho de 2010, o montante era de R$1,33 trilhão. Destaque-se que, na carteira de crédito total, o estoque de titularidade de pessoas físicas em junho de 2005 era de R$230 bilhões, enquanto, em junho de 2010, era de R$657,7 bilhões, o que demonstra a capacidade de expansão deste segmento. As principais operações em junho de 2010 eram o crédito imobiliário, o crédito consignado e o financiamento de veículos (BCBa, 2005; BCB, 2010).

Os fundos de investimento são outro importante exemplo de expansão dos serviços financeiros. No primeiro semestre de 2010, captaram R$32 bilhões em recursos (BCB, 2010).

O segmento de seguros também apresentou um incremento significativo nos últimos anos, fruto do crescimento das operações de seguro, capitalização e previdência privada aberta. Em junho de 2005, o conjunto de todas as 139 empresas que atuavam nesse ramo de negócios possuía um total de patrimônio líquido ajustado de R$14.857 milhões; já em junho de 2010, as 129 instituições atuantes no mercado apresentavam um total de R$34.630 milhões (Susep, 2010).

Nesse cenário de intensa expansão da oferta de produtos financeiros, a tecnologia, de um modo geral, e, em particular, a internet, desempenham um papel preponderante, pois tornaram os instrumentos financeiros mais disponíveis e acessíveis. Na indústria de serviços financeiros, a tecnologia é tratada como uma ferramenta essencial para a competitividade, de modo que, em 2009, o orçamento dos bancos brasileiros com TI superou a cifra de R$19 bilhões, com um crescimento anual de 6% (Febraban, 2010).

O incremento na oferta de produtos e serviços foi possível, em grande parte, graças aos avanços tecnológicos alcançados na atualidade. A evolução tecnológica verificada no sistema financeiro viabilizou, para o público em geral, um amplo conjunto de instrumentos de pagamento eletrônico.

"A utilização eficiente dos instrumentos de pagamento, nas suas diversas formas, é essencial para a promoção do crescimento econômico das economias de mercado" (BCBb, 2005). Nesse contexto, a tecnologia colabora para o desenvolvimento de instrumentos ágeis, seguros e que impliquem custos menores.

Dentre os meios eletrônicos, destaca-se o cartão. Essa "moeda de plástico" vem ganhando espaço no dia a dia das pessoas. De acordo com uma pesquisa realizada pela Associação Brasileira das Empresas de Cartões de Crédito e Serviços (Abecs) e pela Datafolha, a participação dos cartões de crédito e de débito nos gastos mensais dos consumidores que dispõem desses meios de pagamento já alcança a faixa dos 50% (Abecs, 2010). Uma pesquisa da Abecs revela que, nas classes D e E, os cartões têm maior penetração do que as contas bancárias. Em números, um percentual de 36% desses clientes possui cartões, enquanto que um percentual de apenas 33% movimenta contas bancárias (Vieitas, 2010).

O uso dos cartões de crédito vem se popularizando em todas as camadas da sociedade. Para as pessoas, esse meio é visto como facilitador de consumo, extensão da renda e saída de emergência, representando, ainda, um indicativo de *status* social (Numesmaia, Albuquerque, Maldonado, Sodré e Pereira, 2008).

Dentre os canais de atendimento, destacam-se: os caixas eletrônicos, a internet – ao final de 2009 eram cerca de 35,1 milhões as contas ativas de Internet Banking (Febraban, 2010), os telefones e os celulares – *mobile banking* – ao final de 2009, havia 1,3 milhão de clientes usuários dessas modalidades, grupo esse constituído, na sua maioria esmagadora, por pessoas físicas (Febraban, 2010).

O crescimento na oferta de produtos e serviços, *pari passu* com a ascensão do nível econômico-financeiro da população, é uma realidade vivenciada no Brasil de hoje. Atingidos um bom nível de desenvolvimento do sistema, bem como uma clientela numerosa e ativa, a preocupação com a educação financeira torna-se mais premente, uma vez que essa massa de clientes deve estar preparada para fazer o melhor uso possível do sistema financeiro.

QUAIS SÃO OS PROBLEMAS PROVOCADOS PELA FALTA DE EDUCAÇÃO FINANCEIRA, E QUE AFETAM A EFICIÊNCIA DO SISTEMA?

A deficiência de conhecimento para lidar com uma gama de produtos e serviços inovadores e, ao mesmo tempo, em um ambiente tecnológico em constante aprimoramento, constitui um risco para as pessoas em geral e, em particular, para os grupos com um nível mais baixo de educação formal.

As pessoas que ainda não participam do mercado financeiro estão sujeitas à maiores custos de transação e não podem se beneficiar dos serviços oferecidos por essa indústria. As pessoas que não possuem contas correntes bancárias acabam pagando mais por serviços financeiros (O'Connell, 2008).

Afinal, as pessoas que, só recentemente, vieram a participar do mercado financeiro estão sujeitas a custos de transação mais elevados, sendo incapazes de auferir proveitos dos serviços oferecidos por essa indústria.

Ao analisarmos o tema educação financeira, devemos voltar a nossa atenção para o tema educação no Brasil. No nosso país, essa questão revela-se mais crítica do que nos demais, pois os indicadores de educação apresentam níveis abaixo do padrão desejável. Apesar das melhorias no acesso à escola, pois a grande maioria das crianças ingressa no sistema educacional, ainda temos altos índices de repetência e de abandono, além de um baixo rendimento em exames padronizados dos alunos que chegam ao final das etapas – ensino fundamental e ensino médio (Inep, 2009).

De acordo com o levantamento realizado pelo Programa Internacional de Avaliação de Alunos (Pisa), promovido pela Organização para Cooperação e Desenvolvimento Econômico (OCDE), e que avalia, a cada três anos, o desempenho de estudantes em Leitura, Matemática e Ciências, o Brasil apresentou uma melhoria nos seus resultados nessas três áreas de aprendizagem. Entretanto, foi classificado na 53ª posição dentre 65 países, posição essa que, sob o prisma da estatística, se encontra abaixo da média (OCDE, 2010).

Esse cenário de baixo aproveitamento escolar transforma o desafio de educar financeiramente a população brasileira num processo mais árduo.

Pessoas com menor grau de conhecimento financeiro estão mais expostas ao risco de uso dos produtos financeiros de forma incompatível com a sua realidade. Em geral, elas não conseguem compreender certos fatores como, por exemplo, os custos embutidos numa operação de crédito.

Em muitos casos, essas pessoas aprendem a lidar com os produtos financeiros pela repetição do uso, e não pelo conhecimento formal. Assim, as escolhas são feitas com base em informações imprecisas. Como exemplo, temos os crediários, nos quais as pessoas optam pelas menores prestações ou pela prestação "que caiba no bolso", deixando de atentar para os juros embutidos nas operações e para o prazo de pagamento.

Como consequência, o uso contínuo dos produtos financeiros não se reflete necessariamente em melhores escolhas, já que as informações baseiam-se em um mercado hostil para esse público. Para esse grupo, o crédito ainda é muito caro (Carvalho e Abranovay, 2004).

Outro problema diz respeito ao perigo representado pela abundância na oferta de crédito para as pessoas, pois tal fator permite aos consumidores uma autonomia de gastos que ultrapassa a sua capacidade. O problema não é o crédito em si, mas seu uso fora dos limites da capacidade de pagamento desses consumidores (Webley e Nyhus, 2001). O endividamento de curto prazo pode ser explicado pela expectativa em relação às rendas futuras. Quanto aos endividamentos persistentes no longo prazo, eles devem ter outras causas, como, por exemplo, a dependência do crédito, que leva a um endividamento crônico (Gentry, 2008).

Para os indivíduos adultos de baixo poder aquisitivo, o crédito surge como elemento de hierarquização, assumindo a categoria de símbolo de *status*, e representando uma fonte de identidade, conforme identificado em estudo realizado por Mattoso & Rocha (2005). O estudo que analisou o comportamento de compra desse grupo, com foco nas estratégias utilizadas para a solução de problemas financeiros, identificou cinco delas, a saber: deixar de pagar, contrair empréstimos, aumentar a renda, constituir reservas e vender bens.

Quanto às razões para o desequilíbrio financeiro desses consumidores de baixa renda, elas não se encontram no consumismo ou no consumo compensatório, mas, sim, em eventos inesperados, como: perda do emprego, doença, gravidez, morte de um parente, dentre outros. Esses eventos imprevisíveis, aliados à ausência de uma reserva, levam a problemas financeiros mais críticos, e à necessidade de contrair empréstimos uma das soluções para enfrentar tais crises (Chauvel e Mattos, 2008).

A Pesquisa de Orçamentos Familiares 2008-2009 mostrou a desigualdade entre os rendimentos e os gastos das famílias brasileiras, destacando a região Nordeste como sendo aquela que apresenta os menores valores nos orçamentos familiares. Na estrutura das despesas familiares, as despesas de consumo, que incluem os itens alimentação, habitação, vestuário, transporte, higiene e cuidados pessoais, saúde, educação, fumo e diversos, representam 81,3% do total dos gastos. Já o item aumento do ativo, aquisição e/ou reforma de imóvel e outros, apresentou uma participação de 5,8% (IBGE, 2010).

Embora a pesquisa tenha identificado melhorias na relação entre despesas e rendimentos da família, a avaliação do grau de dificuldade que as famílias encontram para cobrir suas despesas com o seu rendimento, dentro do período de um mês, mostrou que 75% das famílias brasileiras mencionam algum tipo de dificuldade. A reboque de altos níveis de endividamento vem a inadimplência, um sério problema financeiro (IBGE, 2010).

A manutenção de altos níveis de endividamento em uma parcela significativa de clientes resulta em problemas micro e macroeconômicos. Para o indivíduo ou sua família, esse fato tem implicações importantes nos âmbitos social e psicológico, como: a marginalização, a exclusão social e os problemas psíquicos que comprometem sua própria segurança, bem como a de seus familiares. No agregado, a proliferação de casos de pessoas incapazes de cumprir com seus compromissos acaba por provocar uma contração das despesas de consumo privado via racionamento do crédito, uma vez que o excesso de casos de insolvência afeta os níveis de confiança necessários ao funcionamento normal desse mercado.

Se, pelo lado do crédito, o mau uso desse instrumento financeiro pode contribuir para a ineficiência do sistema em geral, pelo lado dos investimentos a situação também é preocupante. Um portfólio de investimentos é uma necessidade para as pessoas, com objetivo de poupar para enfrentar momentos de dificuldades, como, por exemplo, episódios de doença, desemprego e outros eventos inesperados, e com objetivo de construir uma poupança de longo prazo para a aposentadoria.

O desconhecimento sobre as opções, os riscos e as despesas associadas aos investimentos prejudicam a tomada de decisões das pessoas. Uma experiência malsucedida de um indivíduo em seus investimentos pode resultar numa descontinuidade do processo de acúmulo de poupança, afetando seus projetos de curto e longo prazos. Para o sistema, uma retração em massa gera uma retração nos investimentos, capaz de acarretar uma crise de confiança em determinado mercado, afetando o pleno funcionamento do sistema. Como exemplo, podemos apontar o mercado acionário brasileiro que, nos anos 1970, sofreu uma grave crise e passou por um longo período de estagnação. Anteriormente à crise, o mercado despertava um forte interesse dos investidores.

Estudos evidenciam a vulnerabilidade econômica a que a classe média brasileira, embora próspera, está sujeita no longo prazo. Os altos índices da informalidade no mercado de trabalho, verificados nesse segmento da sociedade, coloca os indivíduos numa situação delicada, pois poucos deverão auferir benefícios previdenciários, já que apenas 48% dos trabalhadores dessa classe contribuem para a previdência social (OCDE, 2010).

Estudos desenvolvidos na área de finanças comportamentais mostram que alguns aspectos psicológicos interferem nas decisões financeiras das pessoas, e que as pessoas nem sempre tomam as melhores decisões financeiras, conforme a expectativa das tradicionais teorias de finanças. Essa abordagem considera que vários fatores interferem nas decisões financeiras, como: a forma como o problema é apresentado, o uso da contabilidade mental para organizar, avaliar e monitorar os problemas financeiros, e o excesso de confiança.

Espera-se que a educação financeira capacite as pessoas a atuarem de forma mais racional, buscando adotar a solução mais adequada, voltada para a obtenção de mais riqueza e bem-estar financeiro.

ORA, DE QUE MANEIRA OS ATORES INTERESSADOS PODEM INTERFERIR PARA MELHORAR OS NÍVEIS DE EDUCAÇÃO FINANCEIRA?

As iniciativas, observadas ao redor do mundo, de desenvolvimento de programas de educação financeira, são relativamente recentes, e têm angariado mais adeptos em função dos avanços obtidos nos mercados financeiros, cada vez mais globalizados, e das constatações de ausência de educação financeira, evidenciadas pela crise econômica de 2008. Diversos países desenvolvidos e em desenvolvimento têm adotado programas de educação financeira alinhados a uma estratégia nacional de educação financeira.

Em dezembro de 2009, a Comissão de Valores Mobiliários (CVM), em parceria com a OCDE, organizou, na cidade do Rio de Janeiro, uma Conferência Internacional em Educação Financeira, contando com a participação de mais de 40 países, e durante a qual foram apresentados os problemas e as soluções aplicadas pelos vários países participantes. De acordo com essa organização, os programas de educação financeira estão tendo sua importância reconhecida pelos países membros, que têm adotado medidas para aprimorar essa área do conhecimento.

Consciente da necessidade de realizar ações para fomentar a cultura financeira no país, o governo brasileiro, por meio do Comitê de Regulação e Fiscalização dos Mercados Financeiro, de Capitais, de Seguros, de Previdência e Capitalização – Coremec, constituiu, em novembro de 2007, um grupo de trabalho com representantes do Banco Central do Brasil (BCB), da Comissão de Valores Mobiliários (CVM), da Secretaria Nacional de Previdência Complementar (Previc) e da Superintendência de Seguros Privados (Susep), para desenvolver uma proposição de Estratégia Nacional de Educação Financeira, prevendo a promoção de um inventário nacional de ações e de projetos de Educação Financeira no país.

No âmbito das iniciativas desse grupo de trabalho, em 2010, foi introduzido o projeto-piloto de educação financeira nas escolas públicas de ensino médio do país. A iniciativa será implantada em 450 escolas da rede do governo nos Estados do Ceará, Distrito Federal, Minas Gerais, Rio de Janeiro, São Paulo e Tocantins.

Em 22 de dezembro de 2010, através do Decreto nº 7.397, foi instituída a Estratégia Nacional de Educação Financeira (Enef), "com a finalidade de promover a educação financeira e previdenciária e contribuir para o fortalecimento da cidadania, a eficiência e solidez do sistema financeiro nacional e a tomada de decisões conscientes por parte dos consumidores".

Além do trabalho conjunto no Comitê de Regulação e Fiscalização dos Mercados Financeiro, de Capitais, de Seguros, de Previdência e Capitalização (Coremec), essas instituições públicas desenvolvem iniciativas próprias voltadas para a educação financeira do cidadão. Desde 2003, o BCB gerencia um programa de educação financeira que abrange a implantação de diversos projetos com a rede pública e privada de ensino, universidades e público em geral, dentre as quais se destacam: museu-escola, BC Universidade, informações no site, com cartilhas e publicações, e curso de gestão financeira pessoal – formação de multiplicadores. Em seu site, a CVM dedica um espaço ao Portal do Investidor, onde o visitante encontra desafios, vídeos, histórias em quadrinho, histórias interativas e informações sobre fundos de investimentos. No site da Previc, é possível acompanhar um curso on-line Fundamentos da Previdência Complementar. A Susep disponibiliza em seu site uma cartilha – Guia de Orientação e Defesa do Segurado.

No âmbito da iniciativa privada, as instituições do mercado financeiro vêm desenvolvendo programas de educação financeira, utilizando cartilhas, jogos interativos, testes e cursos on-line em seus sites.

A rede de computadores é um ambiente propício ao desenvolvimento de iniciativas de ações de educação financeira. Vários sites voltados para finanças pessoais estão empenhados em oferecer cursos, calculadoras financeiras, aplicativos para controle financeiro, dicionário financeiro, guias, simuladores, blogs.

O desafio de educar financeiramente a população brasileira é grandioso e, com base nessa premissa, é importante concentrar as ações em públicos-alvo específicos. As equipes de *front-office* das instituições financeiras, como gerentes e agentes financeiros fazem parte desse subconjunto. Por estarem diante do público em geral, são naturalmente propagadores de informações sobre finanças. A qualificação dessas pessoas com objetivo de multiplicação para seus clientes parece uma via natural de divulgação de informações, pois eles são, de um modo geral, os consultores financeiros da maioria da população.

Para levar essa formação ao público em geral, podem ser utilizados veículos de mídia *indoor* digital, que permitem a criação de diversos formatos de mídia, como, por exemplo, os seguintes: TV corporativa, mídia em táxi, mídia em ônibus, mídia aeroportuária, mídia em elevador e totem interativo. Essa é uma solução para atingir o público em geral, de forma mais abrangente, e com foco em temas específicos, pois são abordagens de curta duração.

Outro grupo a ser considerado é aquele composto pelos jovens que estão se inserindo no mercado de trabalho, e iniciando sua gestão financeira. No Brasil, a população jovem, entre 20 a 24 anos, era de 12,8 milhões, em 2008, representando 9,2% da população total. Para esse público, o conhecimento poderia ser transmitido por canais como, por exemplo, as universidades e as escolas técnicas. Essa disseminação de conhecimento pode ocorrer por meio de palestras, jogos interativos e outros recursos atrativos para esse grupo.

As crianças, futuros participantes do sistema financeiro, são um público importante de ser abordado. Para atingi-las, devem ser implantadas ações permanentes no ambiente escolar. Para tal, pode-se seguir o modelo do projeto de educação financeira nas escolas públicas de ensino médio do país, com adaptações pertinentes à faixa etária e ao grau de interesse.

O grupo dos idosos requer especial atenção. Nessa fase da vida, alguns têm dificuldades de se adaptar às novas tecnologias e apresentam barreiras perante as máquinas utilizadas, em virtude da maior lentidão em seus movimentos ou da dificuldade para enxergar, necessitando de auxílio de terceiros. Além disso, a propaganda voltada para esse público não alerta para os riscos ligados aos produtos ofertados. Os produtos em constante inovação são de difícil compreensão, particularmente no tocante aos riscos.

Os recursos da imprensa, rádio, revistas, televisão, telefone, celular, computador e internet são disseminadores de culturas, valores e padrões sociais de comportamento. A tecnologia está presente nos lares, empresas e instituições de todos os tipos, informatizando nossa sociedade. Portanto, todas as possibilidades oferecidas por essa revolução digital vivenciada nos últimos tempos devem ser utilizadas em prol da divulgação do conhecimento financeiro.

No caso brasileiro, as novelas, tão enraizadas à nossa cultura, se apresentam como um canal oportuno para a inserção de campanhas de educação financeira.

Na atualidade, o tema investimentos, finanças está mais popularizado. É comum observarmos em reuniões sociais e em grupos de reuniões online discussões sobre o tema. A mídia também tem tido grande participação. A oferta de programas de rádio, reportagens em revistas e jornais, dedicados à divulgação de conhecimento sobre finanças comprovam a aprovação social do tema.

A melhoria nos níveis de educação é um objetivo constante de sociedades avançadas, pois estas reconhecem os ganhos advindos do maior conhecimento para a vida das pessoas, como ocorre, por exemplo, em relação aos níveis de renda. A educação financeira segue o mesmo princípio. A viabilização do acesso de pessoas despreparadas para enfrentar um sistema financeiro complexo e, ao mesmo tempo, sempre pronto a oferecer novidades, deve estar vinculada ao compromisso de educar financeiramente a população.

Ações de educação financeira devem ser implementadas por todos os agentes interessados: instituições públicas e privadas, entidades do meio empresarial e do meio acadêmico, do ambiente financeiro e dos demais ambientes. É essencial a inserção dessa área de conhecimento para a formação de indivíduos competentes na análise e interpretação de dados financeiros. Tal medida acarretará para o indivíduo, em seu âmbito privado, o incremento de seu bem-estar social e econômico, e, para a sociedade, em âmbito global, uma maior eficiência do sistema financeiro.

Referências

ABECS. O impacto do cartão na economia. 2010. Disponível em: http://www.abecs.org.br/novo_site/noticias.asp?idNoticia=4825

ARMENDÁRIZ, Beatriz; MORDUCH, Jonathan. *The Economics of Microfinance*. The MIT Press. Cambridge, Massachusetts, 2010.

BCB-a. "Relatório de Economia Bancária e Crédito". Brasília. 2005.

BCB-b. "Diagnóstico do Sistema de Pagamentos do Varejo no Brasil". Brasília. 2005.

BCB. "Relatório de Estabilidade Financeira". 9(2). Brasília. 2010.

BEAL, Diana; DELPACHITRA, Sarath. "Financial literacy among Australian university students". Economic Papers – Economic Society of Australia. 22(1). 2003.

BRAUNSTEIN, Sandra; WELCH, Carolyn. "Financial Literacy: An Overview of Practice, Research, and Policy". Federal Reserve Bulletin. 2002.

CHEN, Haiyang; VOLPE, Ronald P. "Financial Literacy, Education, and Services in the Workplace". B>Quest (Business Quest): *A Journal of Applied Topics in Business and Economics*.7(2). 2005.

CARVALHO, Carlos; ABRAMOVAY, Ricardo. Diagnóstico da oferta e da demanda de serviços financeiros. In: SANTOS, Carlos Alberto et al. (orgs.). *O sistema financeiro e as micro e pequenas empresas: diagnósticos e perspectivas*. Brasília: Sebrae. 2004.

CHAN, Betty; SILVA, Fabiana; MARTINS, Gilberto. "Tendência de Aumento da Expectativa de Vida e a Solvência das Entidades Abertas de Previdência Complementar". RIC/UFPE – *Revista de Informação Contábil*. Recife. 1(1). 2007.

CHAUVEL, Marie; MATTOS, Marina. "Consumidores de Baixa Renda: Uma Revisão dos Achados de Estudos Feitos no Brasil". Cadernos EBAPE.BR, 6(2). 2008.

Commonwealth Bank Foundation (CBF). "Australians and Financial Literacy". Commonwealth Bank Foundation, Sydney. 2004.

FOX, Lynn; HOFFMAN, Joy; WELCH, Carolyn. "Federal Reserve Personal Financial Education Iniciatives". Federal Reserve Bulletin, 2004. Disponível em: www.federalreserve.gov/pubs/bulletin/2004/autumn04_fined.pdf.

FEBRABAN. Pesquisa "O setor bancário em números". 2010.

Gentry, Connie. "Credit Addictions". Chain Store Age. 84(7). 2008.

GREENSPAN, Alan. "The importance of financial education and literacy". *Remarks Before the National Council on Economic Education.* Chicago, Illinois. 2001.

HAMILTON, Kathy; CATTERALL, Miriam. "Towards A Better Understanda of the Low-Income Consumer". *Advances in Consumer Research.* 32. 2005.

HELMS, Brigit. "Access for all: building inclusive financial system". The International Bank for Reconstruction and Development – The World Bank. Washington. 2006.

IBGE. Comentário dos Resultados. Pesquisa de Orçamentos Familiares 2008-2009. Disponível em: http://www.ibge.gov.br/home/estatistica/populacao/condicaodevida/pof/2008_2009/POFcomentario.pdf. 2010.

INEP (Instituto Nacional de Estudos e Pesquisas Educacionais Anísio Teixeira). Nota Técnica – Índice de Desenvolvimento da Educação Básica. 2009. Disponível em http://www.inep.gov.br/download/Ideb/Nota_Tecnica_n1_concepcaoIDEB.pdf.

JOHNSON, Elizabeth; SHERRADEN, Margaret. From Financial Literacy to Financial Capability among Youth. *Journal of Sociology & Social Welfare.* XXXIV(3). 2007.

JOO, So-hyun; GARMAN, Thomas. "The potential effects of workplace financial education based on the relationship between personal financial wellness and worker job productivity", *Personal Finances and Worker Productivity,* 2(1). 1998.

LUCCI, Cintia Retz; ZERRENNER, Sabrina Arruda; VERRONE, Marco Antonio Guimarães; SANTOS, Sérgio Cipriano. "A influência da educação financeira nas decisões de consumo e investimento dos indivíduos". IX SEMEAD. Administração no Contexto Internacional. Seminários em Administração FEA-USP. 2006.

LUSARDI, Annamaria; MITCHELL, Olivia. "Financial Literacy and Retirement Preparedness: Evidence and Implications for Financial Education". *The Journal of The National Association for Business Economics,* 42(1). 2007.

MATTOSO, Cecília, ROCHA, Angela. "Significados associados às estratégias para solução de problemas financeiros dos consumidores pobres". Anais do XXIX Enanpad. Rio de Janeiro. 2005.

NUNESMAIA, Ananda; ALBUQUERQUE, Fábio; MALDONADO, Maura; SODRÉ, Marcelle; PEREIRA, Rita. "Uso do cartão de crédito como regulador do estilo de vida na perspectiva dos consumidores endividados". XXXII Encontro da ANPAD. 2008.

OCDEa. "Financial Literacy and Consumer protection: Overlooked Aspects of the Crisis". OECD Recommendation on good practices on financial education and awareness relating to credit. 2009.

OCDEb. PISA Rankings. Disponível em: http://www.oecd.org/edu/pisa/2009. 2009.

OCDE. Latin American Economic Outlook. Disponível em: http://www.latameconomy.org/en/. 2010.

O'Connell, Alison. "Evaluating the effectiviness of financial education programmes". OECD-US Treasury International Conference on Financial Education. Washington, D.C. 2008.

ROCHA, Angela, SILVA, Jorge. F. "Inclusão social e marketing na base da pirâmide: proposta de uma agenda de pesquisa". FGV-EAESP/RAE-eletrônica.7(2). 2008.

SUSEP. Sistema de Estatísticas da Susep (SES). 2010. Disponível em: http://www.susep.gov.br/menuestatistica/SES/principal.aspx

TOMBINI, Alexandre. "Sistema eficiente de microfinanças garante o desenvolvimento". Seminário BC. Agência SEBRAE de Notícias. 2006.

VIEITAS, Ivo. "A indústria de cartões". Apresentação no Seminário Internacional sobre Cartões de Pagamento. 2010.

WEBLEY, Paul; NYHUS, Ellen. "Life-cycle and dispositional routes into problem debt". *British Journal of Psychological*, 92. 2001.

CAPÍTULO 9

Informação e sistema financeiro

GRACIANO SÁ

1. INTRODUÇÃO

Este capítulo discute a natureza essencialmente distributiva do sistema financeiro sobre a riqueza nacional e argumenta que a correlação do crescimento de um país com a qualidade do sistema financeiro se manifesta indiretamente pela via da organização social e do fator de produtividade total. A qualidade do sistema financeiro depende da banda de comunicação entre os lados real e financeiro da economia. O Sistema Financeiro Nacional (SFN) é entendido como um modelo estatizante, à semelhança dos modelos japonês e continental-europeu. O sistema pode influir na eficiência da organização social, reduzindo o custo das transações.

A informação do SFN é decomposta em: para o uso do sistema, de uso do sistema e de interoperabilidade de sistemas. A informação para o uso do SFN é contemplada como hostil ao usuário tanto no plano ergonômico instrumental como do hermetismo legal; a informação de uso próprio do sistema padece da falta do reconhecimento de que dados são recursos corporativos, uma noção generalizada na ordem administrativa de entes públicos e privados, favorecendo sua fragmentação em capitanias feudais; a informação de interoperabilidade do sistema financeiro com outros sistemas traz ao tema a questão do emprego do sistema financeiro como um engenho fiscal e de investigação policial.

2. SISTEMA FINANCEIRO E ORGANIZAÇÃO SOCIAL

A economia tem dois lados, o real e o financeiro. O lado real contém os meios de produção e os sistemas e inteligências que produzem bens reais, ou seja, as coisas duras de sentir e tocar do mundo real, os mercados de consumo, as pessoas que trabalham e as tecnologias que usam e criam. Ali está a coleção dos ativos reais da economia. Toda riqueza da nação é gerada na economia real em projetos de construção de ativos reais que produzem renda superior ao custo do capital. Por sua vez, o lado financeiro da economia contém os ativos financeiros, ou seja, os papéis ou registros e contratos que asseguram a alguém uma demanda legal sobre a riqueza gerada na economia real. A economia financeira não gera, pois, valor algum, apenas o distribui. Ativos financeiros não têm poderes de gerar riqueza porque a renda transferida a um título tem, por valor presente, ao custo do capital da classe de risco do ativo, precisamente o preço (o valor) do ativo. Isso significa que os títulos no mercado financeiro são aplicações de capital de valor presente nulo ao custo de capital, ou a competição dos mercados financeiros faria surgir os títulos sucedâneos que enxugariam o excesso de valor.

As economias real e financeira são simétricas. Na ótica de um balanço patrimonial, os ativos reais (os meios de produção) aparecem listados à esquerda, e os financeiros (os meios de financiamento), à direita, totalizando a riqueza do país. Entretanto esses espaços econômicos não são síncronos, quer dizer, o valor gerado em um instante na economia real não encontra no mesmo instante o bolso do dono dos títulos que a financiaram.

Um sério problema institucional das nações está na amplitude da banda de comunicação que transfere informações do real ao financeiro da economia e vice-versa. A razão dessa banda de comunicação ser um problema institucional está em que a transferência de informações entre o real e o financeiro é perturbada, com atrasos, sigilos e falhas de transparência, por agentes que tiram proveito de informação privilegiada para expropriar outras pessoas por desvio moral. Se a banda de comunicação fosse rica e transparente, os preços dos títulos e dos produtos tenderiam a um valor correto nos mercados e a economia lograria aproximar-se da eficiência. Uma economia é eficiente quando atinge um alvo com um mínimo de recursos. No nível microeconômico a eficiência é resultado da competição em que cada organização busca a sua melhor forma de atuar por interesse próprio, para enriquecer. A lógica do processo competitivo deveria levar à transparência das transações por ser do interesse natural de todas as partes. Contudo, não é assim.

A verdade é que o desvio moral das pessoas é um fenômeno difundido e deprimente dos mercados e mascara a comunicação entre entes econômicos. Governos operam instituições reguladoras em economias formais reais e financeiras de maneira a limitar o desvio moral com regras que acentuam a transparência das transações para neutralizar um variado compêndio de tecnologias de expropriação. Ao regular o crédito e seus intermediários no nível microeconômico, governos são levados por igual a controlar os agregados monetários do macroeconômico, mas as razões que os levam a isso são de outra sorte que o desvio moral, pois aqui se ocupam com a defesa da moeda e da liquidez geral do sistema financeiro.

A noção de que a economia financeira não agrega valor à riqueza nacional é deduzida do entendimento de que o endividamento de um projeto ou empresa, relevados os efeitos fiscais, em nada acresce ao risco do projeto ou empresa, portanto não altera o custo do capital de um ou outro, assim tampouco o valor econômico (a riqueza) de qualquer deles. Essa constatação causa surpresa em pessoas que admitem que uma fonte de financiamento pode diretamente, relevados os efeitos fiscais, contribuir para o enriquecimento do bem financiado. Contudo, o capital próprio e o de terceiros são fontes de crédito indistinguíveis para o desenvolvimento do país tanto que de nada importa saber de onde veio um real para a construção do projeto ou da empresa. A riqueza é sempre uma realização microeconômica concebida e gestada no projeto, impulsionada pelas ideias do empreendedor e pelas tecnologias que empregou.[1] O príncipe-decano da ideia de que o crédito induz riqueza diretamente talvez tenha sido o economista Joseph Schumpeter quando, há um século, propôs que o desenvolvimento da nação exige o empresário, a tecnologia e o crédito.[2] Desses ingredientes, os primeiros induzem riqueza por estarem fixados na construção do projeto e afetarem seu risco, mas o último é acessório de finalidade distributiva, tanto quanto o telhado da fábrica para a segurança e a saúde dos empregados para a produtividade são acessórios que impulsionam o progresso do projeto, da empresa e da nação.

---

[1] MODIGLIANI, F. e MILLER, M.H., "The Cost of Capital, Corporate Finance and The Theory of Investment", *The American Economic Review*, junho 1958.
[2] SCHUMPETER, J. A., *The Theory of Economic Development*, Harvard Press, 1934, capítulo 2.

Lógica dedutiva não é a única forma de fazer progredir a ciência. Muitos economistas preferem induzir uma teoria em vez de deduzí-la e o fazem valendo-se de modelos empíricos. A dificuldade do raciocínio indutivo reside em um enorme esforço intelectual que tem de ser aplicado na validação do modelo para que não se confunda causa com efeito nem se misture acessório e essencial. Dentro da escola indutiva, muitos trabalhos aplicaram-se em asseverar que o sistema financeiro não é acessório da economia real, como um telhado que a protegesse, mas um ator de poderes próprios capaz de agregar riqueza aos projetos da nação. Os proponentes da indução de modelos econométricos afirmam que dados recolhidos em economias avançadas dão evidência de forte e positiva relação entre crescimento econômico e nível de qualidade (ou desenvolvimento) do sistema financeiro.[3] Declaram que os intermediários financeiros filtram os projetos de construção, investigam pessoas que pedem crédito, selecionam tecnologias e, de forma geral, dizem que a banda de comunicação entre os mundos real e financeiro é ampla o suficiente para fazer com que os intermediários financeiros canalizem os recursos de capital para os projetos mais rentáveis. Segundo essa convicção, o sistema financeiro atua como uma câmara de compensação onde se encontram poupadores e empreendedores sob a regência do agente financeiro, capaz de dirigir a poupança para o caminho mais rentável. A noção de um sistema financeiro com esse gênero de inteligência remete à contemplação dos economistas neoclássicos quando explicavam o encontro da oferta e da procura no equilíbrio de custos e preferências marginais. No relógio mecânico do pensamento neoclássico não existiam organizações nem alguém que dissesse faça isso ou aquilo, nem custos nas transações. O resultado do equilíbrio era deduzido por preços que dirigiam os fatores aonde tinham de ir, e para lá iam sem atritos e divergências em um máximo de resultados com o mínimo de recursos. Ao modelo de sistema financeiro como câmara de compensação faltou incluir a realidade do desvio moral das pessoas em suas tratativas, tanto quanto faltou ao modelo neoclássico a realidade de que as transações têm um custo que desorganiza os mercados.

Um sistema financeiro que destina os recursos aos desígnios mais rentáveis cumpre o maior ideal de eficiência econômica. Para os teóricos, esse ideal não

---

[3] KING, R.G., LEVINE, R., "Finance and Growth: Schumpeter Might Be Right", *Quarterly Journal of Economics*, agosto 1993; RAJAN, R.G., ZINGALES, L., "Financial Dependence and Growth", *The American Economic Review*, junho 1998; BECK, T., LEVINE, R., LOAYZA, N., "Finance and the Sources of Growth", *Journal of Financial Economics*, out-nov 2000.

se revela, entretanto, em modelos empíricos construídos para mostrar que a destinação preferencial dos recursos flui diretamente da qualidade do sistema financeiro. Convirá, para convergir, remeter a influência positiva do sistema financeiro no enriquecimento da nação ao sistema financeiro enquanto coadjuvante da organização social.

O desempenho econômico de um país reside em fatores humanos e materiais, e num intangível de externalidades coletivas da interação humana designado de organização social. Embora ambígua enquanto conceito a organização social relaciona-se a conceitos afins para a obra do desenvolvimento como a cultura de um povo, as crenças, a conduta ética e moral, a disciplina institucional das ordens legal, econômica e política, o respeito à tradição, a estrutura e interação de grupos sociais, a história da evolução social, entre outros. Dentro desse universo, o regime legal (*rule of law*), o funcionamento dos mercados e o respeito à propriedade e aos contratos são comumente citados como os mais importantes constituintes de uma organização social superior. Aparentemente o que uma nação se torna, quer dizer, o que define sua organização social, deriva de um determinismo histórico a partir de uma origem nem sempre conscientemente escolhida, seguindo um caminho evolutivo (*path dependence*) que não tem saída nem volta. Tentativas de transplante de uma ordem social bem-sucedida para ambiente impropício levam ao desastre. O propósito de transpor a democracia federada americana para a Constituição Republicana Brasileira de 1891; o de implantar um mercado de capitais de massa no Brasil em 1976 a partir de ideais americanos, logo absorvido pelo centralismo continental-europeu brasileiro; e a ridícula proposta de professores americanos contratados pelo Banco Mundial para implantar uma ordem legal americana de mercado na Rússia por ocasião da terapia de choque de privatização dos primeiros anos de 1990 – para proteger milhares de operários que receberam *vouchers* conversíveis em ações, depois roubados por comissários em operações de gangsterismo sem precedentes –, são apenas exemplos.

Pessoas são entes gregários que se organizam em bandos, grupos de interesse, facções. Em sociedades coletivistas a organização social do todo é irrelevante para o grupo porque os comportamentos e sanções aplicáveis aos indivíduos são fixados na tradição da ordem grupal, isto é, no amálgama moral-religioso daquele tipo social; e a punição de desvios morais ali tem um curso ditado no hábito dos costumes, por exemplo, afastando no ostracismo os faltosos e indesejáveis. As interações entre pessoas ocorrem nesse caso dentro do grupo, raramente fora dele, e a sociedade de todos os grupos independe de superestruturas institucionais de natureza política, de lei, de ordem e de executoriedade formal de punições. Em sociedades individualistas, os grupos não intimidam as partes a se comunicar entre si, a interação social desenvolve uma complexa rede de informações que amplia as externalidades econômicas e o desenvolvimento econômico e social. O hábito e a repetição dos procedimentos induzem avanços para novos usos e espalham a forma de uso de instrumentos disponíveis. Tais sociedades são grandemente dependentes de leis e tribunais, de um mecanismo enérgico de executoriedade de sentenças (*law enforcement*), de cumprimento de contratos e de um sistema legislativo dedicado ao bem-estar de todas as comunidades. Sociedades coletivistas e individualistas, em suas profundas diferenças de maneira de ser levam, por consequência, a diferentes expressões do poder daquele ente intangível da organização social que espontaneamente promove o desenvolvimento.[4]

Só a realidade de que existe um elemento construtivo nacional que conduz ao desenvolvimento ou dele se afasta explica a enorme diferença de riqueza entre nações; por exemplo, explica por que, em 500 anos de história, os Estados Unidos e o Brasil, nascidos na mesma época, distanciaram-se em renda *per capita* de mais de uma ordem de grandeza. O ingrediente de organização social é capturado em equações econométricas e explicado como um fator de produtividade total, mas não há como dizer o que verdadeiramente signifique. O que se sabe é que promove um algo mais de crescimento espontâneo sobre o crescimento atribuível aos fatores tradicionais de produção. Daí o entendimento de que a qualidade do sistema financeiro incorpora-se ao fator de produtividade total comportando-se como gerador de riqueza através da organização social. Nesse caso, ainda que alcancemos a conclusão de que sistemas financeiros indiretamente induzem a riqueza das nações, valerá dizer que são engenhos diretos de destruição de riqueza quando operados inconsequentemente ou utilizados como armas políticas na relação entre países.

Os principais órgãos normativos de um sistema financeiro em sociedades desenvolvidas são o Banco Central, atuando no macroeconômico, e o órgão regulador do mercado de capitais, no microeconômico. As demais funções de

---

[4] GREIF, A., "Cultural Beliefs and the Organization of Society: A Historical and Theoretical Reflection on Collectivist and Individualist Societies", *Journal of Political Economy* vol. 102 n. 5, 1994.

intermediação financeira são objeto de órgãos de alcance menor dentro dessa ordem institucional.

Bancos centrais têm as altas funções macroeconômicas de defender a moeda e de prover liquidez. Alguns, como o Banco Central americano, incluem nesses propósitos também o de promover o emprego, mas as funções monetárias e as de desenvolvimento são geralmente conflitantes, conduzidas a partir de posições distintas no cenário político, e não podem ser levadas juntas. Essa é a razão da proposta de o Banco Central atuar de forma independente do Executivo consoante a um desenho institucional de qualidade superior, capaz de separar missões. O moderno reconhecimento da importância da separação das funções monetárias, das políticas de desenvolvimento do Executivo, percorreu um caminho histórico de guerra e sofrimento entre nações cujo curso ainda não se resolveu. Muito recentemente o cataclismo financeiro de 2008 trouxe à memória a crise de 1929 como obras de decisões pouco lúcidas de órgãos reguladores financeiros. A defesa de uma moeda por um banco central altera o câmbio entre moedas e modifica a movimentação de capitais e fatores entre países. O clamor político contrário às inflações e deflações como formas de ajustamento econômico era mudo um século atrás, quando os governos das nações ocidentais tratavam o problema cambial de forma automática para garantir paridades fixas, infensa ao sofrimento de contingentes trabalhadores. Hoje aquele clamor encontra leito em resistência popular politicamente organizada e coloca no campo dos sistemas políticos a solução financeira de conflitos cambiais que resultam de estratégias monetárias e fiscais incompatíveis com a produtividade geral dos países. São comuns as conferências de líderes mundiais com promessas de boa conduta de seus sistemas financeiros para atenuar tentativas de hostilidade cambial, mas, com a atual organização financeira do mundo, tais empenhos não podem dar certo, como não deram certo um século atrás.

No Brasil, o SFN é a ordem do sistema financeiro do país. O Banco Central do Brasil e a Comissão de Valores Mobiliários (CVM) são duas peças centrais do sistema, composto de um vasto complexo de organizações normativas e operativas, e de intermediários financeiros altamente regulados. O SFN sofreu o impacto de algumas grandes transformações institucionais nos últimos 50 anos, por exemplo, em 1964 quando o Banco Central separou-se do Banco do Brasil; em 1976, na aprovação das leis de mercado de capitais e da CVM; e nos anos de 1990, por ocasião do saneamento de bancos estatais e privados que não resistiram ao fim da inflação e da implantação dos regimes de metas de inflação, liberdade cambial e responsabilidade fiscal. A Constituição de 1988 fez um esforço para mencionar o SFN, mas remeteu a discussão de sua organização a uma lei complementar que ainda aguarda solução.

De forma geral, o SFN e seus bancos comerciais e de investimento guardam semelhança com a organização de sistemas financeiros de forte componente estatizante, como no Japão e na Europa Continental. Naqueles lugares, combinações financeiro-industriais de natureza estatal e privada são protegidos pelo Estado para a obra do desenvolvimento. Ao contrário, a organização do sistema financeiro americano é individualista e segue o efeito de ordens políticas populistas que isolaram os mercados financeiros comunitários municipais do assédio de grandes bancos de estados ricos que desejavam ampliar suas abrangências para todo território nacional. A fragmentação do sistema bancário americano em milhares de bancos partiu, pois, de uma inspiração política e impediu, pela perda de escala, que os bancos fossem fonte do grande capital empresarial, até porque foi-lhes vedada a exploração própria de carteiras de ativos de organizações não financeiras. Essa é a razão da predominância dos mercados acionários na ordem econômica americana como fonte dos créditos que faltavam para o desenvolvimento.

Economistas divergem sobre o reflexo desses modelos de sistema financeiro, estatizantes e de mercado, no desenvolvimento de países, como se houvesse um modelo superior; mas, dentro da ordem de ideias que expusemos acerca do fenômeno da organização social, a escolha do modelo em um país não teve uma origem histórica raciocinada, antes foi o resultado de um quase irremediável fatalismo sociológico.

Não há como atribuir ao SFN a responsabilidade de que seja eficiente em seus mandatos macroeconômicos. Haverá a sugestão de que seja eficaz para atingir os alvos, por exemplo, as metas de inflação, com um máximo de resultados. No plano microeconômico, o SFN tem, contudo, poderes para aumentar a eficiência da organização social promovendo, em normas e disposições, a redução do custo das transações financeiras e impulsionando a rede de trocas de informações da ordem social. Custos de transações desorganizam mercados. Se vendedor e comprador não tiverem a mesma informação, o comprador reduzirá o preço no montante da expectativa de risco da desonestidade do vendedor. Preços menores tiram do mercado os vendedores honestos, agravando a deflação, ultimamente implodindo o mercado em um torvelinho de auto-alimentação. A falta de confiança entre pessoas agrava o risco e o custo das transações. Salvam-se os mercados assimétricos pela importância das instituições, pelo exemplo de conduta dos líderes da comunidade, pelo elogio da ética como virtude, divulgação de prêmios, discursos de restauração da confiança, demonstrações de punições.[5]

No exame clínico, uma transação financeira tem um elemento contratante (o principal) e um elemento contratado (o agente). No volume total dessas transações do sistema financeiro, o intermediário financeiro em parte é o principal atuando, por exemplo, como o banco comercial que cede o crédito ao devedor-agente em troca de uma remuneração; em outra parte, é o agente, por exemplo, enquanto banco comercial contratado para custódia de depósitos do depositante-principal; em ainda outra parte, o intermediário financeiro é um intermediário comercial articulando, por exemplo, o encontro entre um principal-investidor que compra ações e um acionista-controlador que àquele fica devendo rendas na ponta de agente. Os componentes de custo da transação são o custo do contrato, como a tarifa de abertura de conta ou de crédito; o custo dos procedimentos previstos em contrato, incluindo a tecnologia e a margem de lucro do provedor; e o custo do agenciamento do agente, isto é, o custo da expropriação do principal por desvio moral pós-contratual do agente. O encargo financeiro da transação não é parte do custo da transação financeira, mas do preço da mercadoria (dinheiro) em curso.

Nas cessões de crédito, a manifestação corriqueira de desvio moral tem o nome de inadimplência. Sua generalidade potencializa uma espiral de consequências sombrias: mais inadimplência, maiores os encargos financeiros de risco (as taxas de juros), maior o custo nas transações por desvio moral, mais inadimplência. Os sistemas financeiros melhor preparados não domesticam a irrupção de pânicos creditícios porque as redes de informação da ordem social e financeira não são transparentes, não havendo como avaliar a extensão de um dano identificado em um lugar, em outros lugares. A cobiça humana do desvio moral parece não ter limites, antes pulveriza as mais respeitadas teorias de comportamento acerca do alinhamento de interesses de principal e agente com estímulos pecuniários. As autoridades entenderam, depois de 1929, que a

---

[5] AKERLOF, G., "The Market for Lemons: Quality Uncertainty and the Market Mechanism", *Quarterly Journal of Economics*, agosto 1970.

solução de pânicos creditícios não deve interromper a operabilidade do sistema de crédito em crise de liquidez. As providências dos governos para contornar efeitos sistêmicos em crises de crédito confrontam a dificuldade de dar liquidez ao sistema com o rompimento do equilíbrio fiscal.

Formas de o SFN tomar decisões que favoreçam a eficiência microeconômica da organização social brasileira são, portanto, o estímulo à competição e à remoção de barreiras de entrada a intermediários financeiros; a redução regulada de tarifas contratuais; a assimilação do contingente social para dentro da economia formal pois, fora dela, os custos transacionais são elevados pelos riscos aumentados; o emprego de tecnologias que reduzam o custo dos procedimentos; uma atitude de incomplacência para com faltosos e fraudadores; e uma gestão de informações críticas do sistema que sinalize o andamento normal ou a perda de controle do desvio moral. Se o SFN atuar sob estímulo governamental para conduzir o fluxo dos capitais para um caminho favorecido pelo crédito oficial e por benefícios ou gravames fiscais, a relação de rentabilidades naturais dos projetos, excluídos os efeitos do dirigismo, será alterada, e talvez possa-se dizer que o SFN foi eficaz no cumprimento desse mandato estatal, mas o resultado econômico das providências pode ficar longe de ser eficiente.

O SFN contempla a informação de como se o usa, a informação intrínseca ao seu funcionamento e a informação que dele transborda para a interoperabilidade entre sistemas. Essas informações alimentam a banda de comunicação entre os mundos real e financeiro.

3. AS INFORMAÇÕES PARA O USO DO SFN

No volume geral das transações financeiras, a quase totalidade invoca transferências de valores em registros virtuais em tempo real. Apenas em relações mais complexas de crédito, os registros financeiros anotam transferências contábeis de direitos e compromissos futuros. O sistema financeiro já não mais opera fora da tecnologia da informação.

Admite-se que mais de 2 bilhões de pessoas participam da ordem social sem interagir com o sistema financeiro formal ou semiformal. É dessa ordem de grandeza o número de pessoas que não dispõem de uma conta bancária. Admite-se também que mais pessoas desfrutam de avanços tecnológicos de comunicação por telefonia celular que de avanços de tecnologia financeira.⁶ Pobreza, gênero, idade, hábitos de interação, escambo, com certeza em parte explicam essa fantástica exclusão social dos sistemas financeiros mundiais, pois de que serve o banco se são pessoas que vivem da mão para a boca, que uso tem se é mais fácil interagir trocando coisas entre si? Contudo, fora desse deserto de carências existe ainda outra igualmente forte causa para a alienação das pessoas perante o sistema financeiro: elas não o entendem ainda que queiram, não conseguem usá-lo porque não sabem como.

No Brasil, 10% das pessoas entre 15 e 64 anos são analfabetas e 25% receberam instrução rudimentar, ou seja, é da ordem de 70 milhões os brasileiros analfabetos funcionais. Cerca de 100 milhões não têm conta bancária. Apenas 35% dos brasileiros têm instrução para compreender textos longos e operações de proporcionalidade. Apenas um quarto tem instrução plena para compreender e resolver problemas complexos. Para incluir os apartados sociais na rede financeira nacional e melhorar o seu bem-estar, a autoridade monetária brasileira estendeu o sistema financeiro formal para o comércio de varejo em transações de dinheiro de plástico; para a interação de agentes semiformais amigavelmente humanos em agências de Correio e casas lotéricas; e para o tratamento formal, porém simples, da poupança da Caixa Econômica. O exemplo dessas iniciativas brasileiras tem sido citado mundo afora como maneiras inteligentes de reduzir a intimidação natural dos menos favorecidos perante o agente financeiro formal.

É absurdamente claro que a inclusão social de populações carentes no sistema financeiro impõe o uso de tecnologias de uso simples. O problema reside, porém, em que a tecnologia da informação, no atual estado da arte, tem uma ergonomia hostil, de difícil entendimento aos menos esclarecidos. Na tarefa central do sistema financeiro de identificar as pessoas, o uso da voz, da íris ou da impressão digital está fora de alcance pelo alto custo e baixa confiabilidade da resolução. Longe de ser amena aos humanos, a tecnologia da informação impõe, no momento atual, a convivência da pessoa com elementos de dados, ou códigos digitais, rompendo com o trato natural de as pessoas usarem nomes para identificar coisas. Para interagir com um caixa eletrônico é preciso saber ler; sacar não é tarefa simples tantas as condições de segurança que cercam o

---

⁶ "Inovative Financial Inclusion", *Principles and Report of SubGroup of the G20 Financial Inclusion Experts Group*, maio de 2010.

procedimento. Absorver a noção de uma senha, ou de uma data de seis dígitos, é algo fora do universo intelectual de grande parte dos brasileiros. Fazer alguém entender que o zero anterior ao dígito se impõe no código do mês até setembro, ou que brancos são proibidos, é tarefa inalcançável para os menos favorecidos. Só a imposição do uso de única alternativa e a maciça repetição são capazes de superar esses óbices, mas nunca de maneira a generalizar o conhecimento.

No espaço de tecnologias alternativas para os depósitos e pagamentos mais comuns, a competição de agentes comerciais vem criando soluções para centenas de milhares de africanos, indonésios, indianos, russos, pela associação do telefone celular com depósitos virtuais de dinheiro, depois disponíveis para transferências seguindo a mesma lógica de saques sobre o depósito de pulsos de um telefone celular pré-pago. A penetração dessas tecnologias na comercialização de transações financeiras semiformais é um desafio para o sistema bancário tradicional que funciona debaixo do formalismo de outros procedimentos. Governos observam essas manifestações tecnológicas que essencialmente suprem deficiências do sistema financeiro formal, e preocupam-se que o uso de fluxos semiformais de dinheiro possa invocar generalizada inadimplência ou destinações de fundos para atividades terroristas. A regulação governamental é sempre integradora na associação e uniformização de procedimentos, por isso em conflito com a essência desintegradora da competição. Contudo, é na variedade da competição que soluções criativas aparecerão. Regulações têm sempre um ingrediente potencial de corrupção e podem ser levadas para a vedação da competição com barreiras de entrada que aumentam os custos das transações.

À medida que aumenta o bolo de rendas de uma transação financeira, complicam-se os procedimentos e a forma de se usar o sistema financeiro. Os bancos comerciais brasileiros têm investido em tecnologias que conservam o depositante no conforto da sua casa, por exemplo, oferecendo-lhe efetuar pela internet operações mais complexas de aplicação e desaplicação de fundos, mas agora estaremos falando do uso do sistema financeiro por depositantes que habitam a ponta da pirâmide social. Para a senhora viúva que herdou um pecúlio do marido que sempre se ocupava dessas coisas enquanto vivo, ir ao banco é um sofrimento. Ela não sabe como usar o sistema, desconfia dos que lhe oferecem conselhos e quase nunca tem a quem recorrer. Todas as tratativas bancárias invocam contratos: para abertura de contas, para o crédito rotativo, para a apólice de seguro, para o arrendamento mercantil, o modo de usar o sistema financeiro em operações de maior complexidade é o contrato de adesão. Sem entendê-lo e tendo de nele confiar, a viúva ou outro participante é induzido a assinar a procuração que outorga ao agente financeiro sabe-se lá que direitos. Ao receber em casa os extratos das aplicações e compromissos assumidos, não os entende. Em caso de resultados desfavoráveis o conflito entre depositante e sistema é inevitável.

Há algo além disso. Há algo que diz respeito à linguagem de comunicação entre usuário e sistema, apoiada em conceitos de uso que deveriam ser os mesmos para todas as pessoas e inequivocamente recebidos por todas. Sem uma linguagem de conceitos universais é impossível haver comunicação entre partes sem desentendimentos. Observe-se o caso do investidor brasileiro que ingressou no órgão regulador com uma reclamação sobre o comportamento do agente financeiro que escolhera. O investidor aplicara através do agente um montante em um fundo de índice de ações dando ao agente as procurações necessárias ao atendimento do encargo. O agente, segundo a reclamação, desviara-se do propósito de o fundo ser passivo, isto é, independente de uma escolha ativa de papéis, tanto que a carteira do índice deveria refletir a composição dos papéis do índice em natureza e proporções, objetivo que o agente descumprira. Ademais de fazer isso, o agente expulsara o investidor de seu fundo de índice quando incorporou-o a outro fundo de ações de histórico de risco totalmente diferente.

O órgão regulador emudeceu por três anos na análise da questão proposta pelo investidor e manteve o reclamante à distância de informá-lo sobre o que estava acontecendo, invocando sigilo. Valendo-se da corregedoria do órgão, pôde, afinal, o reclamante entender, ao ler os autos, que a burocracia reguladora nada vira de errado no uso indevido da palavra *índice* no nome do fundo que atraíra o investidor, e assim absolvera o agente financeiro de dano por essa causa. De igual forma ajuizou que o agente financeiro ao incorporar fundos de diferentes históricos de risco sem contemplar as preferências de risco do investidor pautara-se nas disposições e regulamentos em uso pelo órgão na ocasião, sendo, pois, inocente de ofender aquelas preferências. A linguagem que o investidor usara na transação de compra do fundo saíra dos livros de teoria financeira e revestia-se de conceitos de validade acadêmica; a linguagem do órgão regulador na análise do caso, e a do agente financeiro na administração da transação, pautavam-se em disposições do formalismo de direito positivo brasileiro e pouco interessavam ao órgão e ao agente financeiro que estivesse equivocada. O investidor, em síntese, não soubera como usar o sistema financeiro brasileiro.[7] A mesma ordem de dificuldades, em outro exemplo, deve acometer o produtor que contratou o crédito ou o seguro de crédito que não funcionaram a contento. Ninguém efetivamente saberá utilizar o sistema financeiro se as partes aderirem a conceitos divergentes, fora de um entendimento comum. A solução deste estado de conflitos passa evidentemente pelo trabalho de crítica e análise dos processos de disputa, e pela veneranda proposta de pacificação e convergência das opiniões de juristas e de economistas, mas o público normalmente não tem acesso ao repertório dessas informações, protegido sob confusas promoções de sigilo, nem pode aguardar pelo desenlace da estafante tarefa de que juristas e economistas se pacifiquem mutuamente. No capítulo das informações necessárias para o uso do sistema financeiro, a conclusão que se chega para a satisfação de pessoas de qualquer camada social é uma só: no presente estado da tecnologia o sistema tem uma interface de hermetismo jurídico e de ergonomia pobre que são hostis aos usuários.

4. AS INFORMAÇÕES DE USO PRÓPRIO DO SFN

Para o exame da eficiência administrativa do sistema financeiro os elementos cadastrais dos participantes são entes passivos nas bases de dados. Apenas os elementos de associação de comportamentos financeiros e de rápida execução de transações financeiras são intrinsecamente relevantes para a única destinação daquelas informações, a gestão e o aperfeiçoamento administrativo dos agentes. Estes elementos de informação internos do sistema financeiro são essencialmente técnicos. Cada agente emprega os que julgar melhores para a execução do desenho da sua própria tecnologia administrativa. Entes produtivos e financeiros geram dados de gestão que são um recurso corporativo, deixar de entender isso é um passo para o insucesso da administração. Contudo é singular que a intangibilidade desse recurso iluda os candidatos a líderes empresariais e de governo em pensar que dados não precisam de cuidados

---

[7] CVM, Processo RJ2003/12635. Foi o presidente do órgão quem, de forma isolada, percebeu a gravidade da denúncia, impondo ao colegiado a repetida revisão das sanções sugeridas pela administração para atender pormenores do processo, até alcançar o valor expressivo que o agente teve de pagar para ser autorizado a assinar o termo de ajuste de conduta.

especiais e podem ser desprezados. O pensamento desagregador de que dados não são importantes para a gestão, exceto temporariamente, tem um imenso custo para todos os participantes. Fora de se destruir dados importantes há a perda de se determinar uma gestão de dados de natureza paroquial que só sirva ao interesse de líderes funcionais feudais.

Dado é o elemento primitivo digital da mensuração de alguma coisa, como um comportamento, por exemplo, e serve para avaliar e associar sistemas administrativos humanos. Informação é o resultado da combinação de dado com estrutura. A estrutura do dado, isto é, o tamanho do campo, o significado dos dígitos no campo, os símbolos permitidos, e outros elementos estruturantes, conferem ao dado a condição de ser íntegro, único, corretamente legível, e coerente entre observações. Dados com essas características são associáveis inter e intra-arquivos.

De acesso a dados precisará, então, quem fizer uma análise; de análise (informação) precisará quem decidir sobre alguma coisa. A conservação de dados em rincões feudais que impedem sua associatividade com outras funções administrativas da organização só é de importância para a retenção desses domínios administrativos isolados. Os sistemas fiscal e previdenciário brasileiros, por exemplo, só muito recentemente sofreram, por imposição institucional, o grau de integração necessário para mútuo aperfeiçoamento de suas finalidades.

O problema da associatividade de dados em bases de dados comuns é da essência da produtividade de sistemas produtivos e financeiros. O grande dilema para alcançar esses níveis supremos de produtividade está em decidir a quem os dados pertencem, ou seja, quem são os *donos* dos dados. Os grandes sistemas informáticos financeiros do governo brasileiro, como Selic, Siscomex e Sistema Brasileiro de Pagamentos, têm dono, e não se comunicam. Os grandes sistemas informáticos bancários brasileiros, de entes privados tecnologicamente avançados, não se comunicam com sistemas securitários, de arrendamento mercantil, ou de mercado de capitais dos mesmos entes. Na realidade, é estranho que um depositante não seja reconhecido como cliente do banco comercial brasileiro, mas seja sempre identificado como cliente de uma agência daquele banco. Isso impõe que o relacionamento bancário do depositante seja com a agência, nunca com o banco. Ao emitir um cheque ou outra transação, o fará contra a agência, não contra o banco, não importa se tenha fundos no banco e não na agência. Os bancos comerciais brasileiros copiaram as estruturas de dados em papel com que operavam no passado, ao realizar as conversões informáticas que os modernizaram a partir dos anos de 1970. Assim, levaram para dentro dos computadores o regime de capitanias que empestava as organizações na rotina do papel. Até hoje não se interessaram pela análise associativa do comportamento de seus clientes em diferentes formas de relacionamento funcional para favorecer um tratamento mercadológico positivo em qualquer deles. O **cadastro positivo**, isto é, a reunião dos dados de adimplência dos clientes do sistema financeiro nacional como forma de conduzir a um crédito de rendimentos discricionários conforme o comportamento refletido naquele cadastro é uma inovação institucional de Medida Provisória recente.[8] O âmbito da inovação é, entretanto, interagências. Nada explica, exceto a administração feudal, que a mesma iniciativa não tivesse tido curso preferencial intra-agências, isto é, dentro dos entes privados comerciais do sistema financeiro nacional, para dela se valerem mercadologicamente há mais tempo.

Pode parecer estranho, mas é da natureza da competição por poderes administrativos que sistemas de dados tenham donos para a conservação do domínio de territórios da administração geral. O sistema de óbitos da autoridade previdenciária nacional não fala com o sistema de óbitos da autoridade sanitária, favorecendo a perda fraudulenta de grandes montantes de pensões descabidas. O conflito do poder administrativo nas grandes corporações e órgãos públicos começa na arregimentação das lealdades e das cercas que arrebanham os dados que conferem a informação para o desfrute daquele poder. Toda competição é desagregadora, toda regulação é integradora. A disputa pelo poder exacerba a competição entre as partes e tem consequências biológicas de sobrevivência; a cessação da competição confere ao líder o poder maior da integração, mas com ela o enfraquecimento da criatividade das partes. Para cada modo de coordenação social (mercados, hierarquias, comunidades) existe um mecanismo intrínseco de sinalização da articulação (preços, autoridade, confiança). A escolha depende dos dados disponíveis de mensuração do desempenho social. Equilibrar os extremos de integração e desagregação de dados e suas consequências não é um falso dilema, antes é um dilema que líderes excepcionais superam para o avanço das organizações.

A administração de órgãos públicos e de empresas privadas obedece a hierarquias, por isso, à autoridade, pois não podem ser coordenados como

---

[8] MP nº 518 (30/12/2010).

mercados ou comunidades. Quanto maior o órgão ou a empresa, mais afastado fica o propósito regulador-integrador do conjunto, mais propensos ficam os sistemas de dados a funcionar no abrigo de feudos políticos. A realidade impõe que esses feudos só prosperam ou se conservam enquanto dominarem as massas de dados que levam à informação que mantém o poder do feudo. Quem se iludir acerca da facilidade da recriação dos dados, portanto, da desimportância de seu trato permanente, não poderá aspirar à produtividade das organizações. O sistema financeiro de forma geral não está a salvo desses conflitos humanos de poder pelo uso e domesticação de seus dados intrínsecos.

5. A INTEROPERABILIDADE DO SFN COM OUTROS SISTEMAS

O princípio básico da interoperabilidade de sistemas de informação é a referência comum de todos a uma mesma base de parâmetros ou universos de referência. Tabelas de referência são coleções de dados importantes a todos os sistemas e relativamente estáveis enquanto recurso comum. O conjunto delas no cenário brasileiro provavelmente contém milhares de exemplares. Por exemplo, a tabela de municípios brasileiros, a de estados, a de códigos de medicamentos, de procedimentos médicos, de atividades econômicas, de lançamentos em contracheques, de códigos de bancos, de benefícios previdenciários, de rubricas orçamentárias, e assim por diante, são, todas elas, entes de referência para múltiplos sistemas de informação que, se não as tiverem por referência comum, terão de recriá-las e perder a condição de interoperabilidade com outras bases informativas. É singular que não se saiba, no limiar de novo século, acerca da existência de um órgão normativo de governo para resguardo desses entes de referência, para sua custódia e transparência. É como se entrássemos no século com a lógica empobrecida com que ingressamos na informática dos anos de 1960, quando cada qual atuava isoladamente no esforço solitário de resolver problemas. As perdas de escala e de escopo de sistemas fragmentados por essas quebras de interação provavelmente são de bilhões de reais ao ano, mas ninguém se importa muito com esses danos invisíveis de improdutividade.

No conjunto dos sistemas de informação brasileiros, o sistema financeiro, por lidar com todos os fluxos de dinheiro, pode prestar imensos serviços à sociedade se for operado com outros sistemas. Três objetivos dessa interoperabilidade, entre outros, são especialmente reconhecidos: a ampliação da base de tributação, o combate à sonegação, e a investigação de pessoas corruptas e perigosas. Esses objetivos colocam as lideranças de frente para a articulação, enquanto sistemas de informação, das funções monetária, fiscal e judicial no país. Se for atingida, tornará superior a qualidade da organização social e levantará o valor do fator de produtividade total da função de produção brasileira.

A interoperabilidade das funções dos sistemas financeiro, fiscal, e judiciário em um país passa pela construção de dois universos de referência que a todos os sistemas interessa: o cadastro das pessoas naturais e o das pessoas jurídicas; e necessariamente enfrenta a questão da atribuição de uma identificação digital única às pessoas inscritas naqueles universos para todo o território nacional. Os brasileiros assombram-se com o problema de construir e manter esses universos há 40 anos. O presidente do Serviço Federal de Processamento de Dados (Serpro), que nos anos de 1960 reorganizou a Receita Federal com sistemas informáticos e concebeu os identificadores fiscais CPF/CGC, deu entrevista em 1971 anunciando a implantação de um sistema de registro civil brasileiro com identificação digital que abrangeria todos os brasileiros a partir do nascimento. No início dos anos de 1970, esse assunto enriquecia os jornais em aquecidos debates.[9] Passaram-se décadas do tema esquecido até que mais recentemente o Comitê Gestor do Sistema Nacional de Identificação Civil, órgão do Ministério da Justiça, anunciou o Cartão de Registro de Identidade Civil que eventualmente reunirá os elementos de identificação da pessoa enquanto eleitor, contribuinte ou beneficiário, em apenas um documento. Contudo o Tribunal Superior Eleitoral (TSE) prossegue em levar adiante seu intento de fazer a mesma coisa para automatizar as eleições. Todos querem se apoderar do processo de identificação civil, pois o mandato sobre esses universos de referência consagra o poder de donos de dados visceralmente importantes para o funcionamento da sociedade.

O problema da codificação de entes civis está, entretanto, em que é inútil atribuir um identificador digital às pessoas sem associá-lo ao Registro Civil. A questão do reconhecimento digital passa, necessariamente, pela via do

---

[9] DUNSHEE DE ABRANCHES, C.A., "Nacionalização dos Documentos de Identidade", *Jornal do Brasil* 09/01/1971; "Cartão de Identidade Nacional Já Este Ano Será Implantado", *Jornal do Brasil* 01/03/1971; SÁ, G., "Em Favor do Registro Nacional da População", *Panorama Econômico O Globo*, 19/03/1971.

Registro Civil para a tutela do Poder Judiciário por ser suprafuncional, acima do domínio de funções de governo como a polícia, o fisco, a previdência ou a autoridade monetária. Apenas aquele outro poder tem mandamento legal para alterar dados supostamente permanentes das pessoas, como o nome, a data de nascimento ou o sexo, assim como de dados menos permanentes como o estado civil e o de solvência. Todos esses dados conferem, além da identificação, direitos às pessoas.

O Registro Civil obedece a minuciosas regras com esse propósito. No Brasil, é operado por organizações cartoriais privadas para as pessoas naturais, dentro de uma ordem normativa do Poder Judiciário; para as pessoas jurídicas, o registro é realizado por Juntas Comerciais, que são organizações públicas estaduais, uma em cada estado, tecnicamente regidas por um órgão ministerial superior. A lei de 1994 que estabeleceu as Juntas Comerciais impôs uma identificação numérica aos entes jurídicos com o propósito específico de, através dela, relacionarem-se com outras regulamentações do poder executivo, mas a situação estadual de cada junta impediu que esse identificador viesse a ser um instrumento integrador. Para as pessoas naturais, a concepção de um número único de registro de identidade civil foi imposta em lei de 1997, mas a proposta dirigiu-se ao bisonho problema que nos persegue há tanto tempo: o de reduzir os documentos que a pessoa porta para identificar-se a um só; e nunca teve em mente a realização mais ampla de associar o numerador com o Registro Civil das Pessoas Naturais.

As dificuldades da organização social brasileira pela falta dos universos de referência de identificação de pessoas têm causado amplos estragos. A lei que instituiu o Programa de Integração Social (PIS), no início dos anos 1970, exigiu da Caixa Econômica Federal realizar o cadastro dos beneficiados em seis meses como se tanto fosse possível fazer; a falta de precisão identificatória dos beneficiários do Fundo de Garantia do Tempo de Serviço (FGTS) causou muita insatisfação social até ser dirimida; os investidores de Fundos 157, uma aplicação financeira fiscalmente incentivada de 1967, ficaram a ver navios após esquecerem-se de seus investimentos. A legislação do sequestro da poupança do governo Collor de Mello impôs um tributo de 8% sobre os saldos de ativos financeiros, ouro, ações e cadernetas, a serem recolhidos em prazo exíguo, e a Receita Federal divulgou um código para o recolhimento, ou a tributação aumentaria para 20% por ocasião da liberação do sequestro. Quem obedeceu a lei deu-se mal porque a devolução do sequestro nunca verificou quem foram os contribuintes faltosos. Na realidade, constatou-se que não poderia fazê-lo porque os registros de identificação das pessoas no sistema financeiro, pelo açodamento dos bancos em atrair clientes, encontravam-se incompletos e não continham identificadores confiáveis para uma associação de dados entre intermediários financeiros.

Admitamos, contudo, que o imbróglio da identificação digital de pessoas e empresas brasileiras resolva-se um dia. Naquele momento, a interoperabilidade das funções monetária, fiscal e judiciária brasileiras encaixa-se num redesenho das bases de dados do sistema financeiro e na padronização dos códigos de transmissão das transações. O redesenho estabelecerá que o código de acesso, rápido e preferencial, para contas de qualquer natureza do contribuinte será o identificador universal *para todos os agentes e estabelecimentos financeiros*; e que o código de transmissão de dados interagências do sistema financeiro obedecerá a um mesmo padrão técnico contendo a identificação digital dos entes de origem e destino da transação e outros elementos filtrantes, por exemplo, a atividade econômica de uma pessoa ou a moeda com que quiser quitar uma obrigação. É como se uma conta universal fosse aberta em tempo real por ocasião da inclusão da pessoa na tabela de referência da identificação civil, para todos os agentes e estabelecimentos do sistema financeiro, sem a necessidade de uma contratação específica para tal fim. Ao sacar, a pessoa o fará então contra o agente e não contra o estabelecimento. Dentro desse enquadramento, a autoridade monetária e a fiscal têm, em tempo real, o valor consolidado dos depósitos de uma pessoa através de todo o sistema financeiro, e cada transação poderá conferir a qualquer dos entes, de origem e destino, ou a ambos, um tributo progressivo na transação. A distinção do uso do sistema financeiro como engenho de tributação é sua universalidade. Não há como compará-la em âmbito com o alcance de um tributo comum como a CPMF (imposto do cheque), ruim pela regressividade porque atua anonimamente e pelo fato de que se adiciona a ainda outros impostos.

A transformação do sistema financeiro em engenho de tributação é uma consequência da exploração do conceito de interoperabilidade de sistemas com a tecnologia da informação. *Não haverá como evitar essa transformação social porque o reconhecimento do seu alcance para o fator de produtividade total da função de produção é muito forte e amplia-se a cada dia.* O volume monetário das transações financeiras em um país, em um período de tempo, é um múltiplo do Produto Interno Bruto (PIB). Se o multiplicador for igual a 10, um tributo de 4% na média das transações recolhe 40% do PIB em tributos ao órgão fiscal.

O encargo médio de 4%, só para usar o número do exemplo, não afrontaria o costume e seria um alvo trivial de alcançar perante um imposto progressivo sobre uma base tributária ampliada, de pessoas físicas e jurídicas de enorme dispersão de rendas. Problemas teóricos sobre a medida e a estabilidade do multiplicador, entre outras questões, são discutidos na leitura e não cabem nesta exposição.[10] A questão que nos detém (o sistema financeiro como engenho tributário) apoia-se na proposta de um mecanismo tributário não declaratório, de substituição universal de todos os tributos, analiticamente adaptável aos movimentos da economia.

A noção original de que a tecnologia da informação é neutra para o desenvolvimento tributário nos lados real e financeiro de uma economia, podendo atuar de ambos os lados com a mesma eficiência, é inteiramente falsa. Aquela tecnologia é ordens de grandeza mais eficiente do lado financeiro porque atua em tempo real sobre bases de dados codificadas apropriadamente. Economistas tributaristas preferem tributar o lado real da economia simulando um imposto geral de consumo (uma forma correta de tributar) em tranches de impostos de valor adicionado na cadeia de produção (porque é mais garantido tributar na produção que no consumo). Contudo, a realidade revela que essa forma de tributação potencializa a corrupção, tem um altíssimo custo de captação para pessoas e empresas, cria divergências federativas e não pode ocorrer em tempo real. O tributo em transações é criticado também porque impede que se afira corretamente a oneração tributária total em um produto por causa do encadeamento de tributos na produção, embora se saiba de longa data que se tributos limpos existissem o encadeamento dos mesmos entre estágios de produção se faria pela via da inflação, tanto que tributos de qualquer natureza são custos levados para as margens de lucro da produção.

As transformações institucionais decorrentes do tributo em transações são muito amplas. A Nota Fiscal é extinta bem como a contabilidade fiscal das empresas, abrindo espaço para uma contabilidade societária mais limpa; documentos comerciais como duplicata e fatura são transformados em ordens eletrônicas de formato livre; aparelhos de arrecadação fiscal, de auditoria fiscal, de planejamento jurídico-fiscal, são extintos; a dívida ativa fiscal torna-se história e não existem barreiras fiscais alfandegárias entre estados da

---

[10] SÁ, G., "Tecnologia da Informação e Prática Tributária", *Revista Brasileira de Economia*, abr-jun 1996.

federação. Apenas um centro arrecadador atua para processar as transações e redistribuir os tributos em tempo real a outros entes federados. Uma pessoa pode conservar depósitos financeiros em moedas de qualquer país porque a quitação de compromissos ocorre em real e sobre a transação incide, por sobre o tributo comum, o da conversão cambial. Na realidade se o tributo cambial for elevado todos desejarão que seus depósitos em moeda estrangeira sejam levados ao Tesouro, tornando a prática de inconversibilidade cambial brasileira um caso particular de um desenho mais geral. Por sobre isso, sonegar é impossível, fraudar muito difícil, e os criminosos tornam-se visíveis na transformação do sistema financeiro em engenho de investigação policial. Bastará examinar as oscilações das médias móveis do depósito consolidado de uma pessoa em tempo real e filtrar anomalias. Para incentivar a inclusão das pessoas no sistema financeiro o meio circulante é metálico, de muito baixa denominação. Apenas as pessoas mais pobres, de movimento financeiro de um salário mínimo mensal, ou algo parecido, mantêm-se fora do sistema em trocas monetárias em espécie e não são tributadas diretamente, como nunca foram. O escambo repetido entre pessoas não é prático; entre empresas, o escambo é observável e punível pela diferença do tributo com a atividade econômica do contribuinte. Criminosos têm de buscar refúgio em moeda estrangeira fora da economia formal tornando-se vulneráveis. Amplos incentivos podem ser discricionariamente concedidos aos entes econômicos pelos dados aportados na codificação da transação.

No presente estado da arte não existem óbices tecnológicos no Brasil para a realização dessa ampla transformação do sistema financeiro em agência tributária e de investigação policial porque a potência dos instrumentos de processamento de dados e de comunicação permitem o tratamento e a transmissão de imensas quantidades de dados em tempo real. A questão da transformação do sistema financeiro em engenhos tributário e investigatório é essencialmente política. Muitos observam que, perante tais poderes, as pessoas restarão à mercê de burocracias corruptas. Muitos recusam a validade do identificador universal arguindo pela proposta de que quanto mais confusa for a ordem social brasileira mais estarão protegidos quando submergirem na invisibilidade conferida pela multidão. Ainda outros manifestam-se pela permanência de garantias constitucionais de privacidade e sigilo. Contudo, a segurança e a liberdade de um povo nunca são compromissos compatíveis e trocam de ênfase no tempo. Em um mundo de amplo desvio moral, a liberdade sofre perante a necessidade de mais segurança. O sigilo financeiro, um dos mais valorados bens do mundo do crime, não tem cabimento para as autoridades monetária e fiscal atendidas pelo juizado especial.

A tecnologia tem formas incomuns de manifestar-se, formas determinadas de socialmente se impor, porque desfruta das virtudes da confiabilidade, repetitividade, e neutralidade. É fútil obstar o andamento normal do progresso tecnológico só porque possa ferir pessoas. Automóveis matam, utensílios de cozinha machucam, combustíveis explodem, dados mandam gente para a cadeia. A difusão social da tecnologia é lenta, mas inexorável. Contudo, deixá-la seguir seu rumo fora de uma disciplina raciocinada leva a resultados esquisitos, talvez indesejáveis. Não há outra explicação para a irremediável difusão social entre nós do identificador fiscal CPF/CGC como identificador universal criptolegal preenchendo um propósito que nunca fora originalmente o seu.

Se confiança fosse um atributo social os custos das transações seriam mínimos, os mercados funcionariam perfeitamente, os contratos seriam uma extensão de entendimentos verbais. O crescimento da economia que se manifesta através do coeficiente de produtividade total é também consequência da confiança das pessoas umas nas outras no intercurso social. Muitos fenômenos perturbam a confiança no plano social, por exemplo, a falta de uniformidade étnica da população ou a má distribuição de renda. Os obstáculos que uma tecnologia enfrenta para implantar--se socialmente, como a desconfiança entre as pessoas, dependem também, em não pequeno grau, da lógica da ação coletiva. Uma pessoa em um grupo não tem incentivos naturais para compartilhar do esforço de buscar o alvo do grupo. Passiva ou ativamente, aufere por igual as vantagens alcançadas pelo grupo. Se optar por ser ativa, impondo-se como líder para alcançar o alvo, terá de conformar-se em ganhar como prêmio uma parte do prêmio do grupo inversamente proporcional ao tamanho do grupo. Observando esse estado de coisas, cada indivíduo lança-se na busca de suas próprias preferências desconfiando das atitudes dos outros, e a liderança do grupo corrompe-se na busca de expropriar os membros do grupo para compensar o seu esforço solitário. Em casos extremos, o grupo induz incentivos negativos de participação, espancando o fura-greve ou fuzilando o desertor. A lógica da ação coletiva é a carona; essencialmente é desintegradora; como toda economia, é aética.[11]

---

[11] OLSON, M., *The Logic of Collective Action*, Harvard Press, 1965.

A maneira como os brasileiros têm dado azo a progressos tecnológicos de interoperabilidade nos sistemas financeiro, fiscal e judicial tem sido casuística, sem um ingrediente integrador raciocinado. Segue a lógica da ação coletiva na falta de uma forte liderança integradora no ponto mais alto da pirâmide social. Todos querem os benefícios de tal esforço, mas acham-se débeis para lográ-los com seu empenho pessoal. Preferem pegar carona. Os incentivos políticos no ponto extremo da pirâmide social para liderar um esforço de integração do porte que falamos precisam ser imensos, estoicos. No amplo e complexo tema da informação e sistema financeiro, que abordamos neste capítulo, analisando a vitalidade de ambos para o bem-estar da ordem social, não há muito a almejar além de rezar pela vinda daqueles líderes iluminados que mostrarão o caminho do progresso e resolverão todos os nossos conflitos.

CAPÍTULO 10

Inovação na coalizão de atores para o desenvolvimento financeiro: ampliando redes de competências em busca da eficiência

ALESSANDRA VON BOROWSKI DODL,
ALEXANDRE DA SILVA RODRIGUES E DENISE DIAS[1]

1. INTRODUÇÃO

As dificuldades para promover o desenvolvimento financeiro são muitas. São diversas áreas e instituições que alternam relações de coordenação e competição, com diferentes graus de interação e interesses muitas vezes conflitantes.

Ações desencontradas causam atrasos desnecessários ou até mesmo obstaculizam a realização eficiente das transações. Por outro lado, hoje, um sistema financeiro tem diante de si uma arena de oportunidades para realizar seus objetivos.

---

[1] Os autores agradecem os comentários e as importantes contribuições de Regina Lídia Giordano Simões, Anderson Brandão e Alexandre Vasco. Os erros e as omissões remanescentes, no entanto, são de responsabilidade dos autores.

A tecnologia, cada vez mais acessível, tem reduzido custo e tempo da prestação de serviços, e criado alternativas de interação entre os diversos atores nos mercados. Sob esse novo cenário, com mais possibilidades para a oferta de serviços, concomitante à expansão dos canais de comunicação, um novo contexto se descortina para provedores, reguladores e consumidores de serviços financeiros.

Este capítulo, com base no paradigma da cocriação, e com ênfase na eficiência como variável-chave, apresenta a coalizão de parcerias cumulativas como pilar fundamental da arquitetura estratégica para o desenvolvimento do Sistema Financeiro Nacional (SFN).

2. DESENVOLVIMENTO FINANCEIRO E SEU ESTÁGIO ATUAL NO BRASIL

Em sua essência, o sistema financeiro assume o papel de minimizar os efeitos causados pelas fricções de mercado, assimetria de informações e custos de transação que, na ausência de intermediários financeiros, impedem a extração do máximo benefício das transações pelos usuários finais.

Um sistema financeiro desenvolvido implica acesso a uma variedade de serviços e produtos para a população, de forma que a opção mais adequada possa ser selecionada pelos próprios clientes. Sob essas condições, os clientes têm acesso a crédito, seguro, poupança e transferência de recursos, entre outros serviços financeiros.

O Relatório de Desenvolvimento Financeiro (2010), do Fórum Econômico Mundial, tem atuado como instrumento de divulgação do desempenho de sistemas financeiros e mercados de capitais líderes, provendo referências para avaliações individuais e acompanhamento da evolução dos países.[2] A análise realizada através de sete pilares agrupados em três categorias, refletida no Índice de Desenvolvimento Financeiro (IDF), contribui para que os países elejam sua agenda de prioridades e, com isso, promovam o desenvolvimento de seus sistemas financeiros como um todo.

---

[2] Publicação anual iniciada em 2008, com 52 países. Em 2009, foram 55 e, em 2010, 57 países (http://www3.weforum.org/docs/WEF_FinancialDevelopmentReport_2010.pdf).

De acordo com o relatório, desenvolvimento financeiro é o conjunto de fatores, políticas e instituições que levam à intermediação e a mercados financeiros efetivos, bem como a amplo e disponível acesso a capital e serviços financeiros.[3] Para avaliar os fatores que promovem o desenvolvimento financeiro, o IDF contempla uma visão abrangente, levando em conta aspectos relacionados com a estabilidade financeira,[4] mas sem se limitar a eles.

As três categorias e os sete pilares[5] que compõem o IDF são:

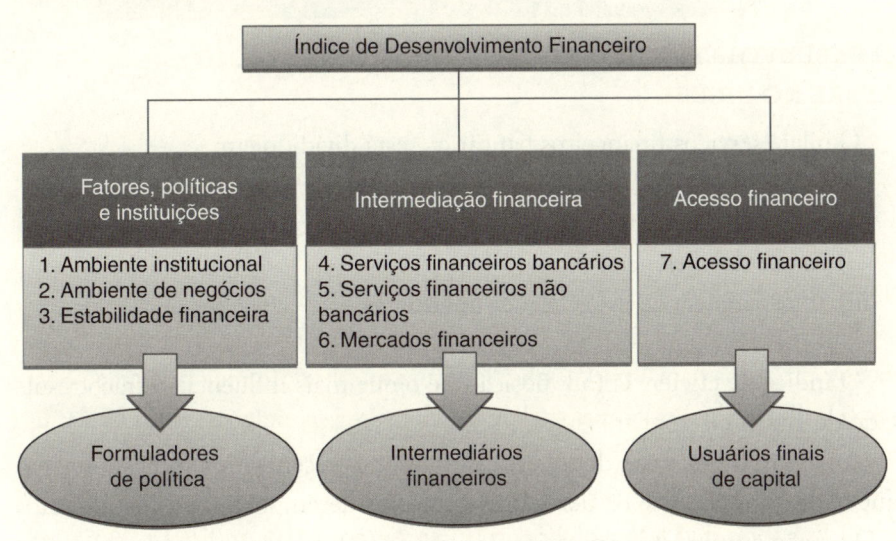

FIGURA 10.1 Índice de Desenvolvimento Financeiro

```
                    Índice de Desenvolvimento Financeiro
                                    |
        ┌───────────────────────────┼───────────────────────────┐
        │                           │                           │
  Fatores, políticas      Intermediação financeira       Acesso financeiro
   e instituições
                          4. Serviços financeiros          7. Acesso financeiro
  1. Ambiente                bancários
     institucional          5. Serviços financeiros não
  2. Ambiente de                bancários
     negócios               6. Mercados financeiros
  3. Estabilidade
     financeira
        │                           │                           │
        ▼                           ▼                           ▼
   Formuladores              Intermediários                Usuários finais
   de política                financeiros                   de capital
```

Fonte: Fórum Econômico Mundial, p.5.

O Brasil ocupa a 32ª posição (nota 3,53) no *ranking* geral, com as seguintes notas e posições em cada pilar:

---

[3] Tradução dos autores.
[4] "Embora estabilidade financeira tenha sido uma vantagem relativa para muitas economias de mercado emergentes nos últimos anos, sua *performance* em outras áreas do índice pode cada vez mais restringir o crescimento econômico do país e em nível global" (Relatório de Desenvolvimento Financeiro, 2010, p. xiii, tradução livre dos autores).
[5] As notas de cada pilar variam de 1 a 7, sendo 7 a melhor.

FIGURA 10.2 Desempenho do Brasil nos sete pilares do IDF

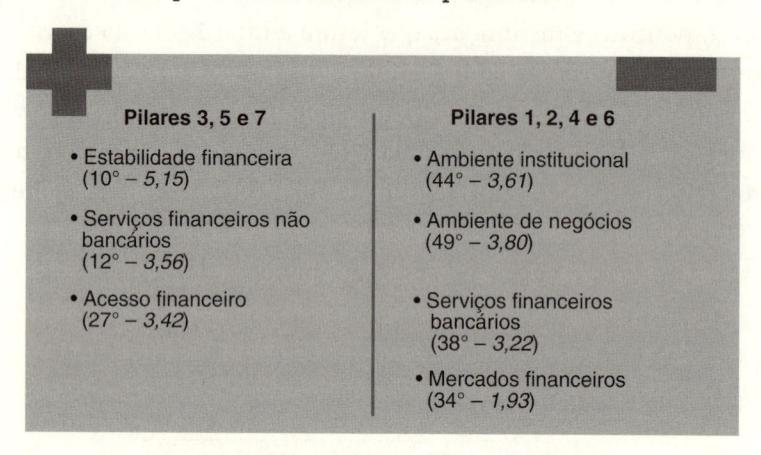

Pilares 3, 5 e 7	Pilares 1, 2, 4 e 6
• Estabilidade financeira (10° – *5,15*)	• Ambiente institucional (44° – *3,61*)
• Serviços financeiros não bancários (12° – *3,56*)	• Ambiente de negócios (49° – *3,80*)
• Acesso financeiro (27° – *3,42*)	• Serviços financeiros bancários (38° – *3,22*)
	• Mercados financeiros (34° – *1,93*)

Fonte: Fórum Econômico Mundial (2010) – elaboração própria.

O pilar "serviços financeiros bancários" está dividido em:

i) índice de tamanho;
ii) índice de eficiência;
iii) transparência de informações financeiras.

O índice de eficiência (53ª posição)[6] é o que mais influencia o fraco resultado do Brasil nesse pilar.

Analisando em mais detalhes, esse índice apresenta três indicadores em que o Brasil está entre os dez países com pior desempenho: custos indiretos (55ª); razão entre custos operacionais e ativos (50ª); e propriedade pública dos bancos (49ª), apontando o baixo nível de eficiência dos bancos no Brasil *vis-à-vis* ao de outros países. Esse resultado é corroborado pelo trabalho de Staub et al. (2009).

Ainda no que se refere ao mesmo pilar "serviços financeiros bancários", dois outros indicadores (tradicionais na avaliação dos sistemas financeiros e integrantes do subpilar "índice de tamanho") demonstram fragilidade no desempenho quando comparados aos demais países: crédito privado em relação

---

[6] O índice de eficiência é composto por cinco indicadores: i) lucratividade agregada; ii) custos indiretos; iii) propriedade pública de bancos; iv) razão entre custos operacionais e ativos; e v) inadimplência da carteira de crédito (tradução dos autores).

ao Produto Interno Bruto (PIB) e depósitos bancários em relação ao PIB (34ª e 33ª posições, respectivamente).

Distanciando-se do foco específico em serviços financeiros bancários, o pilar "ambiente institucional" também expõe vulnerabilidades do país. O relatório faz referência à elevada "carga da regulação pública", componente fundamental na construção de adequada infraestrutura financeira, indicador em que o Brasil ocupa o último lugar no *ranking*.

Ainda, importante mencionar o pilar "ambiente de negócios", em que o Brasil apresenta a 49ª posição, tendo como subpilares: capital humano (43ª); impostos (52ª); infraestrutura (40ª) e custo de fazer negócios (46ª).

Em contraposição às notas baixas recebidas nesses indicadores, o Brasil sustenta sua melhor performance no pilar "estabilidade financeira", em que ocupa a 10ª posição, refletindo o seu bom desempenho na crise financeira global recente. O trabalho de Tabak et al. (2010, p.18),[7] entretanto, questiona a manutenção dessa estabilidade, a partir do nível de eficiência de custos dos bancos no Brasil:

> Desse modo, a melhora da eficiência bancária deve ser o foco de políticas regulatórias no sentido de restringir o risco. (...).
>
> A conclusão a que se chega é que há evidências de que a baixa eficiência de custo, comparativamente aos bancos europeus e norte-americanos (Staub et al., 2010), pode gerar maior vulnerabilidade, pois tal característica estaria ligada a um aumento do risco de crédito do sistema.

Síntese: O desenvolvimento do sistema financeiro envolve diferentes aspectos, como serviços financeiros bancários e não bancários, ambiente institucional e de negócios, estabilidade financeira, entre outros. O Brasil apresenta diversos indicadores de baixo desempenho, principalmente no que se refere à eficiência do segmento bancário e à carga de regulação pública. Esse resultado fragiliza o desenvolvimento financeiro do país.

---

[7] "Na literatura recente, argumenta-se que o volume de créditos inadimplentes constitui boa *proxy* para mensurar a estabilidade financeira, devido a altos níveis de inadimplência em bancos insolventes" (Podpiera e Weill, 2008 *apud* Tabak et al., 2010). Tabak et al. (2010) analisam a causalidade entre eficiência bancária e inadimplência no Brasil.

3. POR QUE FORMAR REDES DE COMPETÊNCIAS ESSENCIAIS? A IMPORTÂNCIA DA COORDENAÇÃO DE PARCERIAS CUMULATIVAS[8]

Encontra-se em andamento profunda transformação nas empresas. Forjada pela digitalização, pela ubiqüidade da conectividade e pela globalização, essa metamorfose alterará de maneira radical a própria natureza das organizações de negócios e suas abordagens à criação de valor para os clientes e consumidores. Nenhum setor está imune à tendência. [...] Compreender as implicações dessas mudanças é fundamental para a sobrevivência e para o crescimento. (Prahalad e Krishnan, 2008, p. 9).

Em decorrência das transformações em curso na sociedade, viabilizadas pelo avanço da tecnologia da informação e comunicação, cada vez mais os consumidores tendem a assumir um comportamento ativo, buscando interagir com as empresas e participar da cocriação[9] de suas próprias experiências. Essa mudança de paradigma faz com que as empresas sejam submetidas a uma fase de redescoberta, redesenhando formas de entregar benefícios aos clientes (Prahalad e Ramaswamy, 2004).

Johnson et al. (2011) mencionam o desenvolvimento de atividades com o consumidor, em que este se torna dependente da instituição, como fonte de vantagem competitiva, processo às vezes referido como "coespecialização".

O leque de oportunidades que surge, a partir das novas formas de interagir com outros atores e criar valor para o consumidor, demanda o desenho de um mapa que conduza a instituição à conquista de espaços em branco. Conforme Prahalad e Hamel (2005), a habilidade de identificar essas oportunidades emergentes depende, em grande parte, das competências essenciais[10] da empresa.

---

[8] Este capítulo se baseia na visão de estratégia baseada em competências. Ainda que exista ampla literatura a respeito, nesta seção são apresentadas apenas concepções e conceitos básicos de acordo com o escopo do capítulo.

[9] São quatro os elementos básicos no processo de cocriação: diálogo, acesso, avaliação do risco e transparência – DART (Prahalad e Ramaswamy, 2004).

[10] Nesse capítulo, em função de seu enfoque, utiliza-se a definição funcional de competência essencial. Para uma análise mais ampla de suas definições, ver Drejer (2002). Em especial, sobre sua definição estrutural, ver a concepção de Leonard-Barton (1995 *apud* Drejer, 2002).

Prahalad e Ramaswamy (2004, p. 169) definem competências essenciais como:

> (...) habilidades exclusivas que transcendem as unidades de negócio, estão profundamente enraizadas na organização, são difíceis de ser imitadas pelos concorrentes e são percebidas pelos clientes como fatores de criação de valor.

Vislumbrar espaços em branco entre os negócios atuais, cuja delimitação está atrelada a produtos e às necessidades já atendidas dos consumidores, está intimamente relacionado com o conhecimento das capacidades existentes na empresa e com a percepção daquelas que ainda não fazem parte de seu portfólio de habilidades e tecnologias, mas que são passíveis de serem desenvolvidas ao longo do tempo.

A conquista de novas habilidades essenciais precede a formatação de produtos e serviços específicos.[11] É importante criar conhecimento especializado em diferentes áreas, o que demanda tempo e dedicação, entretanto, deve-se estar atento para que sua construção não ocorra somente a reboque da demanda de terceiros, o que implica em perpetuação do papel de seguidor.

As instituições que quiserem sair na frente devem estruturar uma arquitetura estratégica[12] para que sejam capazes de construir novos espaços competitivos.[13] Não se trata de adivinhar o futuro, mas prever e influenciá-lo com base no profundo conhecimento das tendências, tecnologias, comportamento do consumidor, regulação, ambiente político, entre outras variáveis que delineiam os benefícios a serem valorizados pelos clientes.

---

[11] Ver Prahalad e Hamel, 2005.
[12] A arquitetura estratégica é o plano geral que faz a conexão entre o hoje e o amanhã da empresa, com base nos benefícios futuros que essa pretende gerar para seus clientes, nas respectivas competências essenciais necessárias para a construção de sua capacidade futura e na *interface* entre a empresa e o cliente. Não se trata de um planejamento detalhado, mas de um mapa que aponta a direção a ser tomada e os alicerces principais para sua execução.
[13] Ver Prahalad e Hamel (2005); Prahalad e Krishnan (2008). Espaço competitivo: áreas de negócios nas quais a firma se sente confortável sob pressões competitivas, com base em sua vantagem de custo e/ou liderança tecnológica (www.businessdictionary.com, tradução dos autores).

Em um ambiente de maior complexidade, é cada vez mais difícil deter todas as competências necessárias, evidenciando a importância da construção de parcerias. "As empresas estão descobrindo que precisam de parceiros estratégicos se quiserem ser efetivas" (Kotler e Keller, 2006, p. 55). Nesse contexto, a coordenação de competências e habilidades entre diferentes atores tem o potencial de alavancar resultados e de torná-los tempestivos.

Uma empresa que antevê uma oportunidade e se prepara para ela, além de usufruir dos resultados da inovação, tem a possibilidade de assumir a liderança das redes de competência que venha a estabelecer. "A liderança das competências é o ímã que atrai os parceiros e uma grande contribuição para aumentar o poder de uma empresa dentro da coalizão" (Prahalad e Hamel, 2005, p. 215).

Há diferença, no entanto, entre parcerias desconexas e aquelas estruturadas de forma estratégica. Nesse ponto, Prahalad e Hamel (2005) abordam a importância das parcerias multilaterais, que reúnem empresas com habilidades complementares e nas quais as ligações são construídas sob uma lógica cumulativa. Para que as parcerias criem sinergias para todos os envolvidos, é necessário um processo coordenado, no qual a entidade posicionada no centro da rede – empresa nodal – exerça atração sobre as demais, gerando credibilidade na condução do processo, na direção de uma oportunidade emergente.

Os autores citam exemplos de coalizões formadas por empresas de diversos ramos e tamanhos. Tais coalizões apresentam desde estruturas bastante simples, envolvendo um número reduzido de empresas – como, por exemplo, a coalizão que criou o negócio de computadores pessoais, formadas por apenas três empresas (IBM, Intel e Microsoft) – até estruturas complexas, com envolvimento de uma série de atores distintos, tal como a coalizão formada para criação de um novo espaço competitivo em TV interativa, demonstrada na Figura 10.3.

O papel nodal de uma empresa em uma rede é determinado pela sua fatia de influência no projeto e pela singularidade e relevância de suas competências essenciais, mas também por sua influência política, histórico de compromissos cumpridos com parceiros e uma visão inspiradora e articulada sobre o futuro (Prahalad e Hamel, 2005).

Johnson et al. (2011) argumentam que a confiança entre os integrantes é o ingrediente mais importante em alianças bem-sucedidas, e que assume dois componentes: confiança baseada em competência e em caráter. A primeira se

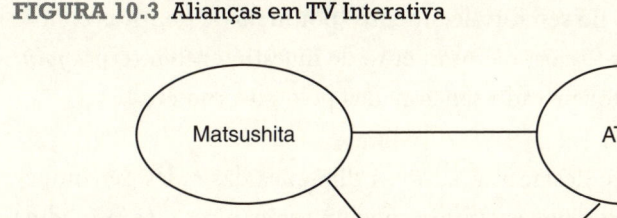

FIGURA 10.3 Alianças em TV Interativa

Fonte: Prahalad e Hamel (2005), p. 216.

relaciona com a capacidade de cumprir o compromisso assumido na aliança, e a segunda está ligada à compreensão dos motivos da associação e a sua coerência com o comportamento de cada integrante.

Não existem restrições quanto à natureza do capital de um ente nodal, pública e privada. Em referência à função empreendedora,[14] Schumpeter, em sua última publicação,[15] cita o Estado como possível e desejável agente de inovação, mencionando o Departamento da Agricultura nos Estados Unidos.

Ainda, sobre o papel do Estado na construção de competências necessárias, Prahalad e Hamel (2005, p. 35) colocam:

> Já que essas competências representam o acúmulo paciente e persistente de capital intelectual, (...), os governos podem desempenhar

---

[14] O empreendedor é aquele que coloca em prática a invenção, não o próprio inventor necessariamente. As funções podem coincidir em um mesmo agente, mas esta não é uma condição essencial.
[15] Economic Theory and Entrepreneurial History (1949). *Revista Brasileira de Inovação*, julho/dezembro de 2002.

um papel legítimo no seu fortalecimento (por meio de políticas educacionais, incentivos fiscais, recrutamento de investimento interno, *joint ventures* com o setor privado sancionadas pelo governo etc.).[16]

Por fim, é interessante destacar a natureza dinâmica das redes de competência. Ao longo do tempo, novos arranjos podem ser estruturados, à medida que o ambiente institucional se altere, novos valores surjam, competências sejam aperfeiçoadas ou os interesses corporativos em comum desapareçam.

Síntese: O processo de cocriação de produtos e serviços entre provedores e consumidores é uma característica do paradigma de mercado em formação e pode ser fonte de vantagem competitiva. O aproveitamento de oportunidades de espaços em branco baseia-se, em grande parte, em profundo conhecimento da realidade e de suas tendências, em termos de tecnologia, regras, padrões de consumo e demais variáveis que influenciam a compreensão de futuros benefícios a serem valorizados pelos consumidores.

Para que essas oportunidades sejam realizadas, é necessário o desenvolvimento de novas habilidades e tecnologias, ou o rearranjo daquelas já existentes. A dificuldade de deter todas as competências essenciais conduz à estruturação de coalizões estratégicas. A formação de coalizões e o exercício do papel de ente nodal são dinâmicos, podendo haver movimentos dentro da mesma coalizão, a estruturação de novos grupos, ou mesmo, a mudança da natureza do relacionamento, de coordenação para competição.

---

[16] Em nota, os autores colocam: "No entanto, devemos observar que quando os governos ofereceram proteção a uma ou duas empresas, na esperança de gerar campeões nacionais ou regionais, os resultados em geral ficaram abaixo das expectativas. O modelo mais bem-sucedido parece ser aquele no qual as autoridades governamentais e os industriais chegam a um consenso geral sobre uma nova arena de oportunidades, (...), na qual o governo coloca em efeito um conjunto de incentivos modestos para estimular o desenvolvimento da tecnologia, intermedia uma certa colaboração entre vários concorrentes locais e deixa que o mercado decida quem sairá vencedor" (pp. 341-342).

4. OPORTUNIDADES DE ESPAÇOS EM BRANCO NO SISTEMA FINANCEIRO NACIONAL

4.1. Aspectos gerais

A infraestrutura financeira[17] abrange ampla gama de fatores, inclusive um ambiente institucional adequado, que contribua para a eficiência do sistema financeiro, fornecendo estabilidade de regras, cenário propício para práticas competitivas saudáveis ao longo do tempo e condições favoráveis para inovações financeiras.

A regulação prudencial no Brasil tem aportado elevado nível de estabilidade financeira ao contexto nacional, haja vista a resiliência do SFN diante da recente crise mundial. Entretanto, para a promoção do desenvolvimento financeiro, outras variáveis são importantes no longo prazo.

A seção 2 deste capítulo expôs o estágio atual do desenvolvimento financeiro no Brasil, evidenciando fragilidades, como a carga regulatória pública e o grau de eficiência do segmento bancário. Esses resultados instigam a discussão sobre a construção de uma arquitetura estratégica para o SFN, cuja ênfase esteja em sua eficiência.

A eficiência técnica do segmento bancário promove melhores resultados para as próprias instituições, podendo gerar benefícios também para os consumidores, bem como, em termos agregados, contribui para a estabilidade financeira.

Os resultados da eficiência do sistema financeiro geram efeitos positivos na alocação de recursos para a economia real, bem como menores custos e mais agilidade para a diversidade de serviços à disposição da população, também com possibilidade de geração de benefício para os consumidores.

Com base na exposição realizada na seção 3 deste capítulo, é muito provável que as oportunidades futuras sejam alcançadas de forma cooperativa, por meio de redes de competência. Nesse sentido, a arquitetura estratégica do sistema financeiro deve ser estruturada sob coordenação de esforços e de competências essenciais de um conjunto de atores, públicos e privados.

---

[17] Infraestrutura financeira é o alicerce para o sistema financeiro, englobando instituições, informações, tecnologias, regras e padrões, os quais possibilitam a intermediação financeira (Relatório do Banco Mundial/IFC, 2009 – tradução dos autores).

O avanço tecnológico, além de conceder mais agilidade e redução de custo às transações entre os agentes nos mercados, também torna as fronteiras entre estes mais sutis. Conforme Prahalad e Ramaswamy, 2004, p. 15/16):

> Grandes descontinuidades no panorama competitivo – conectividade ubíqua, globalização, desregulamentação dos setores e convergência tecnológica – estão obscurecendo as fronteiras setoriais e as definições dos produtos. Essas descontinuidades também estão liberando fluxos mundiais de informação, capital, produtos e ideias, permitindo que concorrentes não tradicionais revertam o *status quo*.

Trazendo para o caso concreto, entre as competências essenciais em "serviços financeiros", apontadas por Prahalad e Hamel (2005), estão: i) gerenciamento de relacionamentos; ii) processamento de transações; iii) telesserviço e iv) captação de informações sobre os clientes e habilidades comerciais, todas compatíveis com as providas pelas empresas de comunicação móvel.

A maior interação entre os mercados abre novas possibilidades de alianças. Nesse momento, papel fundamental é desempenhado pela arquitetura estratégica e pela liderança do agente nodal, para que as parcerias efetivamente entreguem benefícios para os consumidores.

4.2. Análise das coalizões no Brasil

Uma coalizão hipotética no Brasil, reunindo competências em serviços financeiros, envolveria, no mínimo, entidades como Banco Central (BCB); Superintendência de Seguros Privados (Susep); Comissão de Valores Mobiliários (CVM); Superintendência Nacional de Previdência Complementar (Previc); entidades gestoras de informação, como Serviço Nacional de Proteção ao Crédito (SPC) e Serasa–Experian; e instituições financeiras.

Entretanto, com base nas características do mercado de hoje, de conectividade, digitalização e globalização, oportunidades na área financeira demandam a presença da Agência Nacional de Telecomunicações (Anatel) e das empresas de telefonia móvel (bem como de empresas de tecnologia e de pagamentos eletrônicos). O avanço das tecnologias de informação e comunicação e o acesso de milhões de pessoas no Brasil ao telefone celular fez desse instrumento de conexão uma ferramenta multifuncional, capaz de atuar em diferentes frentes, entregando diversos benefícios aos clientes.

Casos internacionais de sucesso[18] no provimento de serviços financeiros através de tecnologia de telefonia celular demonstram que essa é uma solução a ser seriamente considerada para a realidade brasileira.

Segundo dados da Anatel,[19] em 2009, a densidade de acesso móvel era de 90,5 para cada 100 habitantes, e com tendência de expansão,[20] indicando que as condições para a ampliação do acesso a serviços financeiros via telefonia celular estão presentes.

Para os clientes já inseridos no sistema financeiro, a realização de transações financeiras por meio de canais não tradicionais, como internet e telefone celular, é uma alternativa que adiciona valor aos serviços prestados. Para a parcela "não bancarizada" da população, a conveniência do acesso e a possível redução de custos dos serviços representaria um avanço ainda mais importante.

Embora incipientes, algumas medidas começam a ser tomadas no sentido de aproveitar as competências desenvolvidas na área de comunicação para prover produtos e serviços financeiros às pessoas não inseridas no sistema financeiro tradicional.

Uma dessas medidas é a permissão aos bancos de oferecerem diretamente serviços de telefonia a seus clientes, por meio de associações com as operadoras, conforme regulamentado pela Anatel.[21]

Outra importante iniciativa,[22] coordenada pelo Ministério do Desenvolvimento Social e Combate à Fome (MDS), é a realização de projetos-piloto de parcerias entre bancos e empresas de telefonia móvel, cujo objetivo é a

---

[18] O Quênia e as Filipinas são casos ilustrativos desse tipo de coalizão.
[19] Disponíveis em http://www.anatel.gov.br/Portal/exibirPortalInternet.do#
[20] Nos anos de 2007 e 2008, esse índice era de 63,6 e 78,1, respectivamente.
[21] Resolução nº 550, de 22/11/2010, que aprovou o Regulamento sobre Exploração de Serviço Móvel Pessoal – SMP por meio de rede virtual (RRV-SMP).
[22] As informações sobre essa iniciativa têm como fonte o documento "Inclusão financeira das famílias do Cadastro Único, utilizando a parceria entre Bancos e Operadoras de Telefonia Móvel" (2010), elaborado por Anderson Brandão, Diretor de Benefícios do Programa Bolsa Família.

prestação de diversos serviços às famílias do Cadastro Único para Programas Sociais do Governo Federal (CadÚnico).[23]

Para a execução desses projetos, as parcerias entre bancos e empresas de telefonia celular atuarão em duas cidades, escolhidas pela própria parceria, sendo uma com mais de 200 mil habitantes e outra que não possua nenhuma agência bancária.

O leque de serviços a serem oferecidos pelas parcerias engloba "obrigatórios" e "facultativos", estes divididos em serviços financeiros/comerciais e de comunicação.

Os serviços obrigatórios serão:

i) abertura de conta eletrônica gratuita, mediante cadastramento do celular do cliente como canal preferencial de transações financeiras e a utilização de cartões pré-pagos;
ii) programa de fidelização dos clientes, com atribuição de pontos pela utilização dos serviços, a serem trocados por bens e serviços;
iii) serviço de comunicação entre o governo e o correntista, mediante distribuição de mensagens SMS com conteúdo de utilidade pública e assuntos relacionados com programas sociais.

Dentre os serviços facultativos, pode-se destacar: transferência de fundos entre a conta eletrônica e contas de poupança; disponibilização de microsseguros; pagamento de passagens urbanas; encomenda e pagamento de mercadorias de primeira necessidade; informações de utilidade pública ou de emergência; e ouvidoria.

Como forma de estimular a diversificação dos serviços postos à disposição do público-alvo do projeto, parcerias que oferecerem ao menos dois serviços facultativos de cada espécie serão isentas do repasse de recursos ao Governo Federal, que objetiva custear a avaliação dos projetos por empresa independente.

A título de exemplificação, podem ser elencadas as seguintes vantagens para os participantes:

---

[23] O Cadastro Único para Programas Sociais é um instrumento que identifica e caracteriza as famílias com renda mensal de até meio salário mínimo por pessoa ou de três salários mínimos no total, sendo obrigatoriamente utilizado para seleção de beneficiários de programas sociais do Governo Federal, como o Bolsa Família, conforme informações disponíveis em http://www.mds.gov.br/bolsafamilia/cadastrounico/cadastro-unico/?searchterm=cadastro%20único.

i) os bancos teriam um canal para chegar às pessoas não atendidas atualmente, com redução de custo de captação, em decorrência de poderem ter acesso às grandes carteiras de clientes das operadoras;
ii) as operadoras teriam um instrumento para diminuir a rotatividade de clientes, em virtude do novo vínculo, estabelecido entre os seus clientes e o banco, dificultando a migração entre operadoras, além de aumentarem as suas fontes de receita;
iii) o Governo Federal passaria a ter mais um importante instrumento de busca da inclusão financeira.

O trabalho coordenado do MDS, das instituições financeiras e das empresas de telefonia móvel é um exemplo de rede de competências. A parceria construída sob lógica cumulativa, na qual são agregadas competências em áreas distintas, visa a ocupar uma oportunidade identificada pela *expertise* do agente nodal (MDS) e a obter vantagens para todos os participantes. Os benefícios esperados para o consumidor (integrante do Cadastro Único) são segurança, conveniência, qualidade e preço justo no acesso a serviços financeiros.

Outro exemplo de parcerias cumulativas é a coalizão complexa e extremamente exitosa na formatação, desenvolvimento e manutenção do Sistema de Pagamentos Brasileiro (SPB). Liderada pelo BCB, contou com a participação de diversas outras instituições, que, por meio de suas habilidades e competências, construíram um sistema que integrasse os diversos mercados (títulos públicos, títulos privados, câmbio, ações, derivativos etc.)[24]

Na área de educação financeira, uma parceria bem-sucedida, estruturada por atores públicos e privados, é a Estratégia Nacional de Educação Financeira (Enef).[25]

Todos esses casos evidenciam o potencial de alavancagem de resultados já existente no mercado, com possibilidades de ganhos de eficiência e geração de benefícios para a sociedade.

---

[24] Ver Capítulo 7 neste livro.
[25] Ver Capítulo 8 neste livro.

5. CONSIDERAÇÕES FINAIS

Dentre as variáveis que contribuem para o desenvolvimento financeiro, a eficiência do segmento bancário é central para a estruturação de uma arquitetura estratégica para o Brasil no momento atual.

Usando o paradigma da cocriação, este capítulo ressaltou a contribuição de parcerias cumulativas para a alavancagem de resultados e a melhora da eficiência na prestação de serviços financeiros. Mais do que construir um caminho para conquistar as oportunidades vislumbradas, as coalizões estratégicas atuam também como catalisadores, papel fundamental para países como o Brasil, cujo desenvolvimento financeiro carece de ganhos de eficiência significativos.

Se os líderes de diferentes áreas acreditarem que é possível entregar serviços mais adequados para os consumidores por meio de coalizões de competências essenciais, ainda que algumas barreiras, a princípio, pareçam instransponíveis, novas oportunidades podem ser descortinadas. O Brasil já possui habilidades e competências para inovar em serviços financeiros para a população em geral.

O projeto de acesso a serviços financeiros por pessoas de baixa renda no Brasil, via parcerias entre bancos e empresas de telefonia móvel, é um exemplo de coordenação de competências essenciais, cujos resultados irão contribuir em muito para iniciativas futuras.

Referências

AGÊNCIA NACIONAL DE TELECOMUNICAÇÕES, Resolução nº 550, de 22 de novembro de 2010.

BRANDÃO, A. (2010). "Inclusão financeira das famílias do cadastro único, utilizando a parceria entre bancos e operadoras de telefonia móvel".

DREJER, A. (2002). "Strategic management and core competencies: theory and application". Quorum Books.

INTERNATIONAL FINANCE CORPORATION (2009). The World Bank, "Financial Infrastructure: Building Access Through Transparent and Stable Financial Systems". Financial Infrastructure Policy and Research Series.

JOHNSON, G., SCHOLES, K., WHITTINGTON, R. (2011). *Fundamentos de estratégia.* Porto Alegre: Bookman.

KOTLER, P., KELLER, K.L. (2006). *Administração de marketing.* São Paulo: Pearson Prentice Hall, 12ª ed.

PRAHALAD, C.K., RAMASWAMY, V. (2004). *O futuro da competição: como desenvolver diferenciais inovadores em parceria com os clientes.* Rio de Janeiro: Campus/Elsevier.

PRAHALAD, C.K., HAMEL, G. (2005). *Competindo pelo futuro: estratégias inovadoras para obter o controle do seu setor e criar os mercados de amanhã*. Rio de Janeiro: Campus/Elsevier.

PRAHALAD, C.K.,KRISHNAN, M.S. (2008). *A nova era da inovação: impulsionando a co-criação de valor ao longo das redes globais*. Rio de Janeiro: Campus/Elsevier.

SCHUMPETER, J.A. (2002). "Economic Theory and Entrepreneurial History". *Revista Brasileira de Inovação*, Vol. 1, número 2 – julho/dezembro 2002.

STAUB, R.B., SOUZA, G, TABAK, B.M. (2009). "Evolution of Bank Efficiency in Brazil: a DEA Approach". Working Paper Series 200. Banco Central do Brasil.

TABAK, B.M., CRAVEIRO, G.L., CAJUEIRO, D.O. (2010). "Eficiência Bancária e Inadimplência: testes de causalidade". Working Paper Series 220. Banco Central do Brasil.

WEF (2010). "The Financial Development Report 2010", disponível em http://www.weforum.org/reports/financial-development-report-2010?fo=1.

http://www.businessdictionary.com

http://www.mds.gov.br/bolsafamilia/cadastrounico/cadastro-unico/?searchterm=cadastro%20único

http://www.anatel.gov.br/Portal/exibirPortalInternet.do#

nosso trabalho para atendê-lo(la) melhor e aos outros leitores.
Por favor, preencha o formulário abaixo e envie pelos correios ou acesse
www.elsevier.com.br/cartaoresposta. Agradecemos sua colaboração.

Seu nome: _____

Sexo: ☐ Feminino ☐ Masculino   CPF: _____

Endereço: _____

E-mail: _____

Curso ou Profissão: _____

Ano/Período em que estuda: _____

Livro adquirido e autor: _____

Como conheceu o livro?

☐ Mala direta   ☐ E-mail da Campus/Elsevier
☐ Recomendação de amigo   ☐ Anúncio (onde?) _____
☐ Recomendação de professor
☐ Site (qual?) _____ ☐ Resenha em jornal, revista ou blog
☐ Evento (qual?) _____ ☐ Outros (quais?) _____

Onde costuma comprar livros?

☐ Internet. Quais sites? _____
☐ Livrarias ☐ Feiras e eventos ☐ Mala direta

☐ Quero receber informações e ofertas especiais sobre livros da Campus/Elsevier e Parceiros.

Siga-nos no twitter @CampusElsevier

Cartão Resposta
05120048-7/2003-DR/RJ
Elsevier Editora Ltda
....CORREIOS....

ELSEVIER

SAC | 0800 026 53 40
ELSEVIER | sac@elsevier.com.br

CARTÃO RESPOSTA
Não é necessário selar

O SELO SERÁ PAGO POR
Elsevier Editora Ltda

20299-999 - Rio de Janeiro - RJ

Qual(is) o(s) conteúdo(s) de seu interesse?

Concursos
- [ ] Administração Pública e Orçamento
- [ ] Arquivologia
- [ ] Atualidades
- [ ] Ciências Exatas
- [ ] Contabilidade
- [ ] Direito e Legislação
- [ ] Economia
- [ ] Educação Física
- [ ] Engenharia
- [ ] Física
- [ ] Gestão de Pessoas
- [ ] Informática
- [ ] Língua Portuguesa
- [ ] Línguas Estrangeiras
- [ ] Saúde
- [ ] Sistema Financeiro e Bancário
- [ ] Técnicas de Estudo e Motivação
- [ ] Todas as Áreas
- [ ] Outros (quais?): _____

Educação & Referência
- [ ] Comportamento
- [ ] Desenvolvimento Sustentável
- [ ] Dicionários e Enciclopédias
- [ ] Divulgação Científica
- [ ] Educação Familiar
- [ ] Finanças Pessoais
- [ ] Idiomas
- [ ] Interesse Geral
- [ ] Motivação
- [ ] Qualidade de Vida
- [ ] Sociedade e Política

Jurídicos
- [ ] Direito e Processo do Trabalho/Previdenciário
- [ ] Direito Processual Civil
- [ ] Direito e Processo Penal
- [ ] Direito Administrativo
- [ ] Direito Constitucional
- [ ] Direito Civil
- [ ] Direito Empresarial
- [ ] Direito Econômico e Concorrencial
- [ ] Direito do Consumidor
- [ ] Linguagem Jurídica/Argumentação/Monografia
- [ ] Direito Ambiental
- [ ] Filosofia e Teoria do Direito/Ética
- [ ] Direito Internacional
- [ ] História e Introdução ao Direito
- [ ] Sociologia Jurídica
- [ ] Todas as Áreas

Media Technology
- [ ] Animação e Computação Gráfica
- [ ] Áudio
- [ ] Filme e Vídeo
- [ ] Fotografia
- [ ] Jogos
- [ ] Multimídia e Web

Negócios
- [ ] Administração/Gestão Empresarial
- [ ] Biografias
- [ ] Carreira e Liderança Empresariais
- [ ] E-business
- [ ] Estratégia
- [ ] Light Business
- [ ] Marketing/Vendas
- [ ] RH/Gestão de Pessoas
- [ ] Tecnologia

Universitários
- [ ] Administração
- [ ] Ciências Políticas
- [ ] Computação
- [ ] Comunicação
- [ ] Economia
- [ ] Engenharia
- [ ] Estatística
- [ ] Finanças
- [ ] Física
- [ ] História
- [ ] Psicologia
- [ ] Relações Internacionais
- [ ] Turismo

Áreas da Saúde
- [ ]

Outras áreas (quais?): _____

Tem algum comentário sobre este livro que deseja compartilhar conosco?

_____

_____

Atenção: